Axel Berger & Thorsten Thews

DIE BRENNENDEN HAMSTER

Eine (Geschäfts-)Reise in den Burnout
und wieder hinaus

Originalausgabe - Erstdruck

AXEL BERGER UND THORSTEN THEWS

DIE BRENNENDEN
HAMSTER

> EINE (GESCHÄFTS-)REISE
> IN DEN BURNOUT –
> UND WIEDER HINAUS

BURNOUT-PRÄVENTION FÜR UNTERNEHMER/INNEN

Bibliographische Information der Deutschen Bibliothek:

Die Deutsche Bibliothek verzeichnet diese Publikation in Der Deutschen Nationalbibliografie; detaillierte bibliographische Daten sind im Internet über www.d-nb.de abrufbar.

Umschlaggestaltung und Layout:
Marlies Mittwollen, Mangoblau GmbH,
Agentur für Medien und Text, Oldenburg
www.mangoblau.de
Hamster-Zeichnung: Thorben Ziemer
Zeichnungen im Buch: Thorsten Thews

1. Auflage 2016

ISBN 978-3-89841-985-7

INHALT

Vorwort

Trotz allen Engagements klappt Ihr Vorhaben nicht? Trotz allen Einsatzes vereinen sich die Widrigkeiten, das Schicksal und alles andere gegen Sie? Sie sind müde. Ist das dann schon ein Burnout?

Nein, wohl eher ein bedauerlicher Häufigfall, der Alltag genannt wird. Der ganz normale Wahnsinn eines jeden Schaffenden, eines jeden Unternehmers.

Wenn allerdings der Blick dauerhaft bodenwärts gerichtet und die Stimmung über mehrere Wochen im Keller ist, das Ziel aus den Augen verloren ging, sich das Hamsterrad scheinbar immer schneller dreht und selbst ein 10-Stunden-Schlaf keine Erholung mehr bringen will, dann sieht die Sache schon anders aus, dann ist die Lunte entzündet: Der Hamster brennt – oder kokelt zumindest schon.

Geht es Ihnen ähnlich? Dann ist dieses Buch für Sie geschrieben, denn genau diesen brennenden Hamstern widmen wir diese und die folgenden Zeilen. Nach unserer Auffassung kann sich jeder eines Tages im Hamsterrad wiederfinden und bemerken, dass er dem Flammpunkt bedrohlich nahe gekommen ist.

Doch wir wollen ehrlich und fair mit Ihnen sein: Wie bei jedem guten Ratgeber werden Sie nach der Lektüre schlauer sein als vorher. So wird es auch nach dieser Lektüre sein. So weit, so gut. Wir sind überzeugt, insgesamt ein sehr hilfreiches und informatives, wenn auch nicht vollumfängliches Buch zu dem Thema Burnout bzw. Burnout-Prävention zu Papier gebracht zu haben. Gerade die vielen Beispiele aus der Praxis, gepaart mit medizinischem Wissen, verständlich aufbereitet, angereichert mit eigenen Erfahrungen, machen es zu einem hoffentlich hilfreichen Buch.

Zielgruppe: Dieses Buch ist vorrangig für Unternehmer geschrieben, die wir im Folgenden als Hamster bezeichnen werden. (Wir hoffen, dass wir diese Analogie an dieser Stelle nicht näher erläutern müssen, oder? Gut.) Hierbei ist es egal, ob Sie als Einzelkämpfer, Klein- oder Kleinstunternehmer, Mittelständler, Manager oder Großkonzernler unterwegs sind.
This is dedicated to you, Hamster!

Sollte Ihnen dieses Buch als „ganz normaler" Angestellter in die Hände gefallen sein, können Sie es trotzdem lesen*, da viele Tipps, Geschichten oder Symptome natürlich im Kern gleich sind, egal, ob Sie Mitarbeiter oder Chef sind. Außerdem können einige der hier beschriebene Beispiele vielleicht das Verständnis für „die da oben" verbessern oder manche Verhaltensweisen nachvollziehbarer machen.

Für alle medizinisch Interessierten: Eigentlich hatte das Manuskript im Ursprung, was dem Umfang betrifft, noch circa hundert Seiten mehr.

Wir haben uns bei der Überarbeitung aber entschlossen, uns mehr auf die Praxis bzw. die Lebenswirklichkeit eines brennenden Hamsters zu konzentrieren, da dieses Buch keine wissenschaftliche Abhandlung über das Thema Burnout sein soll, sondern ein Helfer vor der Not, mit Lösungsansätzen, Hilfestellungen und nützlichen Tipps für den Alltag, um dieser schlimmen Erkrankung begegnen zu können. Die

---

*Aber Achtung, Sie werden unter Umständen ein paar unbequeme Wahrheiten über sich als Angestellte/r erfahren.

genannten Erfahrungsberichte sind alle wahr, wurden aber aus tierschutzrechtlichen Gründen anonymisiert. Für die teilweise recht deutliche Sprache entschuldigen wir uns nicht. Manchmal muss etwas mit ganz klaren Worten gesagt werden, wenn notwendig, auch mal mit (schwarzem) Humor, Sarkasmus* oder Zynismus**. Sie werden später noch verstehen, warum.

Wie Sie am besten mit diesem Buch arbeiten

Wir haben es bewusst unkoordiniert-koordiniert gehalten. Wie auch im wahren Leben kommt dem „theoretisch fachlichen Bereich" auch hier immer wieder die Wirklichkeit dazwischen in Form von auf den ersten Blick scheinbar unstet eingeworfenen Kapiteln.

Unser Tipp: Lassen Sie sich einfach darauf ein – wechseln Sie den Blickwinkel, fokussieren Sie nicht, lesen Sie zwischen den Zeilen, treten Sie die allerorts auftretenden Fußnoten nicht mit denselben – und wundern Sie sich (in der Regel über sich selbst)! Ein weiterer Tipp: Nutzen Sie den reichlich vorhandenen Weißraum für eigene Notizen und Gedanken. Sollten Sie ein eBook gekauft haben, dann wird es schwierig mit den Notizen im Buch. Ein paar Blatt Papier können helfen!

Die Autoren, Thorsten Thews und Axel Berger, haben am eigenen Leib erfahren, dass diese heimtückische Erkrankung und die Rahmenbedingungen, in denen sich ein Unternehmer heutzutage bewegt bzw. bewegen muss, es Ihnen nicht leicht machen werden, aber – und das ist die gute Botschaft – es gibt Hoffnung und eine sehr gute Chance auf Besserung!

*Wikipedia beschreibt Sarkasmus als bitteren, beißenden Spott – unabhängig davon, wie das Gemeinte ausgedrückt wird, ob direkt oder indirekt mittels Ironie. Hätten Sie's gewusst? Nein? Nun dann sind Sie jetzt schon etwas schlauer als vorher, das Buch beginnt bereits zu wirken.
**Siehe Kapitel „Zynismus – Das Frühwarnsystem".

Warum diese frohe Botschaft? Weil wir das Leben eines brennenden Hamsters aus dem Effeff kennen und wissen, wie schwierig es sein wird, die beschriebenen Empfehlungen in der/in die Praxis umzusetzen. **Aber, wenn „wieder Aufstehen und Weitermachen" die einzige Alternative ist, dann wird Ihnen dieses Buch im Alltag trotzdem ein wertvoller Helfer sein. Versprochen!**

Uns geht es außerdem darum, zu sensibilisieren, denn Achtsamkeit, auf sich selber zu achten, ist der erste Schritt zur Besserung. Sich nicht mehr ganz so allein zu fühlen, zu wissen, woher das eine oder andere Symptom kommt, oder die Warnsignale zu erkennen und die vielen kleinen Tricks für den Notfall werden Ihnen helfen, etwas besser durch den Alltag zu kommen und Ihre Situation zu verbessern, denn Erkenntnisgewinn und Akzeptanz entspannen und nehmen den Druck.

Zu Ihrer und unserer Sicherheit: ACHTUNG! – Gedanken können töten! Dieses Buch soll helfen. Zum einen soll es als Informationslieferant und zum anderen als Impulsgeber fungieren.

Die Autoren haben sich diesem Thema mit dem nötigen Respekt vor einer der erschreckendsten, weil so hinterhältigen Krankheiten genähert, aus ihrem eigenen Leben, von ihren eigenen Erfahrungen sehr viel preisgegeben und versucht, in dem Ganzen auch die nötige Prise Augenzwinkern nicht zu vergessen. Doch ein Buch hat auch ganz klare Grenzen. Es kann und soll nicht den Weg zum Arzt oder Therapeuten ersetzen. Sich dem Thema Burnout komplett alleine zu stellen ist nicht unbedingt zu empfehlen. Gerade das „Nicht-drüber-reden", sich nicht zu trauen, macht es den Betroffenen und

Angehörigen oftmals doppelt schwer und erzeugt häufige Missverständnisse.

Daher an dieser Stelle der wichtige Hinweis: Sollten Sie das Gefühl haben, sich bereits „mittendrin" zu befinden, ggf. sogar schon mal Selbstmordgedanken gehegt oder einen Freitod in Erwägung gezogen haben, dann ist es höchste Zeit, die Reißleine zu ziehen.

Sollte das so sein, legen Sie sofort dieses Buch aus der Hand, und gehen Sie in ein Krankenhaus. Jetzt! Planen Sie keinen  Arztbesuch für „morgen", oder lassen Sie sich nicht von zugegebenermaßen oftmals unfassbar langen Wartezeiten für einen Termin bei einem Therapeuten abhalten. Dieses Buch, Foren, die Telefonseelsorge oder Selbsthilfegruppen sind dann nicht mehr der richtige Ansprechpartner für Sie. Gehen Sie jetzt, und suchen Sie sich Hilfe! Es wird sich lohnen, denn eines können wir versprechen: Der Wunsch, zu sterben, allem ein Ende zu machen, wird in der Regel bald, mit einer Besserung Ihres Zustandes, verschwinden!

Die Empfehlung gilt auch für Freunde und Bekannte, denen sich ein Betroffener anvertraut hat. Handeln Sie lieber zu früh als zu spät. Der alte, leicht abgewandelte Spruch „Lieber einmal im Leben zu vorsichtig, als ein Leben lang tot" ist in so einem Fall oberstes Gebot. Gerade wenn sich (potenziell) Betroffene immer mehr zurückziehen, ein typisches Symptom bei Burnout, aber auch bei Selbstmordgefährdeten, ist ein maximal wachsamer Blick geboten! Menschen, die fest entschlossen sind – aus welchen Gründen auch immer –, ihrem Leben ein Ende zu setzen, strahlen oft eine merkwürdige Ruhe und Gelassenheit aus, die sogenannte „Ruhe vor dem

Sturm". Wenn also ein Freund oder Partner, den Sie in einer seelischen Ausnahmesituation erlebt haben, plötzlich ganz ruhig und gelassen wirkt, dann ist Nachfragen angesagt: Kann das sein, dass sich das Thema wirklich erledigt hat? Oder ist es eher so, dass derjenige eine „finale Lösung" plant?

Szenenwechsel. Was wir für Sie und mit Ihnen tun können: Prävention und Hilfestellung

Der (möglicherweise anstehende) Burnout hat Ihr Leben verändert? Daran ist nichts mehr zu ändern.

Fakt ist: Es wird nie wieder, wie es einmal war. Das können Sie sich, nicht nur als Inhaberin eines Kosmetikstudios, abschminken*. Aber Sie können, wenn Sie einige der in diesem Buch beschriebenen Anregungen umsetzen, gestärkt, klüger und weiser Ihren weiteren Unternehmer- und Lebensweg beschreiten oder das Schlimmste abwenden. Das ist doch auch schon mal was.

Möglich, aber nicht sehr wahrscheinlich: Wenn Sie es richtig verstehen und anwenden, kann dieses Buch sogar Ihr ganzes Leben verändern. Doch wir wollen nicht zu viel versprechen. Kleine Schritte sind besser als große Worte, soll Willy Brandt einmal gesagt haben. Wir schließen uns dem an. Als typischer Unternehmer werden Sie wahrscheinlich versuchen, „das Problem" aktiv anzugehen und zu beseitigen. Daher ein weiteres Versprechen: Das wird nicht funktionieren – dieser Weg wird kein leichter sein, sang schon Xavier Naidoo.

Wir sagen: Freuen Sie sich über die kleinen Erfolge und Verbesserungen, holen Sie sich Schritt für Schritt Ihr Leben zurück – es lohnt sich!

*Dieses kleine Wortspiel konnte sich der Autor nicht verkneifen.

Eine weitere sehr wichtige Empfehlung: Geben Sie dieses Buch, nachdem Sie es gelesen haben, Ihrem Partner, Ihrer Partnerin und bitten Sie ihn/sie, es zu lesen. Denn Verständnis bzw. das Gefühl, verstanden zu werden, ist eine sehr wichtige Komponente in der Bekämpfung von Burnout. Zusammen geht es leichter. Versprochen!

Nun aber genug der Vorvorrede. Begleiten Sie uns auf eine Geschäftsreise in den Burnout und wieder hinaus!

Ihre

Axel H. W. Berger
(Unternehmer, Hamster und Autor)

und

Thorsten Thews
(Heilpraktiker, Unternehmer, Hamster
und ebenfalls Autor)

P.S.: Bei der Erstellung dieses Buches sind keine Hamster zu Schaden gekommen.

Die Autoren

Kommando zurück. Bevor die Reise richtig losgeht, sollen Sie noch etwas mehr über die beiden „Animateure" wissen, da es ja nicht unbedingt an der Tagesordnung ist, gleich von zwei Hamstern bespaßt zu werden.

Der Beschluss, ein gemeinsames Buch zu schreiben, wurde nach einem Burnout-Vortrag von Herrn Thews auf einem Unternehmertreffen getroffen, an dem Herr Berger teilgenommen hat.

Fangen wir mit dem Fachmann an. Welcome on stage: Thorsten Thews.

Thorsten Theis (der eine Autor)

Ich wurde 1968 in Ostfriesland geboren und machte mich nach dem Abitur auf, die große Welt für mich zu entdecken.

> 99 *„Du bist ein Seeleningenieur", meinte ein guter Freund einmal zu mir. Vielleicht beschreibt diese Wortschöpfung tatsächlich ganz gut, wofür ich brenne ...* 99

Bis Oldenburg bin ich gekommen und habe dort meine große Liebe, meine Frau Doris, kennengelernt. Einige Zeit später machte unser Sohn Thorben unsere Familie komplett.

Nach dem Studium der Nachrichtentechnik in Wilhelmshaven und Zwischenstationen in Bremen, München, Berlin und Hamburg zog es mich an die Huntestadt zurück, vor deren Toren (meint: Ortsschild) ich nun mit meiner Familie wohne und als Heilpraktiker meine Praxis für heilkundliche Psychotherapie betreibe. Bevor es dazu kam, arbeitete ich über fünfzehn Jahre als leitender Ingenieur in verschiedenen Unternehmen. Das dabei erworbene Fachwissen und die methodischen Fähigkeiten sind meinen Kunden aus dem unternehmerischen Mittelstand von Nutzen, die ich in Sachen Kommunikation, Teamentwicklung und strategischer Produktentwicklung berate. An Hochschulen gebe ich mein Wissen in Seminaren zu Soft Skills weiter, da ich daran glaube, dass Wissen sich dann vermehrt, wenn man es teilt.

Nun könnte man ja auf die Idee kommen zu fragen, wie es denn zu diesem Berufswechsel vom Ingenieur zum Therapeuten und Coach kam. Gut, dass Sie es „andenken", das will ich gerne beantworten: In meinem Beruf als Ingenieur habe ich viele Stunden, Tage und Nächte damit verbracht, daran zu arbeiten, was ich für Erfolg hielt. Meine Familie erlebte mich in dieser Zeit meist abwesend, selbst wenn ich zu Hause war.

Ich glaubte damals jedoch fest daran, dass das alles notwendig war, was ich tat und wie ich handelte. Und die nachweisbaren Zahlen gaben mir sogar Recht: Regelmäßig übertraf ich gemeinsam mit meinem Team die an uns gestellten Erwartungen. Ich spürte jedoch in mir, dass statt der ersehnten Zufriedenheit nur noch mehr Unrast, Leere und Missmut entstand. Je mehr ich strampelte, mich abmühte, desto schwieriger wurde es.

Wie konnte das sein? Ich entsprach doch in jeder Hinsicht dem Prototyp einer erfolgreichen technischen Führungskraft, und früher oder später würde ich mit einiger Sicherheit einen großen Sprung in der Karriere machen. Ich fühlte eine innere Zerrissenheit in mir: Ich funktionierte prächtig, aber ich lebte nicht!

Meine Frau hatte zweifellos bemerkt, dass sich in mir etwas sehr Umwälzendes bewegte. Und sie zeigte wieder diese eine Fähigkeit, die ich unter vielen anderen Fähigkeiten an ihr sehr schätze: Sie stellt keine bohrenden Fragen, wenn sie merkt, dass etwas in mir Bewegung ist, sondern wartet, bis sich die Dinge geordnet haben und ich bereit bin, zu sprechen. Als es dann schließlich so weit war und ich ihr erzählte, dass ich der Meinung wäre, es müsste sich grundlegend etwas in meinem, in unserem Leben verändern, ich wüsste nur noch nicht, wie, sagte sie: „Ich hatte mich schon gefragt, wie lange du noch so weitermachen willst." Sie hatte also längst bemerkt, dass sich etwas ändern muss! Warum hatte ich das nicht selbst schon früher erkannt?

Fakt ist: Wir können nicht ernsthaft andere Ergebnisse erwarten, wenn wir immer weiter so handeln, wie wir es immer schon getan haben. Erst eine Veränderung bringt auch veränderte Ergebnisse. Und nur eine gewollte und zielgerichtete Veränderung bringt erwünschte, erleichternde, erstrebenswerte Ergebnisse.

Heute weiß ich, dass die Einsicht, dass eine Veränderung notwendig ist, häufig erst kommt, wenn der Leidensdruck bereits immens ist. So sind wir Menschen konstruiert. Meine Frau wusste instinktiv ganz genau, dass es sinnlos gewesen wäre, mich durch Bitten oder Belehren zum Umdenken zu bewegen, da ich noch nicht genügend Leidensdruck aufgebaut hatte, um diesen Schritt wirklich zu wollen. Sie fuhr fort, als sie bemerkte, dass nun offenbar der richtige Zeitpunkt gekommen war: „Du hast dich verändert. Früher warst du fröhlich, offen und energiegeladen. Heute sehe ich dich mit gehetztem, leerem Blick. Wenn ich dich überhaupt mal sehe." Dann fragte sie: „Was treibt dich?"

Das war der Hammer auf dem Zündplättchen. DAS war die Kernfrage. Was treibt mich an? Was sorgt dafür, dass Dinge sich verändern? Bin ich der Fahrer meines eigenen Busses? Welches Programm läuft in mir ab? Ich wollte unbedingt wissen, was mich antreibt. Welchem Sinn ich mich verpflichtet hatte, unbewusst oder bewusst. Der vordergründige, klassische Sinn, nämlich meine Familie zu ernähren, konnte es nicht sein, denn meine Frau hatte ihren eigenen Job, und so wie es schien, waren unsere Ein- bzw. Auskommen recht sicher. Könnte es um Status, Besitz, Anerkennung und Bewunderung gehen? Was trieb mich, meinen Tag, meine Zeit und meine Gedanken ganz auf den Job auszurichten? Dass mein Streben etwas mit Materiellem zu tun haben musste, war mir instinktiv klar. Aber wie konnte ich aus eigener Kraft dazu kommen, diesem offensichtlich unsinnigen Treiben wieder einen Sinn zu geben, so dass ich lebte und nicht nur funktionierte? Ich hatte zunächst keine schlüssige Antwort. Jede Beschäftigung mit dem Thema, jeder Gedanke, den in ich den folgenden Tagen und Wochen darauf verwandte, führte mich zum Ausgangspunkt zurück. Nur mit dem Unterschied, dass sich nur noch mehr Fragen aufgehäuft hatten, deren Beantwortung mir ein Rätsel waren. Ich war in eine Sackgasse geraten und suchte verzweifelt einen Ausweg – der sich dann langsam aber sicher zeigte.

Die nachfolgenden Jahre verbrachte ich damit, an mir zu arbeiten und das zu lernen, was ich heute als mein Handwerkszeug betrachte. Meine zentralen und universellen Werkzeuge sind dabei Feedback und aktives Hinhören. Etwas, das ich zuvor als Nachrichteningenieur nur zwischen Maschinen analysiert und perfektioniert hatte. Nun waren meine Kommunikationsfähigkeiten zwischen Menschen gefragt. Und ich stellte fest, dass mir das ungeahnt und unerwartet leicht fiel. Ich erzielte erstaunliche Ergebnisse, indem ich begann, mit Menschen zu reden, zugewandt hinzuhören und mit ihnen leidenschaftlich kreative Lösungen zu erarbeiten.

Innerhalb kurzer Zeit änderte sich meine Sichtweise auf den Menschen grundlegend. „Man sieht nur mit dem Herzen gut. Das Wesentliche ist für das Auge unsichtbar.", lässt Antoine de Saint-Exupéry den Fuchs dem kleinen Prinzen verraten. Eine Erkenntnis, in der ich Sinn fand. Doch erst viel später gelang es mir, den Prozess, den ich in mir erlebte, so strukturiert zu ergründen und zu beschreiben, dass ich ihn anderen zugänglich machen konnte. Das war Ende 2007, als ich begann, mein Praxis- und Beratungskonzept zu entwickeln und zu beschreiben. Einige Zeit später gründete ich meine Praxis und mein Unternehmen TiefTaucher | Beratung und Coaching. Im Nachhinein frage ich mich oft, was es denn wohl gewesen sei, was mir dazu verholfen hat, meinen Sinn im Leben zu finden oder wiederzufinden.

Ich bin heute davon überzeugt, dass es in uns (genauer: in unserem Unterbewusstsein) eine Instanz gibt, auf die alle Aktivitäten, jedes Streben und Wollen, ausgerichtet wird. Diese Instanz bestimmt den ersten Gedanken morgens beim Aufstehen und schickt uns mit dem letzten Gedanken in den Nachtschlaf: Es ist unser zentraler Auftrag, Lebenszweck, unsere Berufung, unsere innere Mitte. Manche mögen das Seele oder Geist nennen. All das, wonach wir streben, was oder wem wir uns zuwenden, wen oder was wir ablehnen, wird unbewusst durch diese Instanz geprüft und abgewogen. Wenn es der Sache dienlich ist, verfolgen wir es, wenn nicht, lehnen wir es ab.

Im Außen merken wir diesen Einklang, wenn die Dinge mühelos und leicht von der Hand gehen, wenn es „flutscht", wenn wir im „Flow" sind. Sobald es mühsam wird, sich ein Hindernis nach dem anderen aufstellt, arbeiten wir gegen unsere innere Instanz, unsere innere Mitte.

Heute habe ich einen Beruf gefunden, der die Bezeichnung „Berufung" verdient. Und ich bezeichne mich als „gelöschten Hamster". In meiner Praxis komme ich häufig mit kokelnden, glühenden, brennenden oder ausgebrannten Hamstern zusammen, denen ich geeignete Löschmittel an die Hand geben möchte. Einiges von dem, was ich als hilfreich erfahren habe, gebe ich gerne zusammen mit Axel Berger – mehr über ihn erfahren Sie im folgenden Kapitel – hier an Sie weiter.

Nur der Form halber: Natürlich ist uns bewusst, dass die Erkenntnisse, die wir in diesem Buch beschreiben, nicht allesamt durch uns entdeckt wurden, sondern auf zum Teil Jahrtausende altem Wissen beruhen. Auch wollen wir nicht verschweigen, dass wir in der einschlägigen Literatur Konzepte gefunden haben, die wir für sinnvoll und nützlich halten und Ihnen deshalb gerne nahebringen wollen.

In der Literaturliste finden Sie eine Auflistung der Werke, die uns inspiriert haben. Jedoch gibt es auch eigene, aus der Praxis gewonnene Ansätze wie z.B. den Burnout-Prozesskreis, den Daseinstempel oder die Beschreibung von Burnout als Entzündung der Seele, die wir Ihnen ab dem übernächsten Kapitel genauer vorstellen möchten.

Doch zunächst kommt nun noch Herr Berger zu Wort:

Axel Berger (der andere Autor)

Über den einen Autor haben Sie schon was gelesen. Ich bin der andere. Wenn ich mich kurz vorstellen darf.

Axel Berger, 1971 im schönen Bremen geboren, ausgebildeter Kaufmann, Versicherungs-, Werbe- & Marketingfuzzi, Irrläufer, erfolgreicher Versager und Wiederaufsteher, ca. 2006 der Liebe wegen in das mindestens noch schönere Oldenburg gezogen. Heute Inhaber einer Werbeagentur mit Verlag*, Autor, immer noch glücklich verliebt, Hundevater – und bekennender „brennender Hamster".

Eigentlich schreibe ich, wenn ich nicht gerade Werbung mache, Krimis und Kinderbücher. Warum nun ein Sachbuch? Die Antwort ist, wie eigentlich immer im Leben, relativ einfach. Erstens: Weil ich es kann, es mir Spaß macht und ich so einiges zu dem einen oder anderen Thema zu schreiben ... äh ... zu sagen habe. Und zweitens: Weil ich den vielen anderen brennenden Hamster da draußen etwas Fürsprache und Support geben möchte, denn ...

2013 im September hat es mich das erste Mal richtig weggehauen. In Italien, am Mittelmeer – im Urlaub. Nach einer zweitägigen Anreise mit dem Wohnmobil (Oldenburg – Porto Verde, 1500 km, das muss man auch erst mal schaffen) waren wir endlich angekommen. Zeit für 3-5 Tage dringend benötigten Jahresurlaub, bevor es wieder zurück in unsere Werbeagentur gehen würde. Nach dem Essen, auf dem Rückweg zum Wohnmobil, ging es los: Ich konnte nicht mehr gehen, nicht mehr stehen. Meine

---

*Neben der Betreuung von Agenturkunden geben wir noch 2-3 Monatszeitungen heraus. Das bedeutet zwei-dreimal im Monat Redaktionsschluss und Druckabgabe. Stress pur!

Lebensgefährtin schaffte es gerade noch, mich ins Wohnmobil zu verfrachten. Dann ging nichts mehr, wie ein Käfer lag ich auf dem Rücken und hoffte, dass es vorbeigehen würde. Das tat es nicht. Kein Netz. Wie ist eigentlich die Notrufnummer in Italien? Panik! Ich dachte, ich würde sterben. Endlich: Andere Camper hatten den Notarzt erreicht. Was folgte: „geringfügige" Verständigungsprobleme. Dann: Meine erste Fahrt in einem Krankenwagen. Meine Freundin mit Wohnmobil und Hund, im Dunkeln, auf engen italienischen Küstenstraßen, hinterher.

Im Krankenhaus. Nichts. Ich lag da auf dem Gang rum, gefühlt Stunden. Wieder „geringfügige" Verständigungsprobleme. Ganz schlimm. Lange Rede, kurzer Sinn: Ich fühlte mich nicht sonderlich gut aufgehoben. Irgendwann habe ich versucht, aufzustehen. Es ging irgendwie. Was folgte (typisch Unternehmer, Entscheider): Ich habe mich selber entlassen.

Wir haben dann vor dem Krankenhaus im Wohnmobil übernachtet und sind am nächsten Morgen (ich hinten auf der Liegefläche) erst mal nach Deutschland geflüchtet und dann auf direktem Weg zurück nach Oldenburg. Über 1200 Kilometer gen Heimat.

Diagnose (später in Deutschland): Totalausfall des linken Gleichgewichtsorgans. Ich hatte sowas Ähnliches wie einen Hörsturz erlitten. Nur ohne Hörverlust, dafür mit Drehschwindel, Schweißausbrüchen, Panik und „sich die Seele aus dem Leib kotzen". Viel war nicht zu machen. Der Arzt hatte aber einen guten Rat für mich:

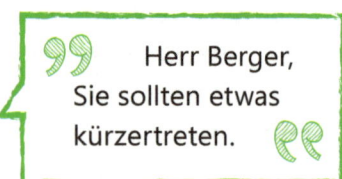

Herr Berger, Sie sollten etwas kürzertreten.

Gute Idee. Gesagt, getan. Hier der Schnelldurchlauf der folgenden Monate: Agenturarbeit. November: Buchpremiere und Promotion, Lesungen & Co., Weihnachten, Agenturalltag. Februar: Haus gekauft. Mai: Umzug auf die Baustelle, Umbau, Agenturalltag, Umbau, Buch schreiben (Abgabetermin), Umbau, Agenturalltag.

2. August: 2 Tage frei für ein Schreibwochenende im Bauschutt, Kollaps: Gleichgewichtsorgan die Zweite: Krankenwagen, eine Woche Krankenhaus. Danach: Wieder laufen lernen, während um mich herum das Haus fertiggestellt wurde. Agenturarbeit in Teilzeit. Der kleine Schwindelanfall für zwischendurch. Agenturarbeit in Fastvollzeit. Kleinere Rückfälle. Umzug der Firma in das neue Haus. Buch fertig geschrieben. Mittelgroßer Rückfall.

Zwischenfazit: Ich musste hier raus! Arzt und Krankenkasse genervt. Ein Monat Bad Staffelstein: Akutklinik für berufsbedingte Krankheiten, Burnout, Depressionen, Bulimie & Co.. Heftig!

November: Pünktlich zurück zur nächsten Buchpremiere. Agenturarbeit. Weihnachten. Pause. Januar: Ich muss etwas ändern. Weiter geht's … 15–18 Kilo abgenommen. Ernährungsumstellung, ein wenig Sport. Blutwerte wieder in Ordnung. Unglaublich: vom Diabeteskandidaten mit Fettleber in nur 3 Monaten zu okay.

2015: Ein ständiges Auf und Ab. Alles nicht so einfach. 2 Bücher veröffentlicht. Agenturarbeit. Teilweise wieder am Anschlag. Urlaubsbilanz: 5 Tage Ameland (Strandspaziergänge mit Frau und Hund, inklusive einem Kurzkrimi, weil ich Lust dazu hatte). Danach: Arbeit. Leichte Rückfälle. Therapeutin verschlissen. Untersuchungsmarathon inklusive Besuch in der Röhre, um Tumore und Demenz auszuschließen. Arbeit!

Ende 2015: Marlies, meine Freundin, zeigt erste „Brandwunden*". Fuck!

Entschlussfassung: So machen wir nicht weiter.

2016: Erste ernsthafte Maßnahmen. Heute: Immer noch nicht alles gut, aber schon viel besser! Ich/wir arbeiten dran – brennen zwar immer noch, nur viel achtsamer, gesünder ernährter, leichter und mittagsschläfriger.

Noch Fragen?

Ich habe sicherlich nicht zu viel versprochen, oder? Wie ist es um Ihre Biografie bestellt? Was haben Sie zu bieten? Können Sie mithalten?

Aus „mein Haus, mein Auto, meine Yacht" ist mittlerweile „mein Hörsturz, mein Tinnitus, mein Herzinfarkt" geworden ...

Aber nun genug mit der Hamster-Angeberei. Fangen wir an zu arbeiten! Was ist ein Burnout? Wenn Sie umblättern, werden Sie es erfahren!

P.S.: Mitte/Ende 2016: Schon wesentlich entspannterer Agenturalltag und zwei Bücher veröffentlicht – eins davon halten Sie gerade in der Hand.

---

*All das hat mein Stern Marlies tapfer mit mir und der Firma (ihr gehört die Hälfte) durchgestanden. Ohne sie wäre das alles und ich schon längst den Bach runtergegangen. DANKE & LOVE!!!

Das Phänomen Burnout

Ready for burning ... äh ... boarding. Starten wir unsere Geschäftsreise in den Burnout – und wieder heraus. Anschnallen, Augen auf – und durch!

Der Burnout – ist er so plötzlich auf der Bildfläche erschienen wie der berühmte Springclown aus der Box? Nein, beileibe nicht. Das Phänomen permanenter Erschöpfungszustände, verminderter Leistungsfähigkeit und depressiver Stimmung ist bekannt, seitdem Menschen sich mit der strukturierten Erfassung von Krankheiten (oder sagen wir lieber: Störungen) befassen.

Es gibt jedoch drei Tendenzen, die Burnout zu dem Massenphänomen machen, das wir heute so omnipräsent wahrnehmen:

- Die Bereitschaft, über seelische Befindlichkeiten zu sprechen und zuzulassen, dass man davon betroffen ist, ist deutlich gestiegen.
- Damit einhergehend stieg die Akzeptanz in der Gesellschaft, dass psychische Leiden ebenso menschlich sind wie körperliche Einschränkungen.
- Und die Erkenntnis, dass etwas, was noch vor 30 Jahren nur vergleichsweise wenige in der Bevölkerung betraf, nun durch Überbelastung am Arbeitsplatz, permanente Reizüberflutung, dem Drang, einem perfekten Ideal entsprechen zu müssen, und daraus folgend einem pathologisch zu nennenden Optimierungswahn – der fälschlicherweise Effizienz genannt wird –, jeden treffen kann.

Burnout wurde erstmalig 1974 von Herbert J. Freudenberger, einem deutsch-amerikanischen Psychoanalytiker, wissenschaftlich beschrieben. Er charakterisierte den Burnout als einen Erschöpfungszustand nach lang anhaltender Belastung.

Die große Aufmerksamkeit, die dem Phänomen Burnout seit einiger Zeit zuteil wird, und die offensichtlich hohe Anzahl der Betroffenen führt dazu, dass die Möglichkeiten zur Behandlung dieser Störung mittlerweile gut beschrieben sind und die „Diagnose" Burnout kein Urteil mehr ist, sondern eine Chance (wir werden noch erläutern, warum das Wort „Diagnose" in Anführungszeichen gefasst wurde).

Außerdem – und das nur nebenbei – ist die Bezeichnung „Burnout" wesentlich griffiger und öffentlichkeitskompatibler als die traditionelle Bezeichnung dieses Störungsbildes. Bis in die 1970er Jahre hinein wurde der Zustand permanenter Erschöpfung, begleitet durch Muskelbeschwerden, Schwindelgefühle, Spannungskopfschmerzen, Schlafstörungen, Entspannungsunvermögen, Reizbarkeit und Verdauungsbeschwerden, depressive Stimmungslage und Angstsymptomatik nämlich unter dem Namen Neurasthenie geführt. Diese im ausgehenden 19. Jahrhundert wohl häufigste psychische Diagnose wurde als nervöse Erschöpfung im Zusammenhang mit der Industrialisierung und Verstädterung gesehen.

 Burnout ist also nichts wirklich Neues. Es gab das Phänomen des „Ausbrennens" bereits vor mehr als 120 Jahren. Es bezeichnete ein weit verbreitetes Leiden, dessen Ursache in der zivilisatorischen Überreizung des Nervensystems im Zuge der damals neuen Hektik der Industriegesellschaft angenommen wurde.

Der Hauptunterschied der Neurasthenie zum Störungsbild des Burnout ist dabei nicht die Symptomlage, sondern die Ursache der Störung, die heute eher in der individuellen Überlastungssituation denn im gesamtgesellschaftlichen Veränderungsdruck gesehen wird.

Bemerkenswert ist, dass es Burnout eigentlich gar nicht gibt. Zumindest nicht als Krankheitsbild.

Während die Neurasthenie unter der Ziffer F48.0 Einzug in das internationale Klassifizierungssystem psychischer Störungen (ICD) Einzug gefunden hat und damit im Medizinersprech „Krankheitswert" besitzt, gilt dies nicht in gleichem Maße für den Burnout.

Da er kein klar umrissenes Störungsbild hat, wird er im ICD ganz hinten in der Gruppe Z (Faktoren, die den Gesundheitszustand beeinflussen und zur Inanspruchnahme von Gesundheitsdiensten führen) geführt, wobei in der Untergruppe „Probleme verbunden mit Schwierigkeiten in der Lebensbewältigung" unter der Ziffer Z73.0 schließlich das „Erschöpfungssyndrom (Burn-Out)" zu finden ist. Hintergrund ist, dass das Burnout-Syndrom einerseits ähnliche Symptome zu anderen psychischen Erkrankungen aufweist, und es andererseits Medizinern und Wissenschaftlern bislang noch nicht gelungen ist, ein Burnout im Körper (z.B. durch einen Bluttest oder andere Messungen) nachzuweisen.

So ist zu verstehen, dass in der Regel bei Vorliegen der Symptomlage für einen Burnout (dazu kommen wir noch) keine „Diagnose Burnout" erfolgt, sondern in der Hauptsache andere körperliche oder seelische Störungen mit Krankheitsbildern diagnostiziert werden und Burnout in diese Auflistung beschreibend aufgenommen wird.

Die brennenden Hamster würden also sehr wahrscheinlich nicht einmal eine „ordnungsgemäße" Arbeitsunfähigkeits-bescheinigung erhalten, wenn Burnout die einzige Diagnose wäre.

 So ist allerdings auch zu verstehen, dass viele beim ersten Anzeichen von Erschöpfung einen voll ausgeprägten Burnout an sich selbst diagnostizieren, während tatsächlich Betroffene noch vollkommen ahnungslos sind, was denn gerade bei ih-nen vorgeht. Die Grenzen sind – anders als beispielsweise bei einem klar zu diagnostizierenden Armbruch – fließend und nicht immer klar zu erkennen.

Wie häufig sind Burnouts in der Gesellschaft?

Nach Studien zur Häufigkeit von Burnouts in der Gesellschaft ist er besonders in helfenden, pflegenden und lehrenden Berufen verbreitet.

Hier sticht die Gruppe der Pflegenden mit einer Betroffenheit von 40–60 % besonders hervor. Zu der Häufigkeit von Burnout in der Gruppe der Selbstständigen, Unternehmer und Führungskräfte liegen derzeit noch keine Studienergebnisse vor. Eine Studie der AOK Bayern zeigt jedoch auf, dass sich die Zahl der Fehltage, die einem Burnout-Syndrom zugesprochen werden können, zwischen 2004 und 2010 fast verhundertfacht hat. Dabei sind in der Mehrheit Frauen betroffen.

Insgesamt ist zu beobachten, dass in der Gesellschaft die Diagnose von psychischen und psychosomatischen Störungen deutlich zunimmt. Ein Grund dafür ist, dass mittlerweile häufiger eine psychische Ursache für eine körperliche Erkrankung angenommen wird als noch vor einigen Jahrzehnten. Die Aufmerksamkeit der Behandler und Therapeuten ist hier deutlich gewachsen und wichtig für eine adäquate Behandlung. Es macht nämlich keinen Sinn, eine sich zeigende körperliche Erkrankung ausschließlich mit Medikamenten zu behandeln, wenn die Ursache hierfür in der Seele des Patienten zu suchen ist.

So würde man zwar eine temporäre Verbesserung erreichen können, jedoch ist damit zu rechnen, dass die Krankheit entweder nach kurzer Zeit zurückkehrt oder sich die zugrundeliegende psychische Störung in anderen körperlichen Symptomen zeigt.

(K)ein Kapitel speziell für Frauen – dafür mit Chips & Schokolade

Wir haben uns gefragt, ob wir ein spezielles Kapitel für Hamsterinnen schreiben sollen, da laut den vorher erwähnten Studien oftmals Frauen betroffen sind.

Um es kurz zu machen: Wir haben uns dagegen entschieden. Dieses Buch ist ausdrücklich für beide Geschlechter geschrieben.

Möglicherweise liegt es in der Natur der Sache, da die beiden Autoren Männer sind, dass dieses Buch in manchen Formulierungen etwas fußball- oder actionfilmgeladen daherkommt. Das ändert aber nichts an der Tatsache, dass die beschriebenen Symptome, Tipps und Praxisbeispiele quasi unisex zu lesen sind. Grundsätzlich gilt: An Burnout können Frauen, trotz oder wegen der oft noch immer gängigen Dreifachbelastung (Job, Kinder, Haushalt) genauso zerbrechen wie Männer. Was zählt, sind die individuellen Lebens- und Arbeitsumstände – und der individuelle Umgang damit.

Die Damen der Schöpfung machen es der Medizin, dem Therapeuten, in der Regel etwas einfacher, da sie, und das ist genau richtig so, tendenziell etwas eher bereit sind, über ihre Probleme zu sprechen bzw. zum zu Arzt gehen, während Männer alles (auch im buchstäblichen Sinne) in sich hineinfressen*.

Das ist übrigens auch ein (möglicher) Grund dafür, dass in den Statistiken mehr Frauen als Männer mit einem diagnostizierten Burnout geführt werden. Ob das wirklich so ist, ist schwer

---

*Sogenannte Fressattacken sind unter brennenden Hamstern übrigens sehr verbreitet. Sie dienen zum einen der Aufnahme von Zucker, da der Körper bei (ständiger) Überlastung förmlich nach Energie schreit, und auf der anderen Seite der Belohnung.

zu sagen. Dunkelziffer Mann. Wie auch immer. Burnout ist für jeden einzelnen Betroffenen (m/w) individuell gleich schlimm. Egal ob Mann, Frau oder Transgender.

Deswegen also kein extra Kapitel für Frauen.
Zucker*, zuckerhaltige Lebensmittel, meistens in Kombination mit Fett, stimulieren in unserem Gehirn genau die Zentren, die fürs Wohlfühlen bzw. Glück zuständig sind. Doof nur, dass man nach dem kurzen Glücksrausch, einer Glücksorgie am wohlverdienten Freifreitagabend (Thank god, it's friday!) mit einer Pizza, Chips, Erdnusslocken, Schokoriegeln und Gummibärchen am Samstag aufwacht und sich fühlt, als ob einen ein Trecker überfahren hat. Die Belohnung wird für den komplett überforderten und eh schon geschwächten Körper zu einer Bestrafung! Nach dem süßen und fettigen Hoch kommt das ausgebrannte Tief. Stimmt's?

Ein Tipp vorab, bevor wir überhaupt zu den „Hilfsmaßnahmen" kommen: Möglicherweise wäre es also dienlich, das süße Zeug so weit es eben geht zu reduzieren. Was meinen Sie?

Zum Thema Zucker, könnte/sollte man eigentlich ein eigenes Buch schreiben. An dieser Stelle nur so viel: (zu viel) Zucker steht im Verdacht, Depressionen und Erschöpfungszustände zu begünstigen! Er gilt unter Fachleuten mittlerweile als Volksdroge Nummer eins. Wir empfehlen dazu den Film „Voll verzuckert" von Damon Gameau.

Was ist denn nun ein Burnout?

Wenn wir diagnostische Spitzfindigkeiten und historische Zusammenhänge einmal beiseitelassen und uns anschauen, was ein Burnout beim einzelnen Betroffenen bewirkt, so erscheint es uns am griffigsten, wenn wir den Burnout als eine „Entzündung der Seele" beschreiben. Die Analogie zur körperlichen Erscheinung der Entzündung hilft uns auch zu verstehen, warum ein Burnout sich auf den ganzen Körper auswirken kann.

Stellen Sie sich doch einmal vor, an einer Ihrer Fersen wäre durch ungeeignetes Schuhwerk eine gereizte Hautregion entstanden. Wenn die Reizung rechtzeitig bemerkt und achtsam behandelt wird, würde sie zeitnah abklingen und bei Verwendung eines geeigneten Schuhwerks auch nicht wiederkommen. So weit, so gut.

Aus Ihrer Lebenserfahrung wissen Sie, dass es im Körper Selbstheilungskräfte gibt, und dass vieles ganz von allein wieder verheilt und sich hinterher an der Stelle maximal etwas Hornhaut oder eine Narbe bildet. Hornhaut hat in diesem Fall etwas Positives: Der Körper merkt sich, dass diese Stelle empfindlich ist, und bildet dort zum Schutz eine dickere Hautschicht. So in etwa verhält sich das auch mit der Seele: Belastungen werden verarbeitet und verheilen – es bleibt maximal eine hornige Stelle zurück, die uns aber vor weiterer Verletzung schützt.

Zurück zur satanischen Ferse*: In unserer stressigen Zeit kann es allerdings gut sein, dass der Träger der eigentlich ungeeigneten Schuhe beschlossen hat, diese Reizung zu ignorieren und sich einfach nur noch mehr anzustrengen. Oder

*Hoppla, ein Gruß aus Kalau.

die Menschen in seinem Umfeld fordern ihn zudem dazu auf, weiterzugehen und nicht „schlappzumachen". Die Folge: Der Schmerz wird sich weiter erhöhen, es kann sich auch eine Blase bilden. Das Gehen an sich wird zur Qual, es werden innere Durchhalteparolen ausgegeben, die den Schmerz für eine gewisse Zeit nebensächlich erscheinen lassen. Schließlich ist ein Ziel zu erreichen, und das erscheint wichtiger, als sich um lästige Fußangelegenheiten zu kümmern. Dazu ist vermeintlich später noch Zeit.

Spielen wir das Spiel weiter. Bei weiterem unbeirrten Voranschreiten kann es passieren, dass sich die Blase am Fuß öffnet, in die Wunde Keime eindringen und sich die Stelle entzündet. Unangenehm, aber noch nicht bedrohlich (genug), denn auch jetzt wissen wir, dass sich die Entzündung in aller Regel legen und eine Selbstheilung stattfinden wird. Wir könnten also immer noch weitergehen, wenn auch sehr mühsam. Was aber, wenn die Selbstheilungskräfte überschätzt werden? Wenn das Immunsystem nicht oder nicht mehr in der Lage ist, die eingedrungenen Keime zu bekämpfen und zu besiegen? Was, wenn dadurch immer mehr und mehr Keime entstehen?

Dann kann tatsächlich eine massive Vergiftung des gesamten Körpers stattfinden und eine lebensbedrohliche Situation eintreten. Ohne ärztliche Hilfe ist dann keine Besserung zu erwarten. Das Prinzip Hoffnung wäre fatal.

Wenn wir das Geschilderte auf unseren Begriff der entzündeten Seele beziehen, wird schnell klar, wie ein Burnout entsteht und welche Auswirkungen er in seiner vollen Ausprägung hat. Und natürlich hat das Krankheitswert. Und natürlich hat Burnout immer eine Vorgeschichte – und es gibt Warnsignale.

In unserem Beispiel, im übertragenen Sinn, ist Stress die Belastung, die wie ein Keim das seelische System bedrängt und lahmlegen kann.

Fakt ist: Burnout entsteht durch Stress

Einmaliger Stress ist kein Problem. Selbst kurzfristiger hoher Stress ist für unser System noch gut zu ertragen. Wir reagieren „gereizt", kokeln vielleicht etwas, können uns in der Regel aber relativ schnell wieder regenerieren.

Fortwährender, sich selbst potenzierender Stress ist Gift für unseren Hamster. Wenn keine Verarbeitung (durch Pausen) stattfinden kann, kann auch keine Heilung erfolgen.

Findet keine Heilung statt, beginnt sich das Hamsterrad zu drehen. Irgendwann ist die nächste, die eine stressige Situation der Tropfen, der das Fass zum Überlaufen, das System aus dem Gleichgewicht, den Hamster zum (Aus-)Brennen bringt.

Eine einfache Kausalkette – keine große Wissenschaft.

Burnout = Entzündung der Seele

Noch etwas: Nach erfolgter Heilung sind wir zwar, bei aller Achtsamkeit uns selbst gegenüber, nicht davor gefeit, uns wieder falsches Schuhwerk zuzulegen und eine erneute Reizung an der Ferse zu erleiden. Dennoch können wir mit einiger Sicherheit davon ausgehen, dass wir gelernt haben, und dass wir diesmal adäquat handeln, bevor es zu spät ist. Dazu aber mehr in den Kapiteln zur Prävention.

Ursachen von Burnout

Wie wir festgestellt haben, liegt die Ursache eines Burnouts zu einem großen Teil in Stress, der nicht mehr bewältigt werden kann. Die Betonung liegt dabei auf „nicht mehr bewältigt". Wir Menschen sind grundsätzlich in der Lage, auch hohe und höchste Mengen an Stress zu bewältigen. So sind wir konstruiert.

Stellen Sie sich den Steinzeitmenschen vor, der durch einen dunklen Wald wandert und ein Geräusch hört. Ein Zweig knackt. Freund oder Feind? Eichhorn oder Bär? Fressen oder gefressen werden? Angst! Der ganze Körper ist wie ein Bogen gespannt und somit gestresst.

Kampf oder Flucht*? Zwei mögliche Optionen. Egal, für welche sich unser Steinzeithamster aus der Frühzeit entscheidet: Er reagiert nur, weil Angst ihn gewarnt hat, und weil sein Körper alle notwendigen Kräfte aus diesem Stress heraus mobilisiert. An diesem Beispiel ist gut zu erkennen, dass Angst ursprünglich ein guter Rat- und Hinweisgeber ist/war, und dass wir Stress benötigen, um uns schnell aus einer Gefahrensituation befreien zu können.

Das Fatale: Unser Körper hält das nur aus, wenn diese Zustände vorübergehend sind und wir uns danach erholen können. Nur dann können wir Stress bewältigen, ohne Schaden zu nehmen. Auf körperlicher Ebene bedeutet „Erholung" übrigens, dass die bei der Stressbewältigung verbrauchten Kräfte wieder regeneriert werden und die in Stressphasen benötigten Botenstoffe (z.B. Adrenalin, Noradrenalin, Serotonin, Cortisol) wieder nachproduziert bzw. deren „Verbrennungspro-

*Der Vollständigkeit halber sei erwähnt, dass es auch die Option „Erstarren" gibt – eine Taktik, um sich gegenüber Angreifern, die auf Bewegung reagieren, unsichtbar zu machen.

dukte" abgebaut werden können. Dass das eine gewisse Zeit benötigt, dürfte jedem Hamsterkind klar sein.

Nun sind wir aber keine Steinzeithamster mehr, sondern zivilisierte Individuen, die frei entscheiden können, welchen Belastungen und Anforderungen sie sich aussetzen.

Error!

Soweit die Theorie, aber der Alltag sieht dann doch häufig anders aus: Der Stress lässt nicht mehr nach, ist allgegenwärtig, und wir können ihn nicht mehr bewältigen, weil keine Zeit dafür ist. Wir haben keine Angst mehr vor Säbelzahntigern, sondern vor dem nächsten Meeting oder der nächsten Deadline.

Dazu kommt: In der Zeit, in der wir leben, kommt in jedem Moment eine Unzahl an Reizen/Einflüssen auf uns zu (z. B. E-Mails, SMS, Telefon & Co.), auf die im Nu reagiert werden muss. Wir müssen zumindest entscheiden, ob wir darauf reagieren wollen oder nicht. Während wir also (nicht) handeln, müssen wir uns bereits gedanklich mit weiteren möglichen Handlungssträngen beschäftigen. Das Hier und Jetzt gerät dabei aus dem Blick.

Das Ergebnis: Die Neosteinzeit. In einer Zeit, in der immer mehr in einer immer kürzeren Zeitspanne zu erledigen ist und wir uns schnell in einer Art Dauereinsatz- und Alarmbereitschaft befinden, schüttet der Körper permanent Stress-Botenstoffe aus. Wir befinden uns quasi in einem permanenten Kampf- oder Fluchtmodus! Fehlen dann die notwendigen Regenerationsphasen, kann der Körper nicht mehr in den Normalzustand zurückfinden.

Am Anfang führt das dazu, dass eine permanente Überschüttung des Körpers mit Stress-Botenstoffen stattfindet und es in der Folge davon zu Schlafstörungen, innerer Unruhe und erhöhtem Blutdruck kommen kann.

Das körpereigene Hamsterrad hat begonnen, sich zu drehen. Bei fortgesetzter Überlastung kommt unser System mit der Produktion der Botenstoffe und deren Speicherung nicht mehr hinterher, sodass es in den Nervenzellen zu einer Unterversorgung kommt. Ab dann fehlen den Nervenzellen die Botenstoffe, um Stress überhaupt noch bearbeiten zu können, und es kommt dazu, dass jeder noch so kleine Faktor das System zum Kollabieren bringt.

Interessant zu wissen ist, dass in der Wissenschaft bislang keine spezifischen Stressfaktoren für Burnout identifiziert wurden und auch in absehbarer Zeit nicht damit zu rechnen ist, dass dies passieren wird. Das bedeutet, dass prinzipiell jede Form von nicht bewältigbarem Stress dazu geeignet ist, einen fulminanten Burnout zu verursachen.
Krass, oder?

Burnout betrifft den ganzen Menschen – wir wollen uns daher in der folgenden Betrachtung auch um den ganzen Hamster kümmern. Um das zu erleichtern und – wie wir hoffen – besser nachvollziehbar zu machen, möchten wir ihn in drei Bereiche gliedern, die jeweils ihre eigenen Anforderungen aufweisen. Es hat sich nach unserer Einschätzung bewährt, diese Einteilung in die Bereiche beruflich, persönlich und privat vorzunehmen. Dabei sind diese Kategorien nicht als Schubladen oder Rollen zu verstehen, sondern dienen dazu, Beschreibungen besser nachvollziehbar zu machen.

Grundlegendes: Ein Mensch ist immer ganzheitlich zu betrachten. Es gibt nach unserer Überzeugung keinen rein beruflichen oder privaten Menschen. Wenn mir jemand z.B. glaubhaft machen möchte, dass man sich mit jemandem, mit dem man sich beruflich bekriegt, privat gut verstehen kann, dann glaube ich das schlichtweg nicht. Genauso ist es aus unserer Sicht unmöglich, auf der Arbeit ein menschenhassender Despot zu sein, aber im Privatleben ein handzahmer Softie.

Diese Art der (immer wieder propagierten) Rollenteilung bezeichnen wir als nicht natürlich. Daher ist das viel gepriesene „Work-Life-Balance-Konzept" unserer Meinung nach auch mit großer Vorsicht zu genießen. Dazu aber an anderer Stelle mehr. Man ist entweder authentisch als Mensch oder ein mehr oder weniger schlechter Schauspieler in einer aufgesetzten Rolle.

In unserem Modell wollen wir jedoch nicht dogmatisieren, sondern erklären. Unser Bild von einem Menschen ist gekennzeichnet von einer Ausgeglichenheit in allen genannten Bereichen. Mit dem beruflichen Bereich ist der gesamte Bereich der Arbeit gemeint. Der persönliche Bereich umfasst all das, was zu Ihrer Person gehört, also die höchstpersönlichen Befindlichkeiten. Der private Bereich umfasst das Umfeld, also Freunde, Familie und die anderen Menschen um Sie herum.

Wenn diese Bereiche im Einklang miteinander stehen, dann sprechen wir von Ausgeglichenheit. Die Abwesenheit von Druckunterschieden ist auch Ausgeglichenheit im physikalischen Sinne. Somit können wir bei der Betrachtung des Stresses beruflichen, persönlichen und/oder privaten Druck ausmachen und benennen. Die vorige Grafik zeigt nur einige

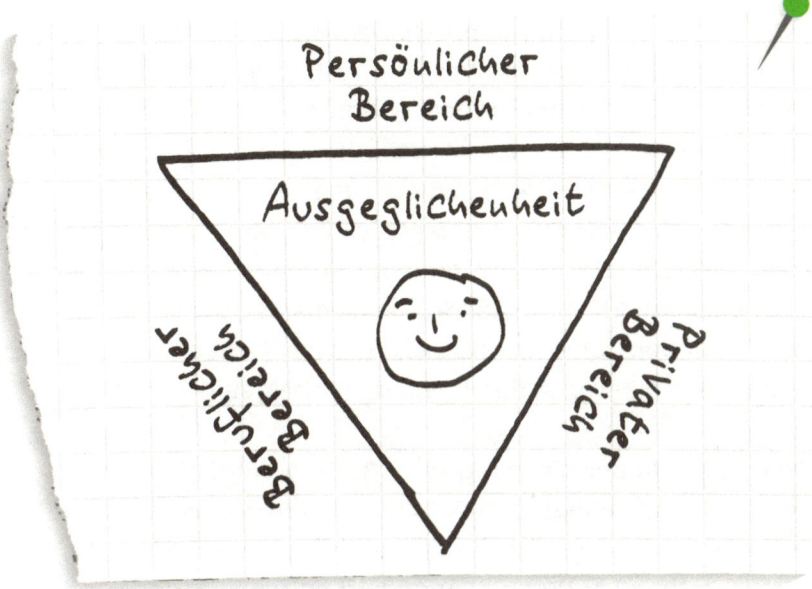

Persönlicher
Bereich

Ausgeglichenheit

Beruflicher Bereich

Privater Bereich

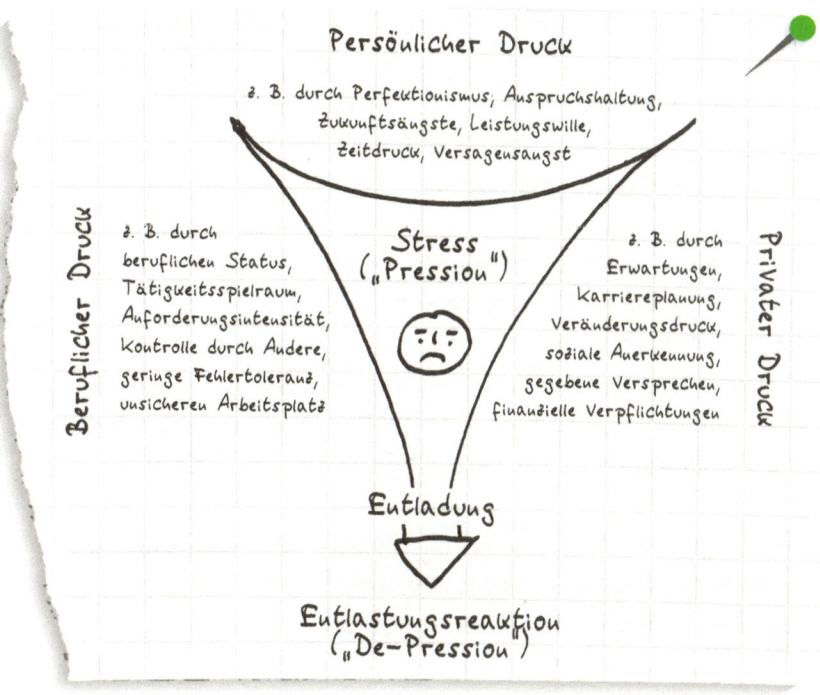

Persönlicher Druck

z. B. durch Perfektionismus, Anspruchshaltung,
Zukunftsängste, Leistungswille,
Zeitdruck, Versagensangst

Beruflicher Druck

z. B. durch
beruflichen Status,
Tätigkeitsspielraum,
Anforderungsintensität,
Kontrolle durch Andere,
geringe Fehlertoleranz,
unsicheren Arbeitsplatz

Stress
(„Pression")

z. B. durch
Erwartungen,
Karriereplanung,
Veränderungsdruck,
soziale Anerkennung,
gegebene Versprechen,
finanzielle Verpflichtungen

Privater Druck

Entladung

Entlastungsreaktion
(„De-Pression")

Faktoren, die zu Stress führen können. Sicherlich kennen Sie aus Ihrer persönlichen Erlebniswelt noch viele mehr. Zu den Stressoren in beruflicher Hinsicht gehören übrigens insbesondere das Mobbing, die Entmenschlichung von Arbeit durch immer standardisiertere Prozesse und eine ungeeignete Führungskultur. Interessanterweise wirken Stressoren umso stärker, je bewusster sie uns angetan werden. Wenn wir also Stress erleiden durch Umstände, die niemand gewollt hat, die niemand ändern kann, dann stresst uns das nicht so sehr wie Umstände, die bewusst durch andere herbeigeführt wurden.

Wenn uns zum Beispiel ein großer Auftrag entgeht, weil der potenzielle Auftraggeber unverschuldet eine Insolvenz erleidet, dann ist das ärgerlich für uns, aber leichter akzeptierbar, da es ist nicht zu ändern ist. Anders ist es, wenn wir bewusst hinter die Fichte geführt werden und dadurch Schaden oder Stress erleiden. Wenn uns also der im Beispiel genannte begehrte Auftrag aufgrund eines intriganten Wettbewerbers entgeht, der uns beim Auftraggeber diskreditiert hat, dann ist der Stresslevel deutlich höher.

Aus der Sicht von Arbeitnehmern werden besonders ungenügende Organisation, schlechte Führung, nicht nachvollziehbare Entscheidungen oder häufig wechselnde Entscheidungen als besonders stressig wahrgenommen. Bewusst gesteuerte Gemeinheiten der Kollegen durch Diffamierung oder Mobbing stehen dabei an höchster Stelle der Stressskala.

Je höher der erlittene Level ist, desto mehr Verarbeitungsleistung muss von uns erbracht werden. Je weniger Verarbeitung stattfindet, desto höher steigt der Druck im Kessel. Ein zu hoher Druck von allen Seiten (in unterschiedlicher Intensität) kann dazu führen, dass schließlich gar keine Verarbeitung mehr stattfindet. Nach dem einfachen physikalischen Grundprinzip, dass Druck immer Gegendruck in gleicher Größe verursacht, kann er nicht einfach verschwinden, sondern MUSS bearbeitet, verarbeitet werden.

Man kann sich also vorstellen, dass z. B. beruflicher Druck entweder im persönlichen oder im privaten Bereich abgelassen werden muss. Und das geschieht auch genauso. So können Sie z.B. beruflichen Druck durch sportliche Aktivität abbauen, privaten Druck dadurch, dass Sie sich allein an einen Ort zurückziehen und durchatmen. Sie können persönlichen Druck ebenfalls dadurch abbauen, dass Sie als Chef im Betrieb Dampf ablassen (das ist zwar nicht nett für die Mitarbeiter, aber entlastend für Sie).

Solange sich also ein Ausgleich findet, können wir von bewältigtem Stress sprechen.

Schwierig wird es dann, wenn wir versuchen, dem Druck dort zu begegnen, wo er entstanden ist. Wenn wir also versuchen würden, beruflichen Druck durch beruflichen Gegendruck zu bearbeiten. Das funktioniert meistens nicht. Albert Einstein soll einmal gesagt haben, dass man Probleme niemals mit derselben Denkweise lösen kann, durch die sie entstanden sind.

So ist es auch hier. Tipp: In der Regel ist also dienlich, die Ebene zu wechseln, um eine Verarbeitung vorzunehmen oder neue Lösungen zu finden. Die Abarbeitung von Stress ist manchmal für unser Umfeld anstrengend, und man kann über die Wahl der Mittel unterschiedlicher Ansicht sein. Stressabbau und damit -bewältigung ist jedoch in jeder Hinsicht als gesund zu bezeichnen.

Bevor Sie uns nun geharnischte Briefe schreiben: Nein, wir sind nicht der Ansicht, dass man seine Umwelt terrorisieren darf, um Stress abzubauen. Der Zweck heiligt nicht die Mittel, und es gibt für den Stressabbau sehr intelligente Wege, die sozialverträglich sind. Dazu später mehr.

Weiter im Hamsterrad ... äh ... Text. Kritisch wird es, wenn der Druck kein Ventil mehr findet. Dann spricht man bildhaft davon, dass sich der Stress in den Körper „frisst", sich also manifestiert und sich körperlich äußert.

Man könnte auch sagen: Nicht bewältigter Stress ist eine Ursache für psychosomatische Krankheiten. Eine solche Erkrankung kann also durchaus als Hilferuf des Unterbewusstseins nach Erholung aufgefasst werden.

Wir kennen das aus Erzählungen von dem in den 70er und 80er Jahren so bekannten Magengeschwür als typische „Managerkrankheit".

Eine psychische Störung konnte man sich damals als gestandener Manager wegen der Reputation und der noch zu erledigenden Arbeiten nicht leisten, also wurde weitergearbeitet und alle sich zeigenden Symptome der Erschöpfung munter ignoriert. So lange, bis der Körper ein Magengeschwür ausgebildet hatte und man nicht mehr weitermachen konnte. Der Arzt bescheinigte eine körperliche Krankheit, und schon war es gesellschaftlich anerkannt, das Bett zu hüten. Das Magengeschwür als Arbeitsverdienstorden – wie geschmackvoll.

Irgendwann ist jedoch bei Nichtbearbeitung der Druck, die Pression (wie unsere anglophilen Mitmenschen sagen), so groß, dass alle Dämme brechen. Alles entlädt sich – unaufhaltsam. Wer schon einmal versucht hat, bei Sturmflut einen gebrochenen Damm zu reparieren, der weiß, dass das ein recht auswegloses Unterfangen ist.

Man spricht dann von einer „De-Pression" im Sinne einer Entlastungsreaktion. Und mit dieser Depression geht dann in aller Regel eine Zwangspause für Körper, Geist und Seele einher. Der Mensch ist zu nichts mehr in der Lage, selbst das pure Überleben wird zur Last.

Ein Burnout ist also immer ein Kennzeichen von Überlastung?

Das Wort „Burnout" deutet es schon an: Nur wer gebrannt hat, kann ausbrennen. Das würde in der Tat die Schlussfolgerung zulassen, dass nur Hamster, die besonders viel leisten, Gefahr laufen, einen Burnout zu erleiden. Wir wollen an dieser Stelle nicht verschweigen, dass das nur die halbe Wahrheit ist. Man kann auch alle Anzeichen eines Burnouts entwickeln, ohne in permanenter Überforderung zu stehen.

Doch wie unterscheidet man das?

Als grundsätzlich gesund für den arbeitenden und leistenden Menschen kann bezeichnet werden, wenn vorhandene Fähigkeiten und gestellte Anforderungen im Einklang zueinander stehen. Als Fähigkeiten ist in diesem Zusammenhang die Gesamtmenge aller fachlichen, körperlichen und mentalen Lösungsstrategien zu sehen.

Sie kennen das: Wenn Sie in einer Arbeit völlig aufgehen, es einfach „flutscht" und das Ergebnis sich mühelos und leicht einstellt, dann stehen Anforderungen und Fähigkeiten im Einklang, und wir sind im „Flow". Selbst wenn dies viel Arbeitseinsatz erfordert, sind wir anschließend nicht erschöpft, da wir alles mitgebracht haben, um die Aufgabe zu erfüllen. Anders verhält es sich jedoch, wenn wir permanent durch die an uns gestellten Anforderungen überfordert werden: Dann brennen wir aus.

Interessanterweise ist eine permanente Unterforderung auch nicht gesund für unser Seelensystem. Wenn wir etwas zu bieten haben und das permanent ignoriert und nicht abgerufen wird, dann entsteht Stress der anderen Art. Nämlich in einer Form, die uns an der Sinnhaftigkeit unseres Daseins zweifeln lässt. Dieses permanente Nicht-Gebraucht-Werden kann zu einer Erscheinung führen, die den Namen Bore-out-Syndrom trägt. Übersetzt also so etwas wie ein „Krank-vor-Langeweile-sein". Die auftretenden Symptome sind zum Burnout-Syndrom identisch, und auch die Krankheitsfolgen sind ähnlich. Betroffen sind in vielen Fällen Beamte, Verwaltungsmitarbeiter und Mitarbeiter starrer Hierarchien, die unter schlechter Führung leiden. Auch Menschen, die durch Arbeitslosigkeit zum Nichtstun gezwungen sind, können einen Bore-out erleiden.

Eine ebenfalls fatale Erkrankung, denn wer mag sich schon jemanden vorstellen, der in seinem persönlichen Umfeld gerne davon berichten würde, dass er unter einem Bore-out-Syndrom leidet. Eine derartige Aussage würde sehr wahrscheinlich zu Spott und Häme führen und damit eine weitere Belastung auslösen. Auch ein vom Bore-out Betroffener würde sich daher sehr wahrscheinlich eher („lieber") einen Burnout oder eine depressive Störung zusprechen lassen.

Bedeutung der Persönlichkeitsstruktur

„Jede Jeck es anders" – diese Weisheit aus dem Kölner Karneval bewahrheitet sich auch in der Betrachtung der Ursachen von Burnout.

Die tieferliegende Ursache dieser Erkrankung ist Stress – so weit, so schlecht. Allerdings wirkt er bei jedem Hamster anders, und manche Personengruppen scheinen besonders prädestiniert zu sein, sich welchen einzufangen. Es wäre aber zu kurz gesprungen, solche Menschen als „Helfertypen" zu charakterisieren. Es ist vielmehr die innere Haltung, die darüber entscheidet, ob und wie ich dem Stress und einer darauf aufgepflanzten Frustration begegne. Wenn ich „helfen" möchte und es mir dabei egal ist, ob ich Anerkennung, Lob oder Tadel dafür bekomme, kann mir Frust in der Regel nichts anhaben. Da ich mir selbst Anerkennung zollen kann, bin ich auf Anerkennung von außen nicht angewiesen. Das Ausbleiben einer „Belohnung" macht mir daher nichts aus, und ich helfe gerne aus inneren sogenannten intrinsischen Motiven weiter.

Wenn mir jedoch die Anerkennung so wichtig wird, dass ich danach mein Handeln ausrichte, dann bin ich schnell abhängig von der Belohnungsdroge und schnell frustriert, wenn die verdiente Belohnung ausbleibt. Frustration ist eher nicht als Auslöser eines Burnouts zu verstehen, aber sie kann in einem nennenswerten Maße zur Entwicklung beitragen.

Ein Ausflug in die Praxis: Stellen wir uns einen Unternehmer vor, der viel arbeitet, weil er es gerne tut. Das macht ihm auch nichts aus, es war ja seine freie Entscheidung, eine Firma zu gründen. Stellen wir uns weiter vor, dass die Geschäfte seit einem halben Jahr nicht so laufen wie erwartet und so ein gewisser Umsatzdruck entsteht. Daraus ergeben sich logischerweise viele Stressoren, die die Arbeit anstrengend machen.

Malen Sie sich nun aus, dass unser Hamster die Schieflage seines Unternehmens vor den Mitarbeitern verheimlichen möchte, um diese nicht zu verunsichern. Diese „stille Selbstverpflichtung" birgt ebenfalls ein immenses Stresspotenzial, da ein hohes Maß an Schauspielerei notwendig ist und nicht so frei agiert werden kann, wie es in dieser Situation vielleicht geboten wäre. Der Stresslevel hat also bereits einen hohen Wert erreicht. Wenn wir uns nun auch noch vorstellen, dass die Kunden dieses Unternehmers das Produkt nicht goutieren und kein positives Feedback mehr geben (vielleicht auch, weil in der letzten Zeit viele Arbeitsfehler unterlaufen sind), dann steigt zum Stress- auch noch der Frustlevel – ein potenzieller Burnout ist nahe.

Fazit: Der Stress wäre in unserem Beispiel immer da, ob der Unternehmer nun auf Anerkennung aus ist oder nicht. Jedoch hängt es von seiner Haltung zur Belohnung (in diesem Fall durch seine Kunden) ab, ob auch noch Frustration dazukommt. Neben der Anerkennungs- und Belohnungsabhängigkeit gibt es noch weitere Persönlichkeitsstrukturen, die die Anfälligkeit für einen Burnout begünstigen:

- Perfektionismus
- Idealismus
- Ja-Sagen (im Sinne von „Nicht-Nein-Sagen-Können")

Betrachten wir diese drei Typen etwas genauer.

Der Perfektionist

Der Perfektionist behauptet von sich, die Dinge ohnehin am besten selbst erledigen zu können. In meiner Praxis höre ich dazu häufig den Satz:

> „ Bevor ich es jemandem erklärt habe, mache ich es lieber selbst. "

Daraus folgt auch, dass der Perfektionist schlecht delegieren kann und häufig Schwierigkeiten damit hat, eine Arbeit mit dem gebotenen Maß an Aufwand zu erledigen. Er leidet darunter, dass er kein Ende in seiner Arbeit findet, da er nie mit dem erreichten Ergebnis zufrieden ist. Wir kommen auf diesen Umstand noch einmal zurück, wenn wir über das Pareto-Prinzip berichten.

Der Idealist

Wenn jemand mit viel Idealismus seinen Tätigkeiten nachgeht oder zusätzlich noch diverse Ehrenämter übernommen hat, kann es sein, dass sich Enttäuschung einstellt, wenn andere Beteiligte nicht mitziehen oder sich nicht an getroffene Vereinbarungen halten. Dann kann Idealismus schnell zur Falle werden, denn die eigenen Werte treiben den Hamster geradewegs dazu, sich viel Arbeit zum Wohle anderer aufzubürden. Kommen dann noch bürokratische Hürden oder Undankbarkeit hinzu, ist Frustration nicht weit.

Der Ja-Nicht-Nein-Sager

Der Begriff „Ja-Sager" wird meistens gebraucht, wenn wir einen Opportunisten beschreiben möchten. Diese Form von Ja-Sagen ist hier aber gar nicht gemeint. Es ist vielmehr die

Unfähigkeit, „Nein" zu sagen, die hier von Bedeutung ist. Die deutsche Sprache hat hierfür keinen Begriff. Das könnte davon kommen, dass Nein-Sagen in unserer Gesellschaft nicht populär, geradezu verpönt ist. Der Nicht-Nein-Sagen-Könner lässt sich den Schreibtisch vollpacken und kann nur ganz schwer eine Bitte, die an ihn herangetragen wird, abschlagen. Für solche Menschen ist es auch deshalb schwer, „Nein" zu sagen, weil sie damit eine persönliche Enttäuschung des anderen verbinden, manchmal sogar ernste Konsequenzen befürchten. Dabei lassen sie außer Acht, dass jedes „Ja", obwohl ein „Nein" angemessen gewesen wäre, eigentlich ein „Nein" zu sich selbst bedeutet. Und das nagt schnell am Selbstwertgefühl. Die anderen sind ja immer wichtiger und vorrangiger zu behandeln als man selbst. Dies führt einerseits zu Frustration durch die permanente Selbstbestrafung und andererseits dadurch, dass gesehen wird, dass der Schreibtisch der anderen scheinbar immer leer ist. Auch der normale Arbeitsstress bekommt weitere Nahrung, denn die übernommenen Aufgaben müssen ja neben den eigenen Aufgaben auch noch erledigt werden. So wird dann häufig noch gearbeitet, wenn die anderen bereits in den Feierabend gegangen sind. Und das führt dann wiederum zu mehr Frust. Und so weiter und so fort.

Nachtrag für alle Kinder von Eltern – und Eltern von Kindern: Stress wird übrigens auch oft durch Enttäuschung oder Zurückweisungen erzeugt, durch Frustration und das Gefühl, es „doch nie richtig" machen zu können, egal wie groß der persönliche Aufwand auch ist. Dieses Gefühl wird oftmals bereits in der Kindheit eingepflanzt und wächst sich bei entsprechender Pflege zu einem ordentlichen Frustbaum bei einem Erwachsenen aus.

Symptomatik des Burnouts

Die bildhaften Analogien verlassend, möchten wir uns nun den tatsächlichen Symptomen des Burnouts zuwenden, damit Sie unterscheiden können, ob Sie gegebenenfalls neues Schuhwerk benötigen (wobei wir keine Hilfe wären) oder Ihren ganz persönlichen Hamsterbrand löschen sollten (wobei wir Ihnen Hilfe anbieten können).

In diesem Abschnitt werden wir etwas genauer und bezeichnen den Burnout offiziell als Burnout-Syndrom. Der Begriff Syndrom bezeichnet hierbei eine Gruppe von Symptomen, die ein bestimmtes Störungsbild charakterisieren.

Sie werden gleich feststellen, dass wir eine Reihe von Symptomen aufgelistet haben, die mit einem Burnout-Syndrom einhergehen können. (Ent-)Warnung: Sehr wahrscheinlich werden Sie hier einige Symptome bei sich selber feststellen – doch keine Sorge!

Da der Begriff Burnout-Syndrom sehr weit gefasst ist, ist es ganz natürlich, dass sich die eine oder andere Symptomatik bei jedem von uns zeigt. Das ist grundsätzlich erst mal überhaupt nicht bedenklich oder gar bedrohlich, das ist der ganz normale Alltag. Es kommt also immer auf die Bewertung der Gesamtsicht und den Zusammenhang an. Lesen wir los ...

Burnout-Symptomkreis

Wie bereits gesagt: Burnout erfasst den ganzen Menschen. Wie in diesem einfachen Schaubild dargestellt, können wir die vielfältigen Symptome von Burnout auf seelischer, körperlicher und zwischenmenschlicher Ebene beobachten.

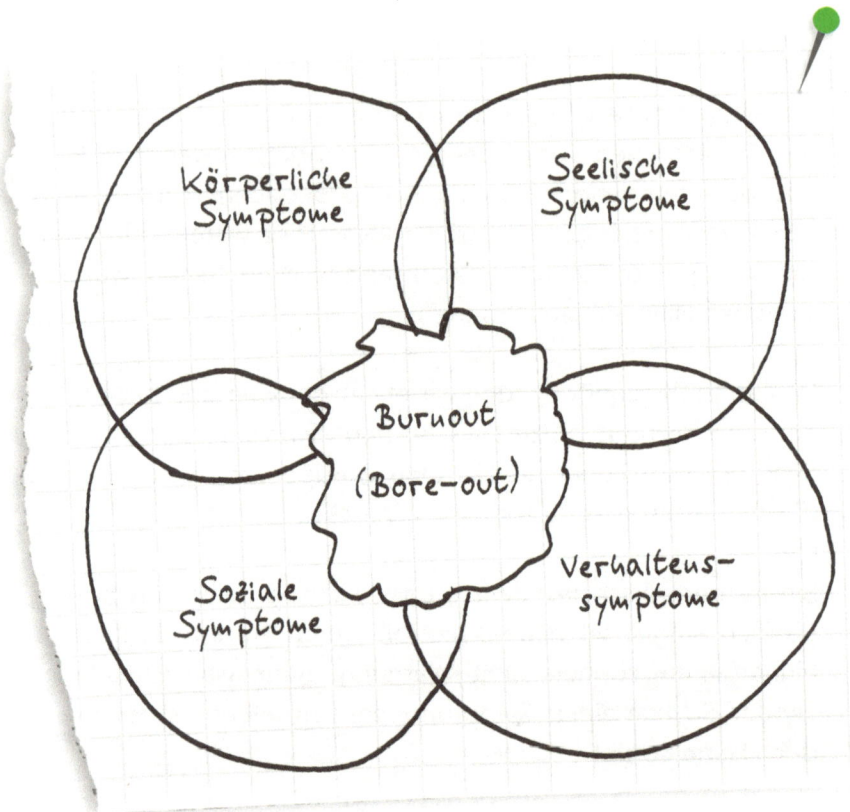

Innerhalb der kreisförmig dargestellten Symptombilder aus den einzelnen Bereichen bildet sich eine zentrale Schnittmenge. Diese Schnittmenge bildet das Burnout-Syndrom (respektive das Bore-out-Syndrom).

An dieser Stelle sei schon gesagt, dass die Ausprägung des Burnout-Syndroms umso deutlicher ist, je mehr Symptombereiche betroffen sind und je mehr Symptome sich zeigen. Wer hätte das gedacht? Theorie und Schaubild beiseite. Machen wir weiter. Jetzt wird es langsam konkreter.

Burnout-Symptome auf körperlicher Ebene

Auf der körperlichen Ebene können sich eine Vielzahl von Symptomen zeigen. Jedes für sich genommen ist nicht charakteristisch für das Burnout-Syndrom und kann auch im Rahmen einer anderen Störung auftreten.

Beispiele für körperliche Symptome im Rahmen eines Burnout-Syndroms sind:

- Müdigkeit und Erschöpfung
- Verspannungsgefühl der Muskulatur
- Kopfschmerzen
- Verdauungsbeschwerden (insbesondere Übelkeit und Krämpfe)
- Magenschmerzen, Magendruck
- Herzstechen, Herzrasen
- Schwindel
- Ohrgeräusche, Tinnitus
- Gleichgewichtsstörungen
- Schlafstörungen (Einschlaf-/Durchschlafstörungen)
- Potenzstörungen
- Erhöhte Anfälligkeit gegen Infekte (z. B. häufige Erkältungen)

Es versteht sich von selbst, dass bei Beobachtung derartiger Symptome zunächst immer eine ärztliche Abklärung erfolgen muss, um die zugrundeliegende Ursache sicher abzuklären. Oftmals lässt sich im Falle eines Burnout-Syndroms nämlich keine eindeutige körperliche Ursache identifizieren. Es wäre aber grob fahrlässig, ohne Diagnostik von vornherein davon auszugehen. Sollte tatsächlich keine körperliche Ursache für die gezeigten Beschwerden ausgemacht werden, sollte die Ursache auf psychosomatischer Ebene gesucht bzw. gefunden werden.

Aber gehen wir doch auf das eine oder andere Symptom etwas genauer ein und erzählen ein paar wahre Geschichten aus der Praxis – vielleicht erkennt sich ja der eine oder andere Hamster wieder.

Ohrgeräusche und Tinnitus

Oftmals ein ständiger Begleiter des brennenden Hamsters: Der Tinnitus aurium, das Symptom der klingelnden Ohren, kurz Tinnitus genannt. Hört man sich unter Gewerbetreibenden um, scheint er mittlerweile zum guten Ton zu gehören. Mit einer dem noch nicht verbrannten Hamster innewohnenden positiven Ignoranz wird er wie ein dazugehörendes, notwendiges Übel in den Alltag ignoriert. Ob Brumm- oder Pfeifton, ein Zischen, Rauschen, Knacken oder Klopfen – jedem Unternehmer sein Tinnitus, scheint die Devise. Steigt der Stress, verstärken sich in der Regel auch die als gleichbleibend oder auch als pulsierend beschriebenen Ohrgeräusche.

Am Anfang steht die Ignoranz. Doch noch hört man weg, der geflüsterte Warnschuss wird während der Arbeitszeit lautstark zum Schweigen gebracht. Es gibt ja Wichtigeres zu tun. Nach neuesten Erkenntnissen entsteht der Tinnitus im Kopf – nicht im Ohr. Man geht davon aus, dass Gehirnareale, die in die Stress- und emotionale Verarbeitung involviert sind, dafür verantwortlich zeichnen. Hierzu zählen z. B. die sogenannten Mandelkerne, auch Amygdala genannt.

Fehlfunktionen in diesen Arealen können Erscheinungen wie Gedächtnisstörungen, Unfähigkeit der emotionalen Einschätzung von Situationen, Depressionen, Autismus, Narkolepsie, posttraumatische Belastungsstörungen und Burnout begünstigen.

Soweit das wikipedianische Blabla dazu. Das mit dem Burnout haben die Autoren hinzugefügt – vielleicht, weil es so schön ins Konzept passt? Ein Schelm, wer jetzt Böses denkt. Es passt einfach zu gut, um den Zusammenhang zu ignorieren, oder?

Geht man davon aus, dass jede Krankheit und jedes Symptom angeblich auch eine Botschaft in sich trägt, sollten Sie einen beginnenden oder entstehenden Tinnitus nicht ignorieren. Hören Sie hin, hören Sie in sich hinein, und fragen Sie sich, was er Ihnen über Ihren aktuellen Lebensweg bzw. Ihre Lebenssituation zuflüstern will.

Hörsturz und bündig – die Mute-Taste der Seele

Auch er gehört, wie der Tinnitus, mittlerweile bei vielen Hamster zum guten Taub: der Hörsturz. Manchmal möchte man sich einfach nur die Ohren zuhalten bei all dem Krakeelen, Schreien, Diskutieren, Klagen und den

> 99 Ich kann das alles einfach nicht mehr hören! 66

Werbebotschaften da draußen in der Welt. Wie sagte schon der Flaschengeist zu Aladin: „Dein Wunsch ist dir (mir) Befehl." Ohrabsturz. Ruhe im Karton!

Doch genug der Wortspielerei. Was ist dieser Fall des Hörorgans eigentlich genau, und was hat er (möglicherweise) mit einem Burnout zu tun? Nichts und vieles. Die Wissenschaft sagt: Er tritt meist einseitig und ohne erkennbare Ursache auf. Der Hörverlust kann von leichten Hörstörungen bis hin zur völligen Gehörlosigkeit reichen. Interessant: Der Hörsturz wird bezeichnenderweise auch Ohrinfarkt genannt. Das Merkwürdige an der Sache: Bestimmte Auslöser oder besondere Verursacher lassen sich nicht finden. Meistens überfällt „der kleine Bruder des Herzinfarktes" den Patienten aus heiterem Himmel – obwohl in 80 % der Fälle ein Tinnitus als Vorbote bzw. piepgewordener Begleiter auftritt.

Die gute Nachricht: Bei einem echten Hörsturz treten niemals Ohrenschmerzen auf. Schwere Fälle klagen bei einem Anfall über Schwindelgefühle. Achtung: Ein Arztbesuch ist dringend angeraten, denn sollte ein Hörsturz länger anhalten und zu echten Problemen beim Hören geführt haben, können diese oft nur noch durch den Einsatz von Hörgeräten wieder ausgeglichen werden. Daher sollten Sie ihn nicht auf die leichte Schulter nehmen, er ist ein echtes Warnzeichen und möglicherweise ein „sehr leiser" Begleiter auf Ihrer Reise ins verbrannte Land. Zu den gefährdeten Personen gehören laut Ansicht mancher Experten übrigens Menschen mit Übergewicht, Bluthochdruck, Diabetes mellitus und Fettstoffwechselstörungen sowie Raucher und Hamster. Auch Stress könnte, man höre und staune, ein Risikofaktor* sein.

Eine Übung für die Praxis: Machen Sie doch mal eine unrepräsentative Umfrage unter befreundeten Unternehmern, Lieferanten und (Geschäfts-)Kunden. Wir gehen jede Wette ein, dass mindestens 1-2 Personen in Ihrem direkten Umfeld dabei sind oder jemanden kennen, der schon mindestens einmal einen Hörsturz hatte. Nicht nur unter Unternehmern ist der Hörsturz ein neues Trendsymptom. Und was hat das nun mit Burnout zu tun? Nichts und vieles. Vielleicht kommen Sie ja selber darauf, nicht?

Aus dem Takt gekommen: Herzrhythmusstörungen

Andauernder Stress ist eine Ursache von Herzrhythmusstörungen, bei denen das Herz aus dem Takt kommt. Dabei kann

*Sarkastische Anmerkung der Redaktion: oder Ursache?

es zu vorübergehenden wie auch andauernden Erscheinungen und auch zu Vorhofflimmern, Herzinfarkt & Co. kommen. Nicht immer sind Herzrhythmusstörungen gefährlich oder behandlungsbedürftig. Eine derartige Einschätzung kann jedoch immer nur der behandelnde Arzt treffen.

Fest steht aber, wenn da etwas „nicht rund" läuft, sollten Sie unbedingt auf Ihr Herz hören – das ist wortwörtlich gemeint – und öfter mal eine Pause machen!

Ähnlich verhält es sich mit den sogenannten Tics.

Tics oder Was zuckt denn da?

Manche Menschen erkennen ihren Stresslevel daran, ob ihre Augenlider unwillkürlich zucken oder nicht. Man spricht dabei von stressbedingten Tics.

Vielleicht beobachten Sie auch gelegentlich, dass Augenlider, Finger oder beispielsweise die Schulter zucken. Sie sind durchaus als Warnzeichen von zu hohem Stresslevel zu verstehen. Üblicherweise vergeht dieser Effekt einige Zeit, nachdem der Stresslevel gesunken ist. Wenn Sie einen solchen Tic bei sich kennen, können Sie ihn als Indikator sehen, jetzt sofort eine Pause zu machen. Sie werden sehen: Pausen schaden nicht.

Haarausfall

 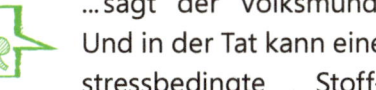 Es ist zum Haare raufen! …sagt der Volksmund. Und in der Tat kann eine stressbedingte Stoffwechselstörung dazu führen, dass die Haare ausfallen. Ein paar hundert ausfallende Haare am Tag sind ganz natürlich. Wenn jedoch im Kamm oder in der Bürste ganze Büschel

bleiben oder Ihnen ein drittes Knie am Kopf wächst, kann auch zu hoher Stress die Ursache sein. Die gute Nachricht: Es funktioniert auch umgekehrt. Ein gelöschter Hamster berichtete von davon, dass seine Haare wieder anfingen zu sprießen, nachdem er sein Leben in neue Bahnen gelenkt hatte – und das ganz ohne Koffeinshampoo & Co. Einen Versuch ist es auf jeden Fall wert, oder?

Somatoforme Störungen

Nun wird es ein bisschen komplizierter – es kommt etwas mit Fachwörtern. Unter somatoformen Störungen werden Störungen zusammengefasst, bei denen sich körperliche (somatische) Symptome zeigen, sich jedoch keine zugrundeliegende körperliche Erkrankung diagnostizieren lässt.

Der Begriff bezieht sich hierbei auf solche Symptome, die nicht der willentlichen Kontrolle unterliegen. Hierzu zählen z.B. Bauchschmerzen, Übelkeit, Erbrechen oder Durchfall, Atemlosigkeit, Brustschmerzen, sexuelle oder menstruelle Störungen, Hautveränderungen oder Gliederschmerzen. Sofern hierbei eher neurologische Symptome wie motorische Ausfälle, Krämpfe, Ohnmachten, Taubheit oder Blindheit im Vordergrund stehen, spricht man von Konversionsstörungen oder dissoziativen Störungen.

Da bei allen genannten Symptomen eine körperliche Erkrankung zugrunde liegen kann, ist eine differenzierte Diagnose immer notwendig, bevor man eine somatoforme Störung, also eine Störung, die nur den Eindruck erweckt, sie hätte körperliche Ursachen, in Betracht ziehen kann. Als Ursache für eine solche Störung kommt eine psychische Belastung in Betracht, von der sich der Betroffene distanziert (die er gewissermaßen „dissoziiert"), und die er dadurch unbewusst in eine körperliche Störung „konvertiert". Es findet also keine Bearbeitung der zugrundeliegenden psychischen Belastung statt, sondern diese Belastung wird verleugnet oder verdrängt und durch den Körper verabeitet. Oftmals hat die entwickelte körperliche Störung thematisch etwas mit der verdrängten psychischen Belastung zu tun, man spricht dabei von einer „symbolhaften Prägung".

In unserer Sprache finden wir viele Beispiele für solche Vorgänge: „Das geht mir an die Nieren", „Ich kann das nicht mehr sehen", „Ich ertrage das nicht mehr", „Ich will das nicht mehr hören" oder „Das sitzt mir im Nacken" sind nur einige Beispiele dafür.

Hier im Buch haben Sie schon einige Beispiele für somatoforme Störungen oder Konversionsstörungen kennengelernt: den Tinnitus, den Hörsturz und noch einige weitere.

Das häufige Auftreten dieser Form einer konvertierten psychischen Störung mag auch daran liegen, dass unsere Gesellschaft eher bereit ist, körperliche Erkrankungen als Resultat erschöpfender Arbeit anzuerkennen, als sie es bei einer psychischen ist. Jeden Tag habe ich Patienten in meiner Praxis, die davon berichten, dass sie als Reaktion auf eine geäußerte psychische Belastung aus ihrem Umfeld eine Reaktion á la „Nun stell' dich mal nicht so an" erfahren haben.

Ein solches gesellschaftliches Umfeld lädt unser Unterbewusstsein geradezu dazu ein, sich etwas Körperliches als Ausdruck einer seelischen Belastung einfallen zu lassen.

Stoffwechselerkrankung

Andauernder, unbewältigter Stress kann auch zu Störungen des Stoffwechselhaushaltes führen. Er ist nämlich ein feiner und höchst komplex abgestimmter Mechanismus verschiedener chemischer Substanzen in unserem Körper.

Dieses System verliert sein Gleichgewicht, wenn wir uns zu sehr unter Druck setzen und uns selten erholen. Die Folge: Die Nährstoffbilanz des Körpers wird beeinträchtigt bzw. kommt durcheinander.

So kann es z. B. durch einen stressigen Lebensstil in Kombination mit unausgewogener Ernährung zu einer erhöhten Ausschüttung von Stresshormonen kommen, die bestimmte Mineralien vermehrt aus dem Körper ausschwemmen. In der Folge treten nicht selten Mangelerscheinungen auf, die sich in vielgestaltiger Weise äußern können.

Bei einem besonders häufigen Auftreten von Müdigkeit und körperlicher sowie geistiger Erschöpfung sind im Körper meist nur noch niedrige Magnesium-, Zink-, und Eisenspiegel aufzufinden. In Phasen mit viel Arbeit und Stress ist der Bedarf an diesen Vitalstoffen nämlich entsprechend hoch.

Es hilft jedoch wenig bis nichts, dem Körper einfach nur Nährstoffe über Nahrungsergänzungsmittel zukommen zu lassen und ansonsten alles so zu belassen, wie es ist. Hilfreich ist hier vor allem eine konsequente Beschäftigung mit Stressoren und deren Beseitigung.

Augen auf, wenn der Schlaf nicht kommen will

Schlaflos in Oldenburg. Eines der ersten Alarmsignale auf der Reise in den Burnout ist neben einem dauerhaft schlechten Schlaf und unausgeruhtem Aufwachen am Morgen das nächtliche Aufwachen und Nicht-wieder-einschlafen-können. Das Gedankenkarussell dreht und dreht sich. So sehr man sich auch bemüht, es anzuhalten, es funktioniert nicht und raubt einem den Schlaf. Mit rastlosen Beinen (wir kommen an anderer Stelle noch mal auf dieses Symptom zurück) liegt man in der Dunkelheit und grübelt, wälzt Probleme oder versucht, Antworten auf Fragen zu finden – die es, realistisch betrachtet, leider oft nicht geben wird.

Und hier wird das nächtliche Karussellfahren zu einem weiteren teuflischen Hamsterrad. Mit etwas Glück schläft man zwar irgendwann ein, wacht dann aber ein paar Stunden später wieder wie gerädert auf. Der Tag ist im Prinzip schon gelaufen, bevor er überhaupt richtig angefangen hat.

Also versucht man wahlweise oder in Kombination mit Kaffee, Schokoriegeln und Zigaretten über den Tag zu kommen und freut sich auf das rettende Bett am Abend. Man schläft ein, und dann … pünktlich um 2 Uhr ist die Nacht zu Ende. Auf Dauer macht einen das fertig. Nicht umsonst gilt Schlafentzug als eine sehr effektive Foltermethode.

Doch was tun? Eine bewährte Methode ist das Aufschreiben der Dinge, die einem gerade im Kopf herumspuken und beschäftigen. Ein Notizbuch und ein Stift neben dem Bett können Wunder bewirken, denn ist „es" erst mal aus dem Kopf, fällt das Einschlafen wieder leichter. Ich nutze in solchen Fällen zum Beispiel mein iPad. Betreffen die Gedanken die Firma, habe ich beispielsweise Angst, etwas zu vergessen, schicke ich mir selber eine E-Mail ins Büro und kann dann (in der Regel) beruhigt wieder einschlafen.

Doch was tun, wenn das nicht hilft, wenn man in einer Endlosschleife aus Gedankensträngen gefangen ist und diese immer wieder von vorne bis hinten durchdenkt? Hier gibt es sehr unterschiedliche, aber ebenfalls wirkungsvolle Ansätze. Das Spektrum reicht von bewährten Meditationstechniken über Hamsterzählen bis hin zur guten alten Ablenkung. Dazu aber an anderer Stelle mehr.

Nachsatz: Diese Zeilen wurden übrigens um 4:28 Uhr geschrieben. Ich konnte nicht wieder einschlafen. Was lernen wir daraus? Nur weil man ein Buch darüber schreibt, ist man vor solchen Dingen nicht gefeit!

Aber man wird achtsamer, weiß sie besser einzuordnen und nutzt kleine Tricks, um damit besser klarzukommen als früher. Gute Nacht!

Restless-Legs-Syndrom

Restless Legs, ruheloser Geist, ruhelose Beine – der unendlich ermüdende Lauf im Hamsterrad! Nicht selten ebenfalls ein stetiger Begleiter des brennenden Hamsters – seine ruhelosen Beine, das Restless-Legs-Syndrom, kurz auch RLS abgekürzt. Hierbei handelt es sich um eine quälende Unruhe in den Beinen und den dadurch ausgelösten, kaum zu unterdrückenden Zwang, sich bewegen zu müssen. Es hindert den eh schon erschöpften Hamster daran, ein- und/oder durchzuschlafen, da dieses Symptom in der Regel erst in den sogenannten Entspannungsphasen, also zum Feierabend oder vor dem Zubettgehen oder im Moment des Einschlafens, eintritt. In der Folge kommt es durch Schlafmangel oft zu einer chronischen Müdigkeit, Erschöpfungszuständen, Antriebslosigkeit, Konzentrationsstörungen, Unruhe, Schwindel oder

Vergesslichkeit. Als Spätfolgen sind neben dem allgemeinen Leistungsabfall ein möglicher Burnout oder Depressionen zu befürchten. Was ist dabei die Ursache? Was die Wirkung?

Neben diversen klinischen Ursachen, gibt es auch eine besondere psychische Komponente, die wir hier ein bisschen näher beleuchten wollen bzw. die unserer Meinung nach in einem direkten Zusammenhang mit dem Thema Burnout steht.

Wie bereits mehrfach erwähnt, hält eine Krankheit unserer Auffassung nach nicht selten eine Botschaft* für den Erkrankten parat. Daher kann man das Restless-Legs-Syndrom unserer Meinung nach auch guten Gewissens (vorbehaltlich und trotz einer vorherigen klinischen Diagnose) so interpretieren, dass sich das Ich bzw. das Unterbewusstsein ständig damit beschäftigt, was in der aktuellen Lebenssituation als so belastend empfunden wird, dass man eigentlich am liebsten „die Beine in die Hand nehmen" und davonlaufen würde.

Eine ehrliche Beantwortung dieser Frage und ein anschließend entsprechendes Handeln können die Symptome relativ schnell lindern bzw. verschwinden lassen. Löse das Problem, dann löst sich auch die Krankheit. Leichter gesagt als getan? Richtig! Eine weitere sehr schöne Metapher (Wahrheit?!) dürfte die Verbindung der **restless legs** mit dem Hamsterrad in sich tragen. Wie in Gottes Namen soll ich denn jemals zur Ruhe kommen, wenn sich dieses Teufelsrad immer weiter und weiter und weiter und schneller und immer schneller ...

Der Verstand und der Körper fordern Erholung und Entspannung, das Unterbewusstsein, unser Kopfkino, die Psyche lässt uns nicht zur Ruhe kommen.

---

*Apropos Botschaft in der Krankheit. Inwieweit sich das auch auf einen Beinbruch durch einen Sack Zement, der einem auf der Baustelle aufs Bein gefallen ist, bezieht, ist ein sehr interessantes, aber anderes Thema für ein vielleicht später folgendes Buch.

Was kann helfen? Gespräche! Ein therapeutisches Gespräch oder das ehrliche Gespräch mit einem Vertrauten können ein sehr wichtiger Baustein für eine erfolgreiche Therapie des „unerklärlichen" Restless-Legs-Syndroms sein. Und möglicherweise fallen dabei noch ein paar Minuten für das Thema Burnout ab, das man bisher noch gar nicht so auf dem Zettel hatte.

Doch was hilft in der akuten Situation? Mein Therapeut würde sich sicherlich nicht über Ihre allnächtlichen Anrufe freuen.

Bewegung hilft in der Regel erst mal, auch wenn das Symptom eventuell zeitnah wieder auftritt, auftreten kann. Um die eine oder andere Nacht halbwegs gut zu überstehen, haben sich zum Beispiel Kniebeugen, kalte Umschläge und Fußbäder, Massagen der Beine oder Spaziergänge (achten Sie dabei auf Ihr Kopfkino!) bewährt.

Auch allgemeine vorbeugende Maßnahmen wie das Vermeiden von (zu viel) Kaffee, Alkohol, Wärme, schwerer körperlicher Arbeit und – oh Wunder – Stress können bei leichteren Formen des Restless-Legs-Syndroms schon Linderung verschaffen.

Burnout-Symptome auf seelischer Ebene
Machen wir einen kleinen Sprung – von der körperlichen auf die seelische Ebene. Auf der seelischen, also der psychischen Ebene kann sich ebenfalls eine Vielzahl von Symptomen zeigen.

Aber auch hier gilt: Jedes Symptom für sich genommen ist nicht charakteristisch für das Burnout-Syndrom und kann auch im Rahmen einer anderen Störung auftreten. Spätestens bei einer Häufung sollte man jedoch anfangen, sich grundsätzlich ein paar Gedanken über sein Leben zu machen*.

Beispiele für psychische Symptome im Rahmen eines Burnout-Syndroms sind:
- Großer Widerstand, zur Arbeit zu gehen (bei vormaliger Freude an der Arbeit)
- Stimmungsschwankungen
- Gedrückte Stimmungslage bis hin zur Depression
- Angst- und Panikgefühle
- Gefühle des Versagens, des Ärgers
- Entmutigung, Gleichgültigkeit
- Konzentrationsstörungen
- Wortfindungsstörungen
- Misstrauen, paranoide Vorstellungen
- Bedrohliche Verzweiflung, Hoffnungslosigkeit
- Sinnlosigkeitsgefühle
- Selbstmordgedanken

Auch bei diesen Punkten ist eine ärztliche Abklärung der Ursachen unabdingbar. Denn alle der beschriebenen Symptome können auch bei anderen, auch körperlichen, Krankheiten auftreten.

Außerdem ist eine Abgrenzung des Burnouts zu einer Depression teilweise recht schwierig und manchmal erst in der Nachschau mit gewisser Sicherheit vorzunehmen. Die depressive Episode ist nämlich eine der häufigsten Diagnosen im Bereich des Burnout-Syndroms. Wir werden ihr später noch Beachtung schenken.

Gedanken machen – nicht grübeln!

Besonderes Augenmerk ist auch darauf zu legen, dass ein Burnout einen tödlichen Verlauf nehmen kann. Wenn die Lage hoffnungslos erscheint, und auch das persönliche Umfeld keine Stütze bietet, kommt es vor, dass vom Betroffenen ein Ausweg in der Beendigung des eigenen Lebens gesucht wird.

Sätze wie: „Ich bin in einer aussichtslosen Lage", „Ich weiß keinen Ausweg mehr", „Das wird nie mehr besser", „Ich bin am Ende" sind verräterisch und sollten niemals so hingenommen, sondern immer hinterfragt werden. Denn wie wir schon im Vorwort gesagt haben, lohnt es sich, lieber einmal mehr als einmal zu wenig hinzuschauen und nachzuhaken.

Desillusionierung, Hilflosigkeit, Unglauben und Vertrauensverlust – der stille Burnout-(Brand-)Beschleuniger

Wissen Sie eigentlich, was Gewinnwarnungen sind?* Hört sich bedrohlich an, oder? Ich habe neulich im Auto richtig Angst bekommen, als ich gehört habe, dass eine deutsche Automarke mit zwei Buchstaben eine Gewinnwarnung herausgegeben hat. Ich hatte Sorge um unsere deutsche Wirtschaft.

Da hat man doch tatsächlich davor gewarnt, dass man weniger Gewinn machen wird als geplant. Dramatisch. Weniger Gewinn. Sie wissen noch, das war das, was nach Abzug aller Kosten übrig bleibt. Also grundsätzlich etwas Gutes. Und ich Depp hatte mir nach dieser „Horrormeldung" schon Sorgen gemacht. Sorgen gemacht, sich Sorgen machen, also selbst erschaffen! Wie viel Wahrheit doch in unseren Wörtern und Sätzen liegt.

Auch so ein schöner Begriff: Negativwachstum. Schönreden auf höchstem Niveau. Nur damit Sie's wissen: Ich habe

---

*Nur mal so: Das Wort „Gewinnwarnung" stand 2001 auf der Liste zum Unwort des Jahres (gewählt wurde letztendlich „Gotteskrieger")

übrigens auch Negativwachstum in meinem Tank, wenn ich von A nach B fahre. Auch toll: Mein (nagelneugebrauchter) BMW zeigt mir jetzt sogar an, wenn ich auf die Stufe „Eco Pro" umstelle und mich an die Anweisungen halte (z.B. frühes Hochschalten), wie viele hundert Meter ich jetzt dadurch weiterkomme als eigentlich vorher gedacht. Erstaunlich. Im Sportmodus ... jedoch ... Ach, lassen wir das!

Was ist eigentlich mit Begriffen wie „umweltfreundlich" gemeint, die man allenthalben auf irgendwelchen Chemieprodukten finden kann? Das habe ich noch nie so richtig verstanden. Müsste da nicht eigentlich „grundsätzlich erst mal umweltschädlich" oder „weniger umweltschädlich als XXXXX", drauf stehen?

Oder: Wenn ich Druckstücke für einen Kunden bestelle, kann ich mit einem Kostenaufschlag ein „CO_2-neutral-produziert-und-geliefert-Zertifikat-Siegel-Dingsbumsteil" erwerben. Um was zu tun? Die Umwelt zu retten?

Plastiktüten sollen teurer werden, zum Schutz der Umwelt. Der Verbraucher ist nur über das Portemonnaie zu einem Umdenken zu bewegen? Was wäre denn, wenn man den Scheiß erst gar nicht produziert? Ach ja, Arbeitsplätze – ich vergaß.

Das ist Ihnen bestimmt auch nicht neu: In Obstjoghurt muss nicht zwingend Obst drin sein. Und in Capri-Sonne keine Sonne, geschweige denn auch nur etwas Frucht. Ist klar. Warum dürfen in einer Verpackung mit einem norddeutschen Krabbenkutter darauf abgebildet Shrimps aus Zuchtanlage aus Thailand drin sein? Antwort: Weil es nicht ausdrücklich verboten, also rechtlich unbedenklich ist.

Mag sein, aber ansonsten, um es auf den Punkt zu bringen: Verbraucherverarsche, gemacht von Menschen, Vorstandsvorsitzenden, Chefs, Werbeleuten, Managern, Familienvätern und, das ist das Aberwitzige, am Ende des Tages, ebenfalls Verbrauchern. Heute noch selber der Shrimpsverarscher und morgen der Nimm-zwei-Vitamine-und-naschen-Verarschte.

Durch die Medien, das Internet, unzählige Reportagen und Enthüllungsskandale wird den Menschen immer mehr bewusst, was wir uns (in unseren unterschiedlichen Funktionen) selber und gegenseitig antun. Warum? Wegen eines (Geld- und Zins-)Systems, das sich mehr oder minder unbemerkt verselbständigt hat und sich den Menschen und die Erde Untertan gemacht hat.

Wir sehen mehr oder minder sprachlos zu, wie Banker, Politiker, FIFA-Vorsitzende, Manager, oder CEOs nicht zur Verantwortung gezogen werden, Tiere in Massentierhaltung unter erbarmungswürdigen Zuständen gehalten und gequält werden (angeblich weil der Verbraucher billiges Fleisch will) und Bauern ihre Milch auf die Felder schütten, weil sie nicht mehr zu marktgerechten Preisen produzieren „können" (dafür gibt es Gründe), während anderswo auf der Welt täglich immer noch Unmengen von Menschen verhungern.

 Sind wir eigentlich alle verrückt geworden? Oder besser gesagt: Ist es ein Wunder, dass so viele durchburnen?

Für die Seelenhygiene ist das alles ein Supergau, weil jeder fühlende Mensch ganz tief in sich instinktiv weiß, dass das falsch ist – falsch sein muss, aber nichts oder nur sehr wenig dagegen tut/tun kann/will. Menschen spüren das.

Beispiel: Schauen Sie doch mal den Lobbyisten, den Verbandsvertretern, z. B. dem Vorsitzenden der lebensmittelproduzierenden Unternehmen oder Politikern bei einer Sendung wie „Hart aber fair" (ARD) ins Gesicht. Den meisten kann man ansehen, dass sie das, was sie da behaupten (müssen?, es ist ja ihr Job), selber oft nicht (mehr) glauben*. Sie winden sich und schwabulieren umher, und der „harte" Journalist stellt die wichtigen Fragen nicht, lässt sie davonkommen – weil sie sonst nicht wiederkommen. Kein Kommentar.

Erzählt Ihr Steuerberater (zu seiner Entschuldigung: Er hat es nicht besser gelernt, und in der Zahlenwelttheorie ist das auch durchaus nachvollziehbar und logisch) Ihnen auch, dass Schulden, Kredite oder langfristig überschrittene und ausgenutzte Zahlungsziele normal und gut sind? Vielleicht gut für „die Firma", aber ist das wirklich gut für Sie? Wie fühlen Sie sich dabei? Wären Sie nicht lieber schuldenfrei und möglichst unabhängig? Und sind wir nicht eigentlich alle „die Firma", der gesichtslose Großkonzern, die Steuervermeider von morgen?

Wir sägen an unserem eigenen Ast. Viele Politiker haben „vergessen", dass ihr Job eigentlich ist, das Volk und seine Interessen zu vertreten, nicht die eigenen. Es brennt an allen Ecken und Kanten, und wir erzählen uns gegenseitig, dass Löschen mit Wasser keine Lösung wäre! Wir Menschen fühlen, wenn man uns belügt oder der Wahrheit ausweicht.

Und das gibt uns (bewusst oder unterbewusst) ein ungutes Gefühl. Desillusionierung, Hilflosigkeit, Unglauben und Vertrauensverlust – das legt das Feuer, den Schwelbrand, der dazu beiträgt, innerlich zu verbrennen.

---

*Diese Protagonisten, wie auch Politiker, sind übrigens, da sie sehr oft gegen ihre Überzeugung reden und handeln (müssen?), die perfekten Burnout-Kandidaten. Ein Großteil dieser Menschen kann irgendwann nicht mehr, wird krank, brennt oder steigt aus."

Burnout-Symptome auf der Verhaltensebene

Machen wir einen weiteren Sprung. Für einen kleinen Hamster ist es nur ein kleiner Schritt – für die gesamte Menschheit jedoch ...

Meist als Resultat von Symptomen auf der seelischen oder körperlichen Ebene können sich auch auf der Verhaltensebene eine Vielzahl von Symptomen zeigen.

Beispiele für Symptome auf der Verhaltensebene im Rahmen eines Burnout-Syndroms sind:
○ Deutlich erhöhter Konsum von „Alltagsdrogen"
  wie Alkohol, Nikotin oder Koffein
○ Veränderung des Essverhaltens, exzessive
  „Fressattacken"
○ Entwicklung einer Spielsucht (Glücksspiele,
  Internetspiele)
○ Veränderung des Sexualverhaltens
○ Erhöhte Aggressivität
○ Häufiges Fehlen am Arbeitsplatz
○ Verminderte Effizienz
○ Aufschieberitis, „Symptom des vollen Schreibtisches"
○ Ausgeprägter Zynismus und schwarzer Humor

Änderungen auf der Verhaltensebene zeigen sich meist zuerst im Arbeitsleben. Der Betroffene registriert in solchen Fällen, dass seine Leistungsfähigkeit nachlässt oder mehr Fehler passieren.

Diese Auswirkungen eines beginnenden Burnouts können jedoch oftmals noch kaschiert und vor den Kollegen oder dem Chef verborgen werden, irgendwann aber treten die

Fehl- oder Minderleistungen jedoch unweigerlich offen zutage.Wenn zu dem geminderten Selbstwertgefühl dann noch eine offene Blamage hinzutritt, kommen noch Schamgefühle hinzu. Hieraus kann eine nun offen gezeigte Aggressivität (manchmal auch verschoben in den Bereich der Familie) oder ein Rückzug resultieren.

Auch die Flucht in Suchtmittel, hierbei besonders häufig in den Alkohol, ist denkbar. Kurzum, der Betroffene sucht nach Kompensationsmöglichkeiten für erlebte Frustration und gerät dabei in eine Abwärtsspirale, die sein Leiden noch vergrößert. Noch nicht genug Information? In den folgenden Kapiteln gibt es ein paar Sätze des anderen Autoren dazu.

Energiedrinks, Schlaftabletten und Kokain – das wohl kürzeste Kapitel in diesem Buch

In einem Abbacken – und nur der Form halber: Der Konsum von Drogen, Aufputsch-, Dickmach-, Rausch- oder Beruhigungsmittel, wie Kokain, Energiedrinks, Zigaretten, Cannabis, (Trauben-)zucker, Ecstasy, Alkohol, Gummibärchen, LSD, Crystal Meth, Kekse, Schlaftabletten, Speed, Chips, Unmengen von Kaffee oder Schokolade und ähnlichen Substanzen machen die ganze Sache nicht besser. Aber das versteht sich ja wohl von selbst.

Keine Macht den Drogen!

Was stattdessen helfen kann: Apfel, Banane, Kiwi, Weintrauben, Ananas, Kirschen, Himbeeren, Pflaumen, Birnen, Aprikosen, Nüsse, Kartoffeln, Spargel, Tomaten, Gurken, Erbsen, Bohnen, Zwiebeln, Kohlrabi, Wurzeln, Brokkoli, Blumen- und Rosenkohl, Zucchini, Ei, Wasser ...

Ich höre jetzt mal auf mit der Liste gesundheitsförderlicher Drogen, da es sonst nicht das kürzeste, sondern das längste Kapitel wird ...

Zynismus – das Frühwarnsystem

Irgendwann im Leben eines Mannes ... Menschen ... kommt die Zeit, in der man beginnt, sich Fragen zu stellen. Der eine fragt nach dem Sinn des Lebens, der andere fragt nach dem „Was mache ich hier eigentlich?" Und wieder andere fragen sich, was und warum in ihrem Leben immer wieder alles schiefläuft. Oder was in unserem Staat schiefläuft. Oder gar auf unserer Erde. Was ist eigentlich mit dem Wetter los?

Im Grunde sind die Fragen alle ähnlich, sie fragen nach dem Warum. Ich bin der festen Überzeugung, jeder fragt sich so was oder so was Ähnliches irgendwann in seinem Leben.

Meistens sind es Krisensituationen oder Krankheiten, in denen man beginnt, sich Fragen zu stellen. Meistens aus dem einfachen Grund, dass man dann auf einmal Zeit hat. Zeit für sich. Zeit, zu denken.

Auch ich habe mir immer wieder die verschiedensten Fragen gestellt. Sehr anstrengend. Wenig Antworten. Ich habe mich mit so ziemlich allem beschäftigt.

Es gibt schon Unmengen von Ratgebern zum Thema Lebensqualität, Selbstverwirklichung und sinnvoller Lebensführung. Übrigens fangen auch fast alle genauso an wie dieses Buch. Bei den meisten Ratgebern muss man irgendwas ganz Tolles tun. Man muss sich irgendetwas (nur was?) beim Universum wünschen, Smoothies oder Wunschpunsch trinken, sich selber etwas einreden, sich selber neurolinguistisch neu-programmieren. Tolle Idee, so weit.

Funktioniert leider in der Regel nur kurzfristig bis gar nicht. Was funktioniert, ist, dass der Geldbeutel des Autoren sehr gut gefüllt wird. Das erhoffen wir uns übrigens auch, und da Sie ja dieses Buch gekauft oder geschenkt bekommen haben, hat das so weit ja auch schon ganz gut geklappt. Irgendwer hat dafür bezahlt. Hurra. Als Nächstes noch ein Hörbuch und eine Lesereise, ein paar Fernsehauftritte, und der Drops ist gelutscht. Soweit der Plan.

Deswegen hier an dieser Stelle noch mal: „Dieses Buch wird Ihr Leben verändern! Hier erfahren Sie die Wahrheit über so ziemlich alles. Inklusive der Antwort auf die Frage nach dem Sinn des Lebens. Ein unverzichtbares Meisterwerk." Das war wichtig, um Sie weiter neugierig zu machen, bei der Stange zu halten und Sie in Ihrer (Kauf-)Entscheidung zu bestätigen. Bestätigung und Lob wird immer gern genommen. Etwas Bauchgepinsel und wir haben alles richtig gemacht. BREAK!

Zynismus beiseite, back to the seriös. Was soll uns dieser Absatz verdeutlichen? Er trieft vor Zynismus, unterdrückter Wut und ist ein versteckter Hilferuf des Autoren.

Für die Hamsterradfahrer unter uns, die gerade auf dem Schlauch stehen, hält das allwissende Orakel Wikipedia die folgende Erklärung bereit: „In der heutigen Umgangsspra-che bezeichnet Zynismus sowie das abgeleitete Adjektiv zy-nisch vor allem eine Haltung, Denk- und Handlungsweise, die durch beißenden Spott geprägt ist und dabei oft bewusst die Gefühle anderer Personen oder gesellschaftliche Konventionen missachtet." Mit anderen Worten: Mir doch scheißegal, dass alle anderen und alles außer mir doof sind ... und dass die Welt an sich und die erbärmlichen Wesen namens Menschen eh nicht zu retten sind – es mir aber egal ist. Bitte verzeihen Sie den kleinen Rückfall.

Weiter im Text: Nach Meinung vieler Experten gehören Zynismus und Burnout (respektive Bore-out) unmittelbar zusammen. Er gilt als Selbstschutz und ist oft die erste erkennbare Reaktion, wenn eine Situation entsteht, mit der Betroffene nicht mehr ohne Weiteres zurechtkommt. Zynismus dient dazu, die eigenen Gefühle abzuschirmen, denn zynische Hamster sind meist sehr empfindsame und einfühlsame Menschen, die sich sehr für ihre Sache engagieren, richtig reinkloppen, sich aber auf der anderen Seite damit schwertun, ihre Emotionen oder ihren Unmut kundzutun und rauszulassen.

Wenn dann auf Dauer eine emotionale Distanz zu allen Ereignissen entsteht, auch zu Dingen, die einem normalerweise Spaß und Freude bereiten, dann droht der komplette Verlust des Kontaktes zu seinen eigenen Emotionen. Das Ergebnis: Auf die zynische Phase folgt dann früher oder später oft der Zusammenbruch. Kommt Ihnen bekannt vor? Mir doch egal?!

Warnsignal: Keine Lust!
Man könnte dieses Kapitel auch sehr gut mit diesem Spruch zusammenfassen: Frust entsteht durch Lustverlust.

Das Burnout-Syndrom gilt als ein echter Lustkiller – gestresste Hamster (m/w) verfallen in sexuelle Apathie. Lustverlust ist eines der ersten tatsächlich „spürbaren" Warnsignale für eine sich möglicherweise anbahnende Erkrankung.

Wenn wir keine Lust mehr auf unseren Partner verspüren, können sich dahinter seelische Verstimmungen und Krankheiten verbergen. Für Hamster (m/w) on the road to Burnout ist dies absolut kein untypisches Phänomen, denn Dauerstress senkt nachweislich die Produktion und somit den Spiegel von Sexualhormonen. Dadurch reagiert der Körper weniger auf sexuelle Reize, und das kann bis hin zur völligen Lustlosigkeit führen.

Um es mit Heinz Sielmann, dem berühmten Tierfilmer, zu sagen: „Selbst früher sehr aktive Tierchen verweigern sich plötzlich selbst dem possierlichsten Weibchen." Der Hamster zieht sich in seinen Bau zurück und versucht sich bei einem Bierchen, oder zwei, auf dem Sofa vor dem Fernseher zu erholen und so seine negative Energiebilanz wieder auszugleichen. Zärtliche Annäherungen sind ihm in dieser Phase unangenehm bis lästig.

Außerdem neigt der gestresste Hamster (m/w) in dieser Situation dazu, die Fell- bzw. Körperpflege zu vernachlässigen. Auch die Brutpflege sowie das Aufräumen des Baus wird nicht selten ebenfalls nur sehr nachlässig erledigt.

Wichtig zu wissen (u. a. für den/die Partner eines Betroffenen): Dieser Rückzug geschieht nicht aus mangelnder Liebe oder Böswilligkeit, sondern um den eigene Energiehaushalt zu regulieren bzw. zu retten!

Vorsicht ist auch bei der Einnahme von Medikamenten geboten, denn die Nebenwirkungen von Psychopharmaka sind teilweise nicht von schlechten Eltern. Übergewicht, Albträume und sexuelle Störungen können die Folge sein.

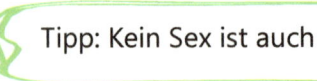

Tipp: Kein Sex ist auch keine Lösung.

Frühzeitiges Reagieren ist ratsam. Ist ein Problem erkannt, tut sich die Möglichkeit zum Handeln auf. Lösen Sie das Problem, beseitigen Sie die grundlegende Ursachen (Stress, Überlastung, Unzufriedenheit, Frustration & Co.), bevor es zu spät ist. Es geht immerhin um Liebe, Zuneigung, Spaß und Freude am Sex, der schönsten Nebensache der Welt!

P.S.: Es geht übrigens auch genau andersherum. Sex als „Stressventil" kann ebenfalls ein Anzeichen für Burnout sein. Nicht selten kompensieren Hamster beiderlei Geschlechts ihren Stress durch Sex oder sexuelle Eskapaden – sie gehen fremd. In der Regel ohne wirklich Gefühl dabei zu empfinden. Hier ist Liebe und Zuneigung zweitrangig, es geht in erster Linie um Stressabbau (ob dafür jedoch der feste Partner Verständnis aufbringen kann, steht auf einem anderen Blatt).

Burnout-Symptome auf sozialer Ebene

Wenn der Mensch plötzlich andere und für die Umgebung unerwartete oder unbekannte Verhaltensweisen zeigt, so hat das sehr schnell Auswirkungen auf das soziale Umfeld des Betroffenen, und es zeigen sich Burnout-Symptome auf der sozialen Ebene.

Beispiele für soziale Symptome im Rahmen eines Burnout-Syndroms sind:
- Verlust von positiven Gefühlen Kunden und Klienten gegenüber
- Verschieben von Kundengesprächen
- Widerstand gegen Anrufe und Besuche

- Isolierung und Rückzug
- Ehe- und Familienprobleme
- Einsamkeit

Bei zunehmender Ausprägung des Burnout-Syndroms gehen dem Betroffenen oftmals die Menschen aus, die ihm helfen könnten, da er sie verletzt, verstößt oder von sich weist.

Die Bereitschaft, sich das eigene Problem einzugestehen und sich helfen zu lassen, ist gerade in der Gruppe der vom Burnout am meisten Betroffenen, nämlich in den helfenden und unterstützenden Berufen, perfiderweise nicht besonders hoch. Dadurch entsteht ein Teufelskreis, aus dem ein Entrinnen nur sehr schwer möglich ist, wenn man auf sich allein gestellt ist.

Sehr schwer heißt aber nicht unmöglich. Der kardinale Fehler, den man in einer solchen Situation machen kann, ist, nicht um Hilfe zu rufen, denn es gibt Hilfe!

Was Burnout sonst noch so im Gepäck haben kann

Da Burnout keine eindeutige Symptomatik aufweist, kommen bei vielen gezeigten Symptomen auch andere Störungen in Betracht. Manchmal gehen diese einher mit Burnout, manchmal liegt jedoch kein gleichzeitiger Burnout vor.

Wichtig bei der Einschätzung ist daher immer, ob andauernder, nicht bewältigter Stress als Auslöser in Betracht kommt. Die einfache Regel lautet daher: **Liegt kein persönlicher unbewältigter Stress vor, kann es kein Burnout sein.**

Depression

Die Depression ist für sich genommen bereits eine Störung mit Krankheitswert.

Da so viele Menschen davon betroffen sind und das Krankheitsbild Depression in weiten Bereichen der Gesellschaft vielgestaltig zu finden ist, füllt die Literatur zu diesem Thema Bibliotheken. Wir wollen uns in diesem Zusammenhang auf eine kurze Beschreibung beschränken.

Bei der Entstehung einer Depression geht man von einer sogenannten Multivulnerabilität aus. Ein Wortungetüm, das im Grunde meint, dass eine eindeutig identifizierbare einzelne Ursache der Erkrankung in den meisten Fällen nicht gefunden werden kann. Neben einer Veranlagung für eine depressive Störung kommen körperliche und andere Ursachen in der eigenen Lebensgeschichte in Betracht.

Depressionen verlaufen in Episoden. Das bedeutet, dass jede depressive Phase auch wieder zu Ende geht. Das ist den meisten Betroffenen zwar bewusst, jedoch bietet dieses Wissen keinen Trost, wenn es (mal wieder) so weit ist. Das Auftreten einer depressiven Episode wird häufig als nicht mehrendend und ausweglos empfunden.

Ein häufiges Symptom einer Depression (oder genauer: einer depressiven Episode) ist eine gedrückte Stimmung bis hin zum sogenannten Gefühl der Gefühllosigkeit. Trostlosigkeit, Ausweglosigkeit, Endzeitstimmung. Alles ist grau. Und das Ganze ist nicht so, wie wir alle mal einen Blues haben. Dieser geht vorüber, und morgen scheint wieder die Sonne. Eine Depression ist stärker stimmungsmäßigen Einschränkung und vor allem: Sie dauert an. Beim Aufwachen scheint nie die Sonne. Auch nicht am nächsten oder übernächsten Tag. Wann und ob die Sonne wieder scheinen wird, ist ungewiss. Das macht zusätzlich traurig und betroffen. Hinzu kommt häufig der Verlust der Lebensfreude und eine generelle Antriebsschwäche und Müdigkeit.

Einhergehen mit der depressiven Stimmungslage können auch körperliche Symptome wie Gliederschmerzen, Kopf- und Rückenschmerzen sowie Verdauungsprobleme und Herzstechen. Auch gibt es besondere Formen der Depression, die sich in ausgeprägtem Tätigkeitsdrang zeigen. Die psychischen Symptome werden dabei in eine fast schon zwanghaft ausgeführte körperliche Betätigung verschoben, aber dadurch nicht gelöst. Man spricht dann von einer agitierten Depression.

Die Unterscheidung einer Depression von einem Burnout ist häufig nicht eindeutig möglich, da sich die Symptome sehr ähneln und auch Stress als Auslöser einer Depression (bei gleichzeitigem Zusammentreffen anderer Faktoren nach dem

Multivulnerabilitätskonzept) möglich ist. Beim Burnout ist jedoch immer eine Ursachenzuordnung möglich, was bei der Depression häufig nicht erfolgen kann. So ist es auch zu erklären, dass bei Vorliegen eines Burnouts häufig auch die Diagnose einer leichten, mittelgradigen oder schweren depressiven Episode erfolgt.

Anpassungsstörung

Eine Anpassungsstörung liegt vor, wenn auf eine veränderte Lebenssituation oder auftretende Stressoren nicht adäquat reagiert werden kann. Das bedeutet, dass eine Anpassung an veränderte Lebensumstände so schwer fällt, dass sich über einen längeren Zeitraum eine deutliche Beeinträchtigung in der Stimmung, der Leistungsfähigkeit und den sozialen Beziehungen zeigt.

Eine Anpassungsstörung kann sich dabei bereits zeigen, wenn in die Familie ein Haustier (z. B. ein Hamster*) aufgenommen wird oder ein Jobwechsel erfolgt ist oder der Partner sich getrennt hat (oder die Trennung angekündigt hat).

 Wichtig zu wissen: Bei jeder Anpassungsstörung lässt sich eine Ursache zuordnen. Der Umkehrschluss ist zulässig: Lässt sich keine Ursache finden, ist es keine. Außerdem ist sie auch dadurch gekennzeichnet, dass sie von vorübergehender Natur ist. Nach längstens sechs Monaten sollte sich die Symptomatik wieder gelegt haben.

Nun könnte man sagen, dass jeder Mensch im Laufe seines Lebens etwas erlebt, das die Entwicklung einer Anpassungsstörung rechtfertigt. Das Leben ist schließlich kein Ponyhof. In der Tat werden viele von uns sich an Ereignisse (z. B. Trennung,

---

Das bot sich jetzt gerade an, aber eigentlich sind natürlich Haustiere gemeint, die sich deutlich im Familienleben zeigen und Zuwendung einfordern.

Tod eines lieben Menschen) erinnern können, deren Verarbeitung einige Zeit in Anspruch genommen hat. Irgendwann war es dann so weit, dass es nicht mehr so weh getan hat, daran zu denken, und oftmals ist es tatsächlich dieser Zeitraum von sechs Monaten, den wir für eine Verarbeitung benötigen.

Bei den meisten Menschen gilt daher das zuvor bereits über den Stress Gesagte: Auch ein hoher Level kann bewältigt werden. Manchmal kommt aber eine Belastung so überraschend, so heftig, dass selbst die ausgefeiltesten Stressbewältigungsmechanismen (man spricht hier auch von Coping) nicht mehr greifen und man von dem Ereignis förmlich niedergeschlagen wird. Die Wahrscheinlichkeit für das Entwickeln einer Anpassungsstörung ist daher besonders groß, wenn das Ereignis von anderen Menschen bewusst herbeigeführt wurde.

Diagnose, Anamnese. Die Abgrenzung zum Burnout erfolgt hier über die Bewertung des belastenden Ereignisses: Wenn es sich um ein Ereignis, das über das nach üblicher Lebenserfahrung zu erwartende Ergebnis hinausgeht, handelt, dann kann eine Anpassungsstörung in Betracht gezogen werden.

Wenn es sich eher um eine dauerhafte Belastung mit stressendem Charakter handelt, dann könnte ein Burnout in Frage kommen. Wichtig für die Bewältigung von Anpassungsstörungen sind ein stabiles soziales Netzwerk und die Entwicklung von Stressbewältigungsmechanismen. Insofern unterscheidet sich die Therapie von Anpassungsstörungen nicht wesentlich von der Burnout-Therapie in unserem Stufenmodell, welches wir im nächsten Abschnitt beschreiben. Doch vorher noch ein paar Infos über Fibromyalgie und Herzmuskelentzündungen.

Fibromyalgie

Die Fibromyalgie (Faser-Muskel-Schmerz) ist eine chronisch verlaufende Erkrankung, die durch Muskel- und Sehnenschmerzen in wechselnden Körperregionen gekennzeichnet ist.

Diagnostisch können bestimmte Punkte mit erhöhter Schmerzempfindlichkeit auf Druck identifiziert werden (sogenannte Tender Points). Als Begleitsymptome werden häufig Müdigkeit, Schwindel, Schlafstörungen, Konzentrations- und Antriebsschwäche oder Kälteintoleranz beobachtet. Viele Menschen, die unter einer Fibromyalgie leiden, haben eine lange diagnostische Odyssee hinter sich, da die beobachteten Schmerzen eher unspezifisch sind und bildgebende Verfahren (Röntgen, Ultraschall & Co.) oft keine eindeutige Diagnose ermöglichen.

So stehen dann zu Beginn dieser Störung oft die nachlassende Leistungsfähigkeit oder andere der genannten Begleitsymptome im Vordergrund und können Anlass zur Vermutung geben, dass ein Burnout vorliegt. Hier gilt es dann, die jeweilige persönliche Situation genau zu betrachten, um zielsicher differenzieren zu können. Führt die Reduzierung von Stress und die Eliminierung von Stressoren zu keiner deutlichen Besserung, ist ein Burnout eher unwahrscheinlich.

Herzmuskelentzündung

Die Auflistung der Herzmuskelentzündung (Myokarditis) in diesem Zusammenhang hat folgende Bewandtnis: Menschen, die anfällig sind für die Entwicklung eines Burnouts, gehen häufig unachtsam mit den Signalen um, die ihnen ihr Körper sendet.

Eine Erkältung (oder ein grippaler Infekt) wird eher dazu genutzt, sich selbst Stärke zu beweisen, als darauf in adäquater Weise zu reagieren. Die richtige Reaktion wäre natürlich, wahrzunehmen, dass der Körper durch die Erkältung geschwächt ist, nicht mehr so leistungsfähig wie gewohnt ist und daher die Belastung zu reduzieren – bis hin zur Bettruhe. Der typische Hamster tut das jedoch nicht!

Man muss wissen: Eine Herzmuskelentzündung wird in aller Regel von Viren oder Bakterien verursacht. Kommen zu den typischen Anzeichen eines grippalen Infektes aber zunehmende Müdigkeit, körperliche Schwäche oder Atemnot bei Anstrengung hinzu, sollte die Möglichkeit einer Herzmuskelentzündung in Betracht gezogen werden.

Erschöpfung und sinkende Belastbarkeit sind tatsächlich oft die einzigen Anzeichen zu Beginn einer akuten Herzmuskelentzündung. Selbst geringe Anstrengung erschöpft viele der Betroffenen schnell. Symptome wie Appetit- und Gewichtsverlust können hinzukommen. Darüber hinaus schmerzen die Glieder und der Kopf. Myokarditis-Symptome können außerdem ein ausstrahlender Schmerz in den Nacken oder die Schultern sein. Ein grippaler Infekt ist eine Höchstbelastung für den Körper, es helfen im Grunde nur Ruhe und Erholung. Dass in unserer Leistungsgesellschaft die Erkältung nicht mehr als ernsthafte Erkrankung wahrgenommen wird, hat nichts damit zu tun, dass sie nicht ernst genommen werden sollte.

Denken Sie an unseren Vergleich. Die Erkältung ist die Blase an der Ferse, die wir in unserem einleitenden Beispiel beschrieben haben. Das Herz-Kreislaufsystem hat alle Hände voll zu tun, um zur Gesundung beizutragen. Sollten wir die Erkältung (oder wieder: den grippalen Infekt) verschleppen, also nicht auskurieren, kann der Herzmuskel in Mitleidenschaft gezogen werden und sich entzünden. Das kann schlussendlich zu einer lebensbedrohlichen Situation führen. Bei falscher oder unvollständiger Behandlung können Spätfolgen auftreten, sodass die Leistungsfähigkeit nachhaltig beeinträchtig ist.

Eine Herzmuskelentzündung ist also kein Symptom eines Burnouts im eigentlichen Sinne, sondern kann vor allem Menschen treffen, die sich „gerne" selbst ausbeuten. Das allerdings ist die gleiche Zielgruppe wie beim Burnout.

Wichtig ist: Schonen Sie sich, wenn Ihre Leistungsfähigkeit, z.B. durch einen Infekt, beeinträchtigt ist. Es macht keinen Sinn, einen Heldentod zu sterben.

Der Weg in den Burnout: Hamster sind entzündlich

So weit, so viel erklärt, damit Sie erst mal reinkommen. Vieles kann – nichts muss. Wie wir beschrieben haben, macht das Auftreten eines einzelnen Symptoms noch kein Burnout-Syndrom aus. Die Aufzählung hilft uns zwar, die Breite des Spektrums auszuleuchten, in dem es zu Beschwerden kommen kann, jedoch lässt sich dadurch noch nicht einschätzen, in welchem Maße wir vielleicht (bereits) von einem Burnout-Syndrom betroffen sind. „Was soll ich nun damit anfangen?", fragt sich der geneigte Hamster. Symptome über Symptome – aber keine Diagnose. Wo stehe ich überhaupt?

Um das zu erfahren, möchten wir Ihnen nun ein Prozessmodell vorstellen, von dem wir meinen, dass es sich in der Praxis gut einsetzen lässt.

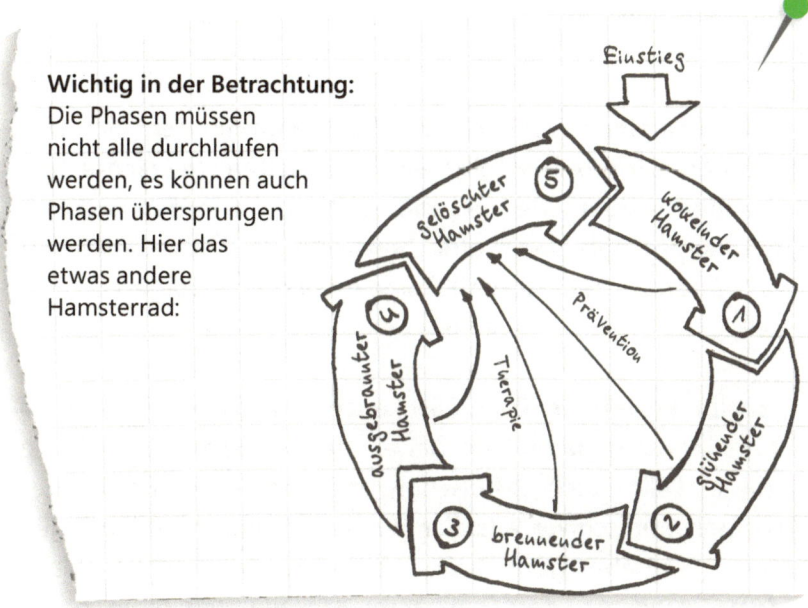

Wichtig in der Betrachtung:
Die Phasen müssen nicht alle durchlaufen werden, es können auch Phasen übersprungen werden. Hier das etwas andere Hamsterrad:

Gut zu wissen: In jeder Phase kann jederzeit durch geeignete Maßnahmen (die man unter Prävention oder Therapie zusammenfassen kann) in die Phase des gelöschten Hamsters übergegangen werden. Typisch ist jedoch ein schleichender Verlauf.

Den Einstieg in den Burnout-Prozess finden Sie, wenn sich über einen längeren Zeitraum unbearbeiteter Stress aufstaut und eine gute Prise Frust dazukommt. Der Hamster kokelt dann bereits ein wenig **(Phase 1)**, und es hängt von der persönlichen Bearbeitungsstrategie ab, wie lange diese Phase dauert oder in die nächste Phase übergeht.

Die Erscheinungen, die sich schleichend zeigen, werden zunächst verdrängt oder negiert und dann mit vermehrtem Einsatz kompensiert. Daraus ergibt sich, dass sich keine Besserung einstellen kann, sondern der Prozess fortgesetzt wird.

Erst wenn eine persönliche Konfrontation mit dem sich eingestellten Ergebnis erfolgt (was nicht selten ein Erschrecken darüber auslöst, wie weit man sich schon in den Burnout geschleppt hat), kann eine bewusste Verhaltensänderung mit guten bis sehr guten Erfolgsaussichten erfolgen.

Es gibt bestimmte Persönlichkeitstypen, die als besonders stressresistent gelten, sie haben dem Volksmund nach ein „dickes Fell". Solche Menschen sind auch in alerten Umgebungen nur schwer aus der Ruhe zu bringen und bringen damit eine eher geringe Disposition für Burnout mit. Nach dem Grundsatz, dass ein steter Tropfen den Stein höhlt, sind jedoch auch diese Menschen nicht immun gegen Burnout, es dauert einfach nur wesentlich länger, bis sich ein Burnout ausbildet.

Abhilfe: Es gibt Stressbewältigungsmechanismen, die unabhängig von der Veranlagung erlernt werden können. Das ist das Beste, was man in dieser Phase tun kann: Wir bemerken, dass wir gestresst sind, und versuchen, etwas dagegen zu tun.

Der kokelnde Hamster kann sich jetzt relativ schnell, nämlich durch Präventionsmaßnahmen oder Verhaltensänderungen zu einem gelöschten Hamster entwickeln, wodurch die Gefahr eines Burnouts erst einmal gebannt wäre. Es kann jedoch auch der Übergang in die **Phase 2** im Prozessmodell erfolgen. Der Hamster beginnt zu glühen.

Wenn der Hamster also über einen längeren Zeitraum kokelt, kann es dazu kommen, dass Glut entsteht. In Phase 2 brennt der Hamster noch nicht, jedoch können sich körperliche und seelische Symptome einstellen. In dieser Phase werden ständige Wechsel zwischen Überaktivität und Erschöpfung bemerkt, es gibt zunehmend Schwierigkeiten, Job und Freizeit auseinanderzuhalten.

Wird auch dieses Stadium durchschritten, kommt es zur **Phase 3**, nämlich der Brandphase. Der Hamster brennt – lichterloh! Dies äußert sich neben einigen klinischen Symptomen vor allem auf der Verhaltensebene: Eigentlich sind alle Menschen um einen herum zu viel, und Antipathie gegen Vorgesetzte und Mitarbeiter wird offen geäußert. Dies erfolgt häufig in Form undifferenzierter, übermäßig harscher Kritik, das Arbeitsverhalten ist verbissen und zum Teil (selbst-)zerstörerisch. Irgendwann verliert jeder Brand seine Nahrung, und das Feuer erlischt. Diese Nachbrand-Phase ist das, was wir als Burnout bezeichnen. In der **Phase 4** – *Ausgebrannter Hamster* – bricht die Immunabwehr des Körpers zusammen, es kann zu massiven Herz-/Kreislaufproblemen und zu Störungen im Verdauungstrakt kommen.

Psychisch werden Verzweiflung, Depressionen bis hin zur Suizidalität beobachtet. Es kommt hier zur völligen Arbeitsunfähigkeit, auch und gerade von längerer Dauer.

Diese erzwungene Pause führt dann durch Therapie und Regeneration in die **Phase 5** – *Gelöschter Hamster*. In dieser Phase ist der Hamster wiederhergestellt, um einige Erfahrungen und Erkenntnisse reicher und hat hoffentlich die geeigneten Bewältigungsstrategien für Stress und Frust verinnerlicht. Dieser Zustand kann stabil sein oder wieder in die **Phase 1** – *Kokelnder Hamster* übergehen, wodurch der Kreislauf erneut beginnen würde.

Wie es dazu kommen kann, zeigt das Beispiel eines brennenden Hamsters, der als ausgebrannter Hamster eine Therapie mit anschließender stationärer Reha macht und als gelöschter Hamster in sein gewohntes Umfeld zurückkehrt. Dieser Hamster hat dann zwar einige Bewältigungsstrategien erworben und ist seelisch und körperlich weitgehend wiederhergestellt, das unveränderte Umfeld lässt jedoch die gleichen Mechanismen wieder anlaufen, die zum Burnout geführt haben.

Es kann also durchaus notwendig sein, im Hamsterumfeld Veränderungen vorzunehmen, damit der gelöschte Hamster nicht wieder zu brennen beginnt.

Die nachfolgende Tabelle zeigt das beschriebene Stufenmodell in der Übersicht.

Phase	Kennzeichen	Symptomatik
1 – Kokelnder Hamster	Stress, dem mit den erlernten oder veranlagten Bewältigungsstrategien begegnet wird	Keine spezifische
2 – Glühender Hamster	Ständiger Wechsel zwischen Überaktivität und Erschöpfung. Probleme, Freizeit und Job auseinanderzuhalten.	Körper: Schwitzen (Nachtschweiß), Zittern, Herzklopfen, Übelkeit, häufiger Harndrang, Durchfall
		Seele: Probleme, abzuschalten
		Verhalten: Motorische Überaktivität, Nägelknabbern, Kratzen am ganzen Körper, nervöser Redefluss (Logorrhöe)
		Soziales Umfeld: Übersteigertes Anpassertum (Konformismus)

Phase	Kennzeichen	Symptomatik
3 – Brennender Hamster	Starke Fixierung auf Aufgaben. Mangelnder Antrieb	**Körper:** Blutzuckererhöhung, Schilddrüsenunterfunktion, Abnahme der Sexualfunktionen, Schlafstörungen, Erschöpfbarkeit, Atembeschwerden (Luftnot), Kälteintoleranz, Schwindel
		Seele: Angstgefühle, gedrückte Stimmung, Verlust der Lebensfreude, Resignation, Wortfindungsstörungen, Vergesslichkeit, Konzentrationsstörungen
		Verhalten: Antipathie gegen Vorgesetzte und Mitarbeiter, Aggressivität
		Soziales Umfeld: Aggressive Kritik gegen jeden, Zynismus

Phase	Kennzeichen	Symptomatik
4 – Ausgebrannter Hamster	Stark nachlassende Leistung. Isolation	Körper: Zusammenbruch der Infektabwehr, Herzstechen, Herzrhythmusstörungen, Magendruck, Magengeschwür
		Seele: Depression, Verzweiflung, Suizidalität
		Verhalten: Arbeitsunfähigkeit, nur noch in Etappen einsatzfähig
		Soziales Umfeld: Isolation
5 – Gelöschter Hamster	Stress, dem mit den erlernten oder veranlagten Bewältigungsstrategien begegnet wird	Keine spezifische

Zusammenfassung in Kurzform: Der Weg in den Burnout führt immer über eine Gemengelage aus

- unbewältigtem Stress,
- aufgestautem Frust

und dies über einen längeren Zeitraum hinweg.

Jetzt fragen Sie sich bei Betrachtung des Modells vielleicht, warum es einen Einstieg, aber keinen Ausstieg gibt.

Die schlechte Nachricht lautet: Burnout verschwindet nicht, die Seele entwickelt keine Immunität gegen Stress. Es gibt daher keinen Ausstieg aus dem Prozess.

Die gute Nachricht: Wenn Sie einmal gelernt haben, wie Sie Stress verarbeiten können, ohne dass er sich aufstaut, und Sie lernen, dem Frust richtig zu begegnen, dann ist es höchst unwahrscheinlich, dass Sie aus der Phase des gelöschten Hamsters wieder in den Burnout-Prozess einsteigen. Eine Heilung von Burnout im Sinne einer Immunität gibt es jedoch nicht.

 Daher lautet die Devise: (Gelöschter) Hamster, sei wachsam!

Im hinteren Teil des Buches werden wir beschreiben, was getan werden kann, um Stress zu bewältigen und Frust zu begegnen und schließlich zuverlässig in die **Phase 5** – *Gelöschter Hamster* – zurückzukehren. Doch schon hier sei gesagt, dass Präventionsmaßnahmen nur bis einschließlich **Phase 3** – *Brennender Hamster* – erfolgversprechend sind. In der fortgeschrittenen **Phase 3** und ganz sicher in **Phase 4** – *Ausge-*

brannter Hamster – ist eine professionelle Therapie das einzig Sinnvolle.

Tja, auch so ein Buch hat Grenzen. Daher zu diesem Zeitpunkt der Hinweis: Sollte Sie sich, oder Sie Ihren Partner im **Übergang von Phase 3 zu Phase 4 oder schon in Phase 4 wiederfinden**, nehmen Sie den Hörer in die Hand und handeln Sie – solange es noch geht!

Schon eine Ahnung oder noch nicht so weit? Sie sind sich nicht sicher, wo Sie aktuell rumhamstern? Keine Sorge, wir haben etwas für Sie vorbereitet.

Aber zuerst ein paar nette Anekdoten aus der Hamster World - dann geht´s zum individuellen Check!

Ein (beispielhafter) Tag im Leben eines ausgebrannten Hamsters. Der Geist ist willig, der Körper schwach. Der Kopf befiehlt „Aufstehen", der Körper versagt (komplett) seinen Dienst. Man bleibt einfach sitzen oder liegen. Ende aus – Nikolaus. Nichts geht mehr. Der tägliche Weg aus dem Bett: ein Kampf, der nicht selten verloren wird. Eine Kettenreaktion ist in Gang gesetzt. Das tägliche Hamsterrad nimmt seinen Lauf: Anderthalb Stunden für die Morgentoilette, Zähneputzen wird zur Herkules-Aufgabe. Duschen oder nicht duschen? DAS ist hier die Frage!

> „Mache ich morgen."

Entscheidungschaos vor dem Kleiderschrank, die Unfähigkeit, sich für das eine oder andere Kleidungsstück zu entscheiden, die Unfähigkeit, eine Entscheidung zu treffen. Selbst kleinste Aufgaben werden zu scheinbar unüberwindbaren Hindernissen.

Der Weg zur Arbeit: Anhalten beim Bäcker. Kein Parkplatz direkt vor der Tür. 50 Meter laufen? Keine Lust. Schon das ist zu anstrengend. Die Folge: Keine Brötchen – kein Frühstück, kein Mittagessen.

Firma: Kaffee. E-Mails checken: Reklamation. Krankmeldung eines Mitarbeiters. Umplanen. Kunde wartet schon im Besprechungszimmer. Schnell noch die benötigten Ausdrucke machen. Kaffee. Termine reihen sich aneinander. Dem ersten Kundengespräch folgt das nächste. Kaffee. Blutzuckerspiegel im Keller. Schwindel. Schokokeks. Die ersten Kommunikations- und Wortfindungsstörungen*, der Albtraum für jeden Verkäufer, Vertriebler oder Kundenbetreuer, stellen sich ein. 16 Uhr.

---

*Wie Sie sich sicherlich vorstellen können, die Hölle für jeden Autoren, Werbetexter und Journalisten.

Kleine Panikattacke. Kurze Pause. Kaffee. Problem mit einem Auftrag. Das sollte doch erledigt sein, oder? Vergesslichkeit. Habe ich das dem Kunden, Mitarbeiter, Lieferanten, wirklich (zu-)gesagt? Daraus folgend: der Verlust des Selbstvertrauens in die eigenen Fähigkeiten. Weit verbreitet ist auch das Gefühl bzw. die Wahrnehmung, wie im Nebel oder in Watte gepackt durch die Welt zu irren.

18 Uhr: Endlich alleine im Büro, endlich Zeit, in Ruhe ein paar Dinge zu erledigen. Ohne Telefon, Fragen von Mitarbeitern oder Kunden. Ein Blick auf den Stundenzettel. Der Chefhamster hat noch keine 5 Minuten berechenbare Zeit auf dem Zettel. Alles nur Orga, Besprechungen und Fire-Fighting. Frust. Kein Kaffee mehr.

20:30 Uhr: Eben noch mit dem Hund ne Runde drehen und „outdoor cooking" bzw. outsourcen der Essenszubereitung. Zurück daheim: Ab ins Bett. Essen. Das Abendbrot wird Ihnen heute präsentiert von: Mc Donalds, Fertigpizza oder Dönermann. Zum Dessert einen Erdbeer-Shake oder Schokoriegel – weil man sich das jetzt verdient hat. Nebenbei zwei extra aufgenommene Folgen CSI Miami. Fernweh. Love Florida! Urlaub wäre mal wieder schön. Über 10 Stunden Flug. Puuh. Zu anstrengend. Einfach nur schlafen!

Gute Nacht, der Hamster wacht, nichts geht mehr, das Hamsterrad dreht sich, alles auf die 17. All das sind wirkliche Beispiele aus der Realität eines kokelnden oder ausgebrannten Hamsters. Wie sieht Ihr Tag aus? Machen Sie sich doch auch mal den Spaß, und schreiben Sie Ihren Tag** mal in einem ähnlichen Stil auf. Möglicherweise werden Sie entsetzt oder überrascht sein ...

**Eine bewährte Methode, um den Tag zu verarbeiten und danach ruhig zu schlafen, ist übrigens das Führen eines Tagebuches. Schreiben Sie alles auf, was Sie heute bewegt, aber auch (ganz wichtig) das, was Sie gefreut hat und wofür Sie dankbar sind. Das können Kleinigkeiten sein. Ein Sonnenstrahl, Ihr Hund, der mit dem Schwanz gewedelt und Sie niedlich angeguckt hat, ein großer Auftrag, eine nette E-Mail, eine Steuererstattung, bezahlte Rechnungen, die pünktliche oder vorzeitige Lieferung von Ware ... Ups, schon wieder in Gedanken bei der Firma. Verdammt.

Aus der Praxis: Die Sache mit der Zitrone

Wenn der Stress bzw. die Belastung zu groß wird, kann es zu körperlichen Symptomen kommen – das ist eher die Regel denn die Ausnahme.

Ein befreundeter Hamster trägt zu diesem Zweck fast immer eine Zitrone mit sich herum. Sein Symptom, wenn es mal wieder zu viel ist: eine besonders unangenehme Form des Schwindels. Alles dreht sich, er hat das Gefühl den Boden unter den Füßen zu verlieren und ins Nichts zu stürzen. Er dreht, im wahrsten Sinne des Wortes, durch!

Um wieder in die Realität zurückzufinden, beißt er dann in die gelbe Frucht. In diesem speziellen Fall macht sauer nicht lustig, sondern schützt den Hamster vor dem Kollaps.**

Wie wir gelesen haben, sind (Augen-)Migräneanfälle, ein Hörsturz, Erbrechen oder Magenschmerzen andere gute Beispiele für die Leiden eines Hamsters. Ist doch normal ...

Die Sache mit der Zitrone ist deswegen ein gutes schlechtes Beispiel für einen brennenden Hamster, weil sie eine typische (Verdrängungs-)Strategie ist, um den Körper und den Geist zu zwingen, durchzuhalten, immer weiter- und weitermachen zu können/zu müssen – bis irgendwann unweigerlich der Totalzusammenbruch folgt.

Krass, oder? Das Schlimme an dieser Situation: Ab diesem Punkt **(in einer voll ausgeprägten Phase 3 unseres Prozessmodells)** ist es kaum mehr möglich, alleine aus dem Hamsterrad auszusteigen oder es zumindest auf ein normales (hier

*Eine bewährte Methode, um den Tag zu verarbeiten und danach ruhig zu schlafen, ist übrigens das Führen eines Tagebuches. Schreiben Sie alles auf, was Sie heute bewegt, aber auch (ganz wichtig) das, was Sie gefreut hat und wofür Sie dankbar sind. Das können Kleinigkeiten sein. Ein Sonnenstrahl, Ihr Hund, der mit dem Schwanz gewedelt und Sie niedlich angeguckt hat, ein großer Auftrag, eine nette E-Mail, eine Steuererstattung, bezahlte Rechnungen, die pünktliche oder vorzeitige Lieferung von Ware ... Ups, schon wieder in Gedanken bei der Firma. Verdammt.

wurde bewusst auf das Wort „erträglich" verzichtet, weil es zu diesem Zeitpunkt schon längst kein realistischer Maßstab mehr ist) Maß zu reduzieren, da die persönliche Wahrnehmung bereits so verschoben ist, dass die Situation vom Betroffenen nicht mehr realistisch eingeschätzt wird. Intuitiv spüren die Hamster es zwar, aber „gute Gründe" (z. B. das Geschäft muss ja laufen, ich muss die Kinder erst noch durchs Studium bringen, dann höre ich auf) hindern sie am Handeln – bis es zu spät ist und der Notarztwagen vor der Tür steht. Oder der nette Herr Burnout mit seine Schwester Depression.

Was Ihnen mit diesem Kapitel klargemacht werden soll: Wenn Sie auch schon so weit sind (oder schon wieder sind) und Sie jetzt nicht die Notbremse ziehen, dann fahren Sie*** das Ding unweigerlich gegen die Wand. Also handeln Sie – jetzt!

---

*Ich als Westeuropäer bevorzuge für diesen Fall übrigens eine Tablette, die ich immer mit mir herumtrage. Sie gibt mir Sicherheit, manchmal reicht es schon, sie in meiner Hosentasche einmal kurz zu berühren, um mich wieder zu fangen ... und weiterzumachen. Irre, oder?

*** Ja, Sie sind gemeint!

Präburnoutium. (Noch) Eine Geschichte aus der guten (?) alten Zeit: Der Stuhl bei Staples

Immer öfter zeigten sich Anzeichen von Erschöpfung, Müdigkeit, Konzentrations- oder leichten Sehstörungen. Bessere Monitore, selbstverständlich pro Arbeitsplatz immer zwei nebeneinander*, waren bereits bestellt. Problem effektiv gelöst.

Kein Gedanke an Burnout oder Burnout-Prävention. Das war kein Thema. 70-90 Stundenwochen waren normal. Das böse Wort mit U** war verpönt, und nahm es jemand aus Hamsterkreisen in den Mund, wurde er entweder ausgelacht oder mitleidig angeschaut. Doch die ersten Symptome zeigten sich. Was tun? Google. Ratgeber für ein effektiveres (Arbeits-)Leben. Gesucht – gefunden: Gesundes Sitzen, sooooo wichtig!

Gelesen, getan. Neue Bürostühle mussten her. Kein Wunder, dass man müde war. Unsere billigen IKEA-Sessel sind ja nichts für auf Dauer. Also rein ins Auto und ab zum Bürobedarfshändler unserer Wahl. Es wurde sowieso noch Kopierpapier benötigt. Warum nicht gleich zwei Fliegen mit einer Klappe erschlagen?

Glücklicherweise fand sich vor Ort eine große Auswahl an rollenbestückter Bürobestuhlung.

Eine übersichtliche Kategorisierung machte einem die Orientierung leicht. Von links nach rechts am Regal entlang: Geeignet für eine Nutzung von 1-2 Stunden, 3-4 Stunden ... 6-8 Stunden. Dann die Enttäuschung. Wo waren denn die Stühle für 10-12 Stunden? Bitte hier jetzt kurz innehalten. Das Gelesene bitte eben einen Moment sacken lassen und sich fragen:

---

*Anmerkung des Historikers: In diesem erdgeschichtlichen Zeitalter glaubten die Hamster noch an Multitasking und ihre eigene Unbesiegbarkeit. Damals waren die Hamster Anfang/Mitte dreißig.

**Noch so ein Begriff aus der Urzeit. Urlaub. Tse. Böses Wort. Ganz böses Wort. Wie, du hast diese Woche nur 70 Stunden gemacht? Willst mal etwas ruhiger treten oder machst du Holiday? Ups. Schon wieder das böse Wort. Diesmal mit H.

Was stimmt an dieser Geschichte nicht?

Erst sehr viel später wurde mir der Wahnsinn dieser Enttäuschung* bewusst. Heute erkennt man gewisse (gute) Grenzen. Aus gutem Grund gibt es ein Arbeitnehmerschutzgesetz und diese Nummer mit dem 8-Stunden-Tag. Das sollte eigentlich auch für Hamster gelten, oder?

Nebennachdenker: Passt jetzt vielleicht nicht so richtig hierher, sollte man aber trotzdem mal darüber nachdenken: Es ist sehr viel leichter etwas zu ändern, was man selber tut, als etwas zu ändern, was ein anderer tut!

---

*Klugschiss des Kapitels: Enttäuschung wird gemeinhin als negativ empfunden, dabei ist es ein durchweg positives Wort. Man wird (ent-)täuscht oder entzaubert, unterliegt also nicht mehr einer Täuschung und erkennt die Wahrheit. Eigentlich nicht schlecht, oder? Ist halt nur manchmal schmerzhaft, aber meistens heilsam. Aber das nur mal als kluge Fußnote.

 ## Check: (Ver)Brenne ich schon?

Zurück zu Ihnen. Wir hoffen, Sie hatten etwas „Spaß" oder den einen oder anderen Wiedererkennungsmoment. Doch nun wird es wieder empirischer.

Wir haben hier für Sie eine kleine Hilfe ausgearbeitet, die Sie bei der Einschätzung unterstützen soll, ob Sie sich möglicherweise bereits in einer der fünf beschriebenen Phasen eines Burnouts befinden.

Diesen Test haben wir übrigens zweifach abgedruckt, damit Sie ihn einige Zeit später nochmals ausfüllen können und so vielleicht zu einer günstigeren Einschätzung kommen, sodass Sie direkt ablesen können, in welchen Bereichen sich für Sie etwas verbessert hat.

Der Test bezieht sich mit seinen Fragen auf die vier genannten Symptomkreise des Burnouts und gleichzeitig auf die drei bereits bekannten Daseinsbereiche „persönlich, privat, beruflich", auf die wir im weiteren Verlauf des Buches wieder zu sprechen kommen werden.

Wenn Sie Lust haben, nehmen Sie sich nun einige Minuten Zeit für den Burnout-Check. Danach werden Sie sehr wahrscheinlich wieder etwas schlauer sein.

Tipp zur Durchführung: Nicht lange nachdenken! Kreuzen Sie die Ihrer Ansicht nach zutreffende Antwort möglichst spontan an – und seien Sie ehrlich, sonst macht es ja keinen Sinn!

	nein	ja	ja	ja	ja
	kommt gar nicht vor	ein paarmal im Jahr	etwa monatlich	mindestens 1x die Woche	ständig
Die Menschen um mich herum sind mir gleichgültig.					
Ich habe nur wenig Zeit für mich.					
Ich lasse Menschen emotional nicht mehr an mich heran.					
Ich kann mich nur schwer auf andere Menschen einstellen.					
Mir ist nicht wohl dabei, wie ich mit anderen Menschen umgehe. Lieber hätte ich es anders.					
Ich bin gefühlsmäßig härter geworden als früher.					
Ich mache Probleme der anderen zunehmend zu meinen Problemen.					
Ich ärgere mich sehr über andere Menschen und deren Fehler.					
Ich reagiere sehr leicht gereizt oder unwirsch, wenn etwas nicht so läuft, wie ich es gerne hätte. Früher war das anders.					

	nein kommt gar nicht vor	ja ein paarmal im Jahr	ja etwa monatlich	ja mindestens 1x die Woche	ja ständig
Ich habe den Eindruck, dass motivierende Führung mich sehr anstrengt.					
Es gelingt mir kaum, eine positive Motivation auszustrahlen.					
Je mehr ich mich anstrenge, desto anstrengender wird es nur noch.					
Nach Besprechungen oder der Zusammenarbeit mit Menschen fühle ich mich ausgelaugt.					
Mein Beruf erfüllt mich nicht mehr so, wie er es einst getan hat.					
Ich habe den Eindruck, dass ich meine Aufgaben nicht mehr so erfülle, dass ich damit zufrieden bin.					
Ich fühle mich, als wäre ich in einer Sackgasse gelandet und ich sehe keinen Ausweg.					
	kein Burnout oder Phase 5	Phase 1	Phase 2	Phase 3	Phase 4

Fertig? Nun wird es ernst. Die Auswertung ist recht einfach: Schauen Sie bitte, in welchen Spalten Sie Ihre Kreuze gemacht haben, verbinden Sie sie zu einer Linie und sehen dann unten am Tabellenfuß nach, welcher Phase im Burnout-Modell sich ein Schwerpunkt Ihrer Antworten zuordnen lässt. Dadurch sollten Sie eine grobe Einschätzung bekommen, wie es um Ihren aktuellen (Seelen-)Zustand bestellt ist.

Bitte beachten Sie, dass dieser Fragebogen eine Momentaufnahme zeigt und keinesfalls einer Diagnose entspricht. Wichtig: Besprechen Sie sich bei ernsthaften Burnout-Anzeichen unbedingt mit einer Vertrauensperson, mit Ihrem Hausarzt oder einem Psychotherapeuten.

Hier noch mal zur Erinnerung das Hamsterrad mit den einzelnen Phasen:

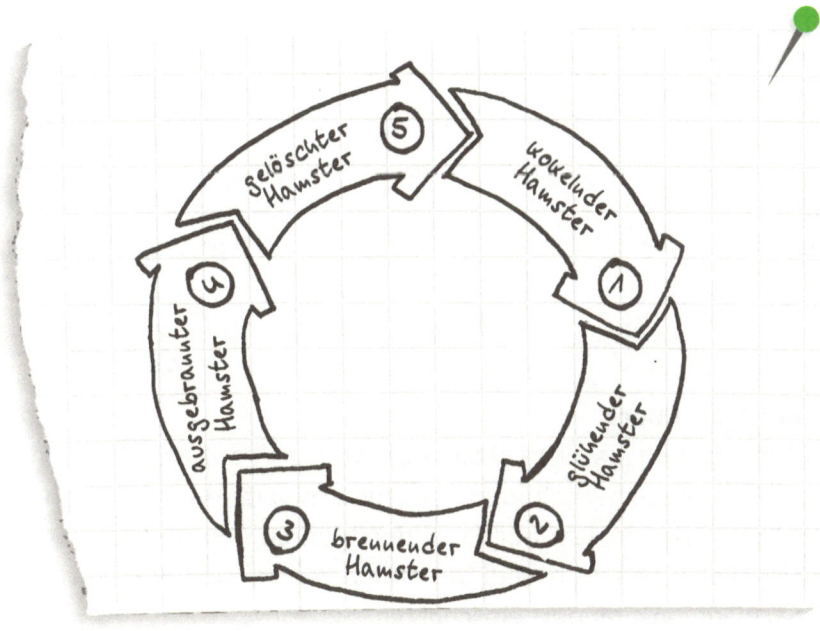

Bitte notieren SIe sich hier (in kurzen Sätzen), was gerade in Ihnen vorgeht, was Ihnen gerade möglicherweise klar wird, und wie Sie sich fühlen! Datum nicht vergessen.

Sollten Sie Gedankengänge oder Ansätze für eine (notwendige) Veränderung haben – halten Sie diese bitte ebenfalls fest. Vieleicht können Sie die später noch mal brauchen!

Name: Datum:

Kontroll-Check

Wir haben da mal was vorbereitet. Nach einiger Zeit, in der Sie an den Dingen arbeiten, die Sie für sich verändern möchten, können Sie den Test noch mal durchführen und schauen, wo sich vielleicht schon Veränderungen zeigen, und wo Sie die Sachlage unverändert einschätzen.

	nein kommt gar nicht vor	ja ein paarmal im Jahr	ja etwa monatlich	ja mindestens 1x die Woche	ja ständig
Die Menschen um mich herum sind mir gleichgültig.					
Ich habe nur wenig Zeit für mich.					
Ich lasse Menschen emotional nicht mehr an mich heran.					
Ich kann mich nur schwer auf andere Menschen einstellen.					
Mir ist nicht wohl dabei, wie ich mit anderen Menschen umgehe. Lieber hätte ich es anders.					
Ich bin gefühlsmäßig härter geworden als früher.					
Ich mache Probleme der anderen zunehmend zu meinen Problemen.					
Ich ärgere mich sehr über andere Menschen und deren Fehler.					
Ich reagiere sehr leicht gereizt oder unwirsch, wenn etwas nicht so läuft, wie ich es gerne hätte. Früher war das anders.					

	nein kommt gar nicht vor	ja ein paarmal im Jahr	ja etwa monatlich	ja mindestens 1x die Woche	ja ständig
Ich habe den Eindruck, dass motivierende Führung mich sehr anstrengt.					
Es gelingt mir kaum, eine positive Motivation auszustrahlen.					
Je mehr ich mich anstrenge, desto anstrengender wird es nur noch.					
Nach Besprechungen oder der Zusammenarbeit mit Menschen fühle ich mich ausgelaugt.					
Mein Beruf erfüllt mich nicht mehr so, wie er es einst getan hat.					
Ich habe den Eindruck, dass ich meine Aufgaben nicht mehr so erfülle, dass ich damit zufrieden bin.					
Ich fühle mich, als wäre ich in einer Sackgasse gelandet und ich sehe keinen Ausweg.					
	kein Burn-out oder Phase 5	Phase 1	Phase 2	Phase 3	Phase 4

Bitte notieren Sie sich hier (in kurzen Sätzen) erneut, was gerade in Ihnen vorgeht, was Ihnen gerade möglicherweise klar wird, und wie Sie sich fühlen! Datum nicht vergessen.

Sollten Sie Gedankengänge oder Ansätze für eine (notwendige) Veränderung haben – halten Sie diese bitte ebenfalls fest. Vieleicht können Sie die später noch mal brauchen!

Name: Datum:

 ## Und nun?
Noch etwas Theorie, bevor es um Lösungen geht

Wir wissen: Rührt man Stress mit Frust zusammen und lässt diese langsam köcheln, dann entsteht ein höllisches Gebräu. Kocht es über, bricht alles zusammen. Sie und Ihr schönes Lebensgebäude. Daher ist nun Zeit für ein neues Modell: Der Tempel unseres Daseins, unser Lebensgebäude – unser Daseinstempel.

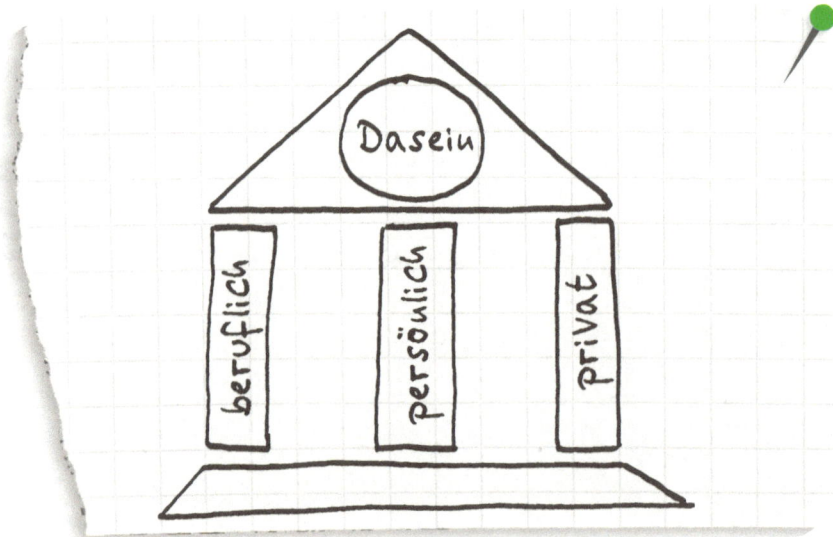

Dieses Bauwerk hat drei Säulen, die den Dachstein, unser Dasein, tragen. Diese Säulen kennen wir schon aus einem vorherigen Abschnitt dieses Buches: Es sind die Bereiche beruflich, persönlich und privat. Deutlich wird: Eine Säule für sich genommen ist nicht in der Lage, das Ganze zu tragen. Nur wenn eine weitestgehende Ausgeglichenheit besteht, wird das Dasein als sicher empfunden. Dann fühlen wir uns stark, und auch raues Wetter kann uns nicht aus der Ruhe bringen.

Selbst wenn eine der drei Säulen mal ein bisschen angekratzt wird, eine Krise durchstanden werden muss (sei es im beruflichen, privaten oder persönlichen Bereich), so bringt dies das Dasein nicht ins Wanken. Dieser Tempel ist nur dann einsturzgefährdet, wenn zwei Säulen oder mehr gleichzeitig brüchig werden. Dann scheppert es ganz ordentlich im Gebälk, und unser Dasein wird gefährdet:

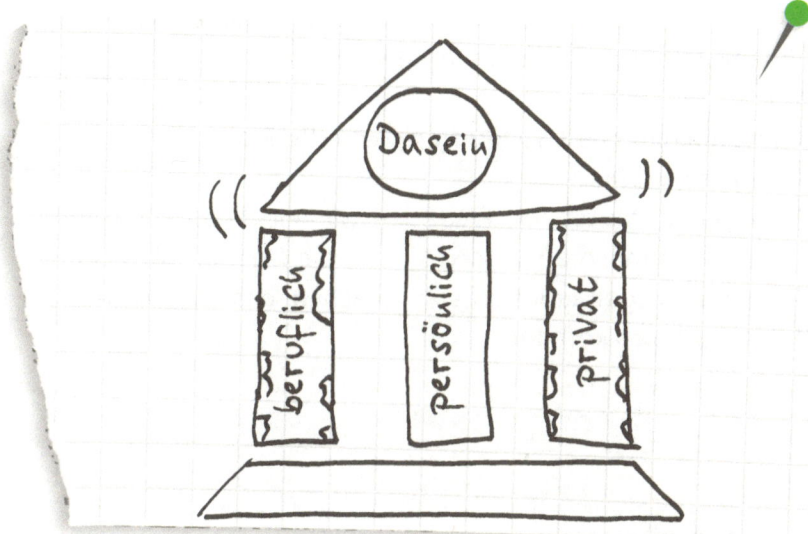

Übertragen auf die Thematik des Burnouts bedeutet dies, dass bereits Burnout-Symptome in mehreren Bereichen eingetreten sind, wir z. B. in unserem Job Schwächen zeigen und die Beziehungen zu anderen Menschen in Mitleidenschaft gezogen ist. Wir befinden uns in Phase 3 unseres Stufenmodells: Der Hamster brennt.

ACHTUNG: Nun wird deutlich, warum nur bis zu dieser Phase eigene Maßnahmen greifen können. Wenn nämlich jetzt auch noch die dritte Säule, die Persönlichkeit, angegriffen wird, dann klappt der schöne Bau zusammen, man sieht nur noch

Qualm und kann nur noch jemanden rufen, der die Trümmer sortiert und den Wiederaufbau begleitet. Das nennt man dann Therapie. Ohne fachkundige Hilfe sind wir sind nicht mehr in der Lage, unseren Dachstein oben zu halten. Wenn wir aber rechtzeitig intervenieren, nämlich noch bevor die dritte, mittlere Säule unseres Daseinstempels angegriffen wird, dann kann es uns gelingen, diese Säule der Persönlichkeit so weit zu verbreitern, dass sie in der Lage ist, unser Dasein viel stabiler abzustützen. Und was schließen wir daraus?

Persönlichkeitsentwicklung sichert die Statik unseres Daseins

Und genau das ist der Weg, den wir mit Ihnen zusammen beschreiten möchten: Lassen Sie uns die Persönlichkeitssäule Ihres Daseinsgebäudes so stark machen, dass sie Sie immer trägt. Egal, was kommt!

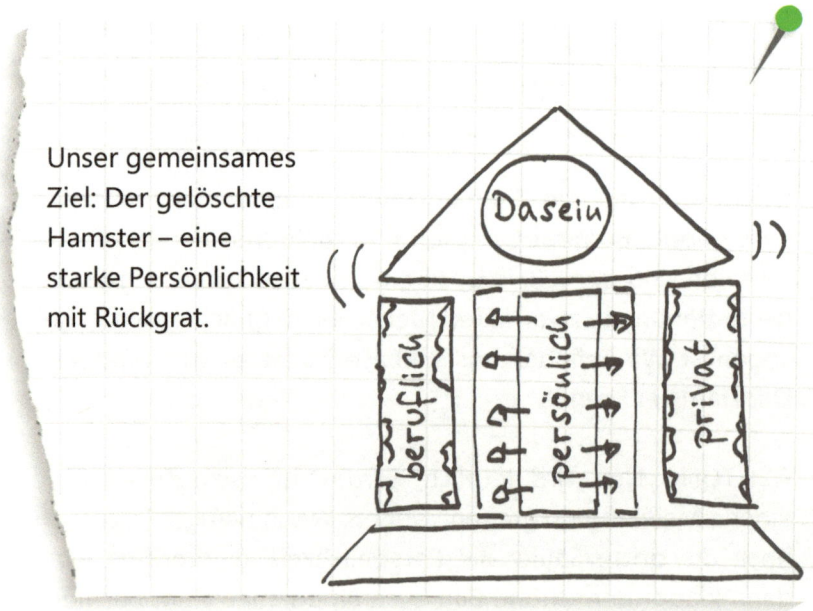

Unser gemeinsames Ziel: Der gelöschte Hamster – eine starke Persönlichkeit mit Rückgrat.

Der Weg hinaus: Den Hamster löschen

Wenn man einen Hamster löschen möchte, dann ist die erste Bürgerpflicht: Ruhe bewahren. „Erst die Diagnose, dann das Rezept", so lautet eine sehr hilfreiche Handlungsanweisung.

> " Erst die Diagnose, dann das Rezept "

Erst einmal gilt es also, zu bestimmen, an welchem Punkt Sie sich befinden. Hierzu haben wir Ihnen eingangs einen kleinen Selbsttest und ein Phasenmodell vorgestellt, hier rufen wir es noch einmal kurz in Erinnerung:

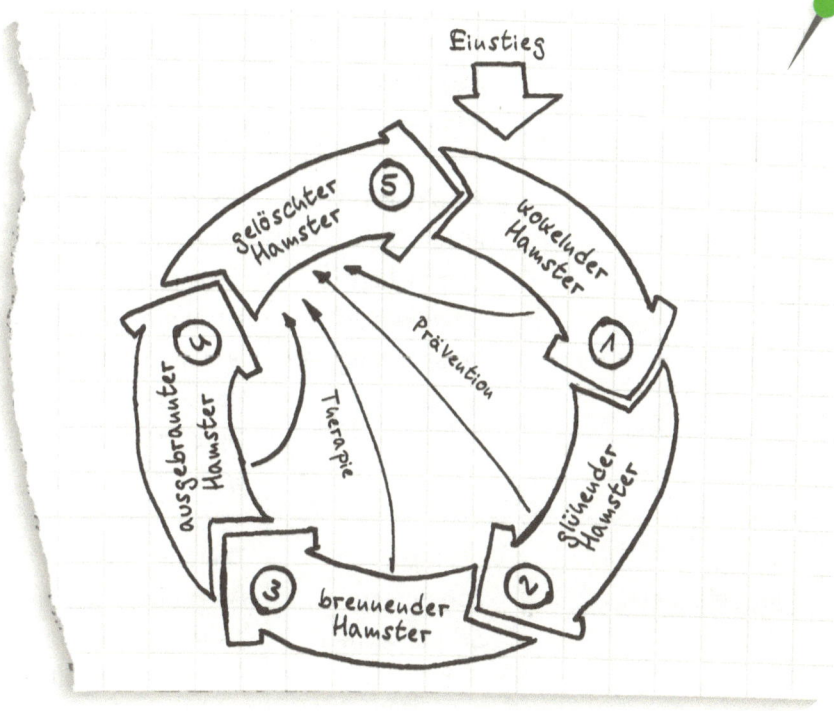

Anhand dieses Modells wollen wir nun versuchen, den geeigneten Weg für Sie herauszufinden.

Sie befinden sich nach Ihrer Einschätzung in Phase ...	Dann könnte Ihnen Folgendes helfen:	Das sollte Ihr Handlungsschwerpunkt sein:
1 – Kokelnder Hamster oder 5 – Gelöschter Hamster	• Sorgen Sie gut für sich und seien Sie im besten Sinne egoistisch	Persönlichkeitsentwicklung (Lesen Sie doch mal das Kapitel „Der schlauere Hamster")
2 – Glühender Hamster	• Regelmäßig Entspannung finden • Regeneration erlauben	Prävention (Lesen Sie doch mal das Kapitel „Hamster mit Haltung")
3 – Brennender Hamster	• Probleme offen ansprechen • Bereitschaft zu grundlegender Veränderung entwickeln	Ursachenbekämpfung (Lesen Sie doch mal die Kapitel „Der schlauere Hamster" und „Hamster mit Haltung") Tipp: Therapie in Erwägung ziehen
4 – Ausgebrannter Hamster	• Therapie annehmen • Schutz suchen • Sich herausnehmen	Therapie (Jetzt nicht mehr nur lesen, handeln Sie. Sie brauchen Hilfe!)

Die folgenden Abschnitte geben Ihnen weitere Hinweise, wie Sie vorgehen können, wenn Sie eine Vorgehensweise favorisieren.

Ganz wichtig: Burnout ist kein Spaß, keine Spielerei und kein geeignetes Objekt für Selbstversuche.

Wenn Sie sich nicht sicher sind, sprechen Sie mit jemandem, der Ihnen hilft, Sicherheit in der Entscheidung über die beste Vorgehensweise zu finden. Das kann ein guter Freund, der Partner oder ein Therapeut sein.

 ## Sie brauchen Hilfe?

Es kann nur dem geholfen werden, dem geholfen werden will. Die eigentliche Arbeit kann Ihnen niemand abnehmen. Auch Medikamente können das nicht. Das unterscheidet eine Erkrankung der Seele schon deutlich von einer körperlichen Erkrankung.

Bei einer körperlichen Erkrankung darf ich als Patient darauf hoffen, dass der Körper so stark ist, dass er durch seine Selbstheilungskräfte mit der Krankheit fertig wird. Medizinische Unterstützung heißt in dem Fall, dass entweder durch physische Unterstützung (z. B. Schienen, mechanische Bauteile oder Prothesen) oder durch Medikamente der Körper befähigt wird, die bestehende Krankheit zu überwinden oder einen Zustand zu erreichen, der einen bestmöglichen Umgang mit der Erkrankung erlaubt. „Geduldig, aushaltend und ertragend", das bedeutet es im Wortsinne, ein Patient zu sein.

Bei Erkrankungen der Seele ist die Sachlage jedoch eine ganz andere. Die Ausprägung einer seelischen Störung bedeutet ja gerade, dass das Unterbewusstsein oder die Seele nicht mehr „mit Bordmitteln" in der Lage ist, sich selbst zu helfen. Das Vertrauen darauf, dass „sich alles schon irgendwie wieder richten wird", wäre nicht zielführend und würde das Leiden nur noch weiter verschärfen.

Ein „weiter so" hilft nicht, es ist erforderlich, dass der Betroffene bei der Bearbeitung einen Beistand hat, der ihm bei der Bewältigung der seelischen Ausnahmesituation hilft. Der Begriff Klient hat sich hierfür etabliert, er meint wörtlich „Schutzbefohlener".

Nun ist es aber nicht so zu verstehen, dass man einfach eine oder ein paar Pillen schluckt, und dann geht die ganze Psycho-Krise schon wieder vorbei. Es ist richtig: Gewisse Medikamente lindern in aller Regel die Symptomatik und machen sie erträglicher. Sie beseitigen jedoch nicht die der Störung zugrundeliegende Problematik. Dazu ist Veränderungsarbeit notwendig.

Wer immer in gleicher Weise handelt, kann nicht erwarten, dass sich veränderte Ergebnisse einstellen.

Damit sich nachhaltig eine Besserung für Sie einstellt, sind also Veränderungen in Ihrem Leben notwendig. Die Bereitschaft zu solchen Veränderungen ist immer dann am größten, wenn der Leidensdruck am größten ist. Lassen Sie sich durch eine Besserung im Laufe einer Behandlung mit Psychopharmaka also nicht täuschen: Es ist zusätzlich etwas durch Sie zu tun, im Sinne einer Therapie oder – wenn Sie stark genug sind – einer konzertierten Selbsthilfeaktion. Voraussetzung für den Erfolg einer Psychotherapie ist in jedem Fall die Bereitschaft des Patienten, an seiner Genesung aktiv mitzuwirken. Compliance nennt das die Fachwelt.

Die ist bei hohem Leidensdruck besonders groß, weshalb eine psychische Krise aus psychotherapeutischer Sicht durchaus hilfreich ist, denn dann ist der Wille zur Veränderung am größten. Nicht verschwiegen werden soll an dieser Stelle, dass die Compliance bei Einnahme von Psychopharmaka deutlich nachlässt, denn der Leidensdruck sinkt ja beim Einsetzen der beabsichtigten Wirkung dieser Medikamente. Keine einfache Gemengelage und Sie mittendrin. Eine Therapie der Seele bedeutet immer, dass Sie höchstpersönliche Verantwortung übernehmen. Eine eher passive Haltung wie bei einer körperlichen Erkrankung hilft nicht weiter. Sie müssen selbst den aktiven Part dabei übernehmen, das kann Ihnen niemand abnehmen. Der Therapeut hilft Ihnen dabei, sich wieder aufzurichten. Aber gehen müssen Sie selbst. Schritt für Schritt.

Psychotherapie? Psychopharmakatherapie? Nicht im Traum hätten Sie wahrscheinlich daran gedacht, dass das Thema mal irgendwann interessant für Sie sein könnte. So etwas betrifft doch höchstens die Bekannte einer entfernten Verwandten deren Cousine.

Sie sind aber in guter Gesellschaft: Immer mehr Menschen lassen sich professionell in seelischen Fragen helfen. Der erste Ansprechpartner hierfür ist meistens der Hausarzt, da er Sie wahrscheinlich schon ein Stück Ihrer Leidensgeschichte begleitet hat.

 Sie wollen sich helfen lassen, das ist gut. Dann legen Sie jetzt das Buch zur Seite, und greifen Sie zum Telefon. Vereinbaren Sie einen Termin mit Ihrem Arzt oder Behandler. Jetzt.

Prävention & Co. – Sie wollen es selbst versuchen?

Sofern Sie der Ansicht sind, dass Sie entweder ein gelöschter Hamster sind oder rechtzeitig auf sich selbst aufmerksam geworden sind, dann gibt es vieles, was Sie an Gutem für sich tun können.

Gerade mit Blick darauf, wie Sie sich selbst Gutes tun können und wieder auf Ihren ganz persönlichen Weg zurückfinden, haben wir den nun folgenden Teil des Buches ausgerichtet.

Nach unserer Erfahrung ist es so, dass es den Menschen – auch jenen, die in einer akuten Krise stecken – nicht an Erkenntnis mangelt. Meist ist schon lange klar, welche Ursache zu welcher Erscheinung führte, was geändert werden könnte und welches Verhalten gesünder wäre. Daher die Aufforderung: Belassen Sie es nicht bei einer guten Erkenntnis. Lassen Sie Taten folgen. In Ihrem Sinne. Erfolg hat drei Buchstaben: TUN!

Listen braucht kein Mensch.
Die bittere Wahrheit vorab!
Was hilft denn nun? Fangen wir mal so an wie alle anderen Ratgeber: mit einer Liste – mit schlauen Sprüchen und Empfehlungen*.

Soviel vorab:
Diese Liste könn(t)en wir uns eigentlich schenken, aber … irgendwie gehören sie halt dazu. Deswegen hier auch mal eine. Warum wir das trotzdem tun?

Sie werden es gleich … oder später … merken.

---

*Keine Sorge, die kommen im Buch auch noch. In diesem Kapitel geht es ums Wollen und die Bereitschaft.

1. Nehmen Sie sich und Ihren Körper wahr. Hören Sie in sich hinein, und seien Sie ehrlich. Was stresst Sie?
2. Prüfen Sie, was Sie unglücklich macht. Arbeit? Beziehung Privates? Love it or leave it!
3. Schalten Sie ein bis zwei Gänge zurück. Engagieren Sie sich in dem einen oder anderen Bereich etwas weniger. Stichwort Downshifting.
4. Gehen Sie unter Leute, isolieren ist nicht die Lösung. Genießen Sie die Zeit mit den Menschen, die Ihnen guttun. Meiden Sie Arschlöcher und Energievampire.
5. Übervater oder Herbergsmutter? Machen Sie sich klar: Sie sind nicht für alles zuständig und verantwortlich! Delegieren Sie. Sie müssen nicht alles selber machen! Lernen Sie, „Nein!" zu sagen.
6. Was ist das wirklich Wichtige in Ihrem Leben? Prüfen Sie Ihre Werte. (Ja, damit kann auch Besitz gemeint sein. 3 Häuser und 10 Oldtimer zu unterhalten, zu pflegen und zu versichern kann auch Druck machen. Eigentum verpflichtet!)
7. Kümmern Sie sich um Ihren Körper. Essen Sie gesund und ausgewogen. Treiben Sie Sport, und gehen Sie zum Arzt.
8. Nicht so viel grübeln. Lösen Sie das Problem und nicht die Schuldfrage! Lächeln Sie dem Ärger ins Gesicht, und nehmen Sie alles und sich selber nicht zu ernst. Das Leben ist Monopoly.
9. Machen Sie … blabla … wenn Sie nicht, dann … bla … besser als … eigenen Rhythmus finden … blub und bla … Yoga …

Bei Punkt 9 bin ich beim Schreiben ausgestiegen. Was für eine scheiß Liste. Nett zu lesen, alles richtig, aber nicht sonderlich griffig, oder? Sowas findet man online oder in jeder zweiten

Angestellte bekommen dafür ihr Geld. Sie erinnern sich? Arbeitsvertrag und so. UND – Kinderarbeit ist erlaubt! Zimmer aufräumen, Rasen mähen, Geschirr abräumen und so... sollten die Rotzlöffel nach 10 Stunden Schule (oder Kinderhort), Nachhilfe, Reit- und Sprachunterricht, Fußballtraining und Ballett noch irgendwo einschieben können, oder?

Zeitschrift im Wartezimmer der bevorzugten Bluthochdruck-messerin.

Auch egal jetzt. Doch was nun tun? Womit anfangen und wie umsetzen? Hamster alone in the dark.

„Herr Berger, nur Sie können diese Situation verändern. Machen Sie so weiter, und Sie wissen, wo die Sache endet!" Für diese beiden Sätze hätte ich meine (erste) Therapeutin am liebsten erschlagen.

„Klar so weit, das weiß ich auch, aber ... was konkret kann ich jetzt tun?" Ein Königreich für eine Domina!

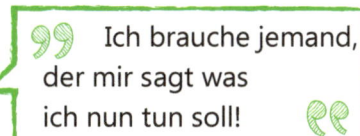 Ich brauche jemand, der mir sagt was ich nun tun soll!

Fazit: Was ein brennender Hamster braucht, sind konkrete Tipps* für die Praxis bzw. die aktuelle Situation. Kein Geschwafel.

Eine bittere Wahrheit lautet: Nur wer sich helfen lassen will, dem kann geholfen werden, ob von Listen, Büchern oder Therapeuten. Fest steht aber auch: das Meiste musst man tatsächlich selber machen. Fuck! Die Alternative? Die kennen Sie: „Herr Berger, nur Sie können diese Situation verändern. Machen Sie so weiter, und Sie wissen, wo die Sache endet!"

Wie dem auch sein. Lassen wir nun mal wieder meinen Therapeuten-Kollegen ran. Wollen wir mal sehen, was der so zu sagen hat.

Nicht ungeduldig werden. Ich sagte ja bereits: Die kommen im Buch auch noch. Also ganz ruhig bleiben!

Prävention: Hamster mit Haltung

Sie möchten an Ihrem Daseinstempel arbeiten, Sie möchten Ihre persönliche Säule verbreitern, und Sie möchten, dass freie Entscheidungen zu gewünschten Veränderungen führen. Der vorangegangene Satz hat ganz bewusst kein Fragezeichen bekommen.

Burnout-Prävention verstehen wir im ersten Schritt als Beschäftigung mit uns selbst. Wenn wir uns klar darüber sind, welchen Sinn wir im Leben anstreben, warum wir jeden Morgen aufstehen, wie wir unsere Zeit sinnvoll nutzen wollen und schließlich welchen Begriff von Freiheit wir haben, kommen wir ganz bewusst aus dem Hamsterrad heraus und begeben uns an eine Position außerhalb des täglichen Überlebenskampfes. Nur an dieser Position (die in Fachkreisen den Namen Meta-Position trägt), können wir Pläne schmieden und den Wunsch Vater des Gedankens werden lassen. Wenn wir sehen und genießen wollen, wie unsere Gedanken zu Realität werden, dann dürfen wir den ersten Schritt dieser Weltveränderung nicht anderen überlassen, sondern sollten tun, wofür unser Verstand geschaffen wurde: kreativ denken und träumen.

Bevor die Arbeit (so man das denn so nennen kann, schließlich machen Sie das ja für sich) beginnen kann, fragen wir kurz mal bei den griechischen Philosophen nach, was die für einen solchen Fall empfehlen würden. Wir finden, dass das Sinn macht, denn wenn diese Philosophen nach mehr als 2000 Jahren immer noch zitiert werden, dann haben sie uns ja offenbar ein wertvolles Erbe hinterlassen. Was empfiehlt also der geneigte antike Grieche: „Wisse, dass du nichts weißt, und übrigens: Gnothi seauton." What?

 Gnothi seauton

(Γνῶθι σεαυτόν)

„Einmal bitte die Delphi-Platte mit extra Selbsterkenntnis."

Über dem Apollotempel von Delphi prangt dieser Spruch (nein, nicht der mit der Delphi-Platte), und er bedeutet: „Erkenne dich selbst".*

Der griechische Philosoph Heraklit hat vor ein paar Jahrhunderten dazu geschrieben:

> „Allen Menschen ist zuteil, sich selbst zu erkennen und verständig zu denken."

Was „erkennen" wir daran? Dass das, was Sie hier mit sich vorhaben, traditioneller Stuff ist und milliardenfach erfolgreich erprobt wurde. Ein generationenübergreifender Megaseller also, und dazu noch völlig kostenfrei.

„Erkenne dich selbst". Man muss keine Orakel von Delphi sein, um sich den Spiegel vorzuhalten. Jedoch dürfen Sie darauf vorbereitet sein, dass Sie sich mit ganz grundsätzlichen Fragen auseinandersetzen werden:

- Wie kann ich frei sein und selbstbestimmt leben?
- Was treibt mich an?
- Wie nutze ich meine Zeit?
- Wann ist genug genug?

Gute Frage – gute Antwort?! Natürlich sollten Sie sich in dem Prozess vorrangig Ihre eigenen Fragen stellen bzw. beantworten – dazu wollen wir auch unbedingt anregen. Ein bisschen was müssen wir ja auch tun!

Und jetzt erkennen Sie vielleicht auch, warum wir einen Tempel als Bild für unser Daseinsgebilde gewählt haben?!

Deswegen wollen wir nun die oben genannten Fragen etwas näher beleuchten. Vielleicht sind Sie ja danach einen Schritt weiter – auf dem Weg zur Selbsterkenntnis – und machen sich auf, noch mehr von sich zu erkunden und zu erkennen. Sollten Sie bereits Gedankengänge, Fragen oder Ansätze für eine (notwendige) Veränderung haben, halten Sie diese bitte hier fest. Vieleicht können wir die später noch mal brauchen!

Name: Datum:

Die gute Nachricht: So wie es war, wird es nicht mehr!

Dieser Grundsatz zieht sich wie ein roter Faden durch dieses Buch. Und es ist nichts Bedrohliches an Veränderungen. Zielgerichtete Veränderung ermöglicht sogar erst das, was

> „ Veränderung ist allgegenwärtig, Veränderung ist natürlich, Veränderung ist gestaltbar. „

im jeweiligen persönlichen Kontext als Erfolg bezeichnet wird. Ungerichtete, chaotische Veränderung allerdings führt häufig zu ungewünschten Ergebnissen.

Es ist daher von immenser Bedeutung, dass Sie erkennen und für sich annehmen, dass ...
- Veränderung für Sie positiv ist
- Sie Veränderungen gestalten können
- Sie den notwendigen Einfluss darauf haben
- Sie jedes Recht dazu haben, Dinge in Ihrem Sinne zu verändern

Gleichzeitig sehe ich in meiner Praxis täglich, dass (vor allem weibliche) Hamster sich zu weit zurücknehmen und die ihnen zustehende Freiheit nicht im Ansatz nutzen. An dieser Stelle sei gesagt, dass ich den Grundsatz respektiere, dass die persönliche Freiheit jedes Einzelnen dort endet, wo die des anderen beginnt. Es geht also gar nicht darum, sich etwas herauszunehmen, was den Anderen in seinen Rechten beschneidet, sondern dass Sie sich endlich das nehmen, was für Sie bereit steht, was Ihnen zusteht: ein würdevolles, freies Leben.

Das ist ein verbrieftes Grundrecht, das Sie für sich einfordern sollten. Es gibt keinen Mangel an Freiheit, es gibt nur einen Mangel an Ideen!

Haben Sie sich je gefragt, warum so mächtige und kräftige Tiere wie Elefanten sich an einer dünnen Schnur führen lassen und nicht die geringsten Anstalten machen, sich davon zu befreien?

Kraft genug hätten sie allemal. Sie könnten das Band einfach zerreißen und frei von dannen ziehen. Es liegt an einer einfachen Konditionierung: Als Kinder wurden sie mit einer dünnen Schnur angebunden. Diese Schnur war kräftig genug, um den jungen Elefanten am Fortlaufen zu hindern und ihm nur einen geringen Bewegungsradius zu ermöglichen. Er „lernte" also von Geburt an, dass er sich nur in einem sehr engen Radius bewegen kann und nicht stark genug ist, die Schnur zu durchtrennen. Diese Erfahrung wurde zunächst zu Wissen und später zu einem festen Glauben.

Der erwachsene Elefant versucht heute nun gar nicht erst, seine Führungsschnur zu zerreißen, denn er hat ja bereits zu Beginn seines Lebens erfahren, dass die Schnur für ihn nicht zu zerreißen ist.

Wir wissen: Er müsste es nur probieren. Er aber versucht es nicht einmal, sondern fügt sich in sein Schicksal. Ich behaupte, dass jeder von uns ebenfalls durch Erfahrung und Erziehung von einer mehr oder weniger stabilen Leine gegängelt und an der freien Entfaltung gehindert wird.

Dies gilt so lange, bis wir es ausprobieren und erstaunt feststellen, dass die Schnur viel weniger fest ist, als wir bislang glaubten, und uns dafür aber bislang ungeahnte Freiheit möglich ist. Freiheit, die wir uns nehmen können, ohne andere in ihrer Entfaltung zu behindern! Freiheit, die uns zusteht, weil wir Verantwortung für unser Leben übernehmen. Freiheit, die wir erhalten, da wir Fesseln lösen. Freiheit, die durch Veränderung ermöglicht wird.

Aber was ist diese Freiheit, was ist zielgerichtete Veränderung?

> *Vater: „Mein Sohn, man kann die Natur nicht verändern."*
> *Sohn: „Veränderung ist die Natur.*
> *Und wir können die Dinge beeinflussen.*
> *Wir beeinflussen sie durch unsere Entscheidung."*
> *(wendet sich ab)*
> *Vater: „Wo willst du hin?"*
> *Sohn: „Mit etwas Glück: Nach vorn!"*
>
> aus: Ratatoille

Freiheit war in Zeiten persönlicher Unfreiheit der Schlachtruf ungezählter Revolutionen.

Dem Aufbruch mutiger Hamster (ja, die gab es damals auch schon) haben wir zu verdanken, dass heute Freiheit als die Möglichkeit verstanden wird, ohne Zwang zwischen verschiedenen Möglichkeiten wählen und entscheiden zu können.

Freiheit beginnt also zunächst im Kopf: Im Ersinnen von Möglichkeiten, in einem kreativen Prozess und der bewussten Auswahl aus diesen Möglichkeiten. Sie erinnern sich an den Elefanten? Diese Freiheit entsteht aus dem Raum zwischen Reiz und Reaktion in der Wahl unserer freien Entscheidung. Erst dann findet ohne Zwang die Umsetzung statt, und das schafft in der Realität die erwünschte Veränderung. Diese

Veränderung ist zielgerichtet, da sie auf den inneren Erkenntnissen und Wünschen beruht, die diese Veränderung ausgelöst haben.

Veränderung findet übrigens permanent statt, ob wir es wollen oder nicht. Wir reiben uns fast täglich die Augen vor Verwunderung, was alles in der Welt passiert, wie Staatenformen sich verändern, wie Märkte von heute auf morgen anders funktionieren und wie das, was gestern wertvoll war, heute schon in den Restmüll gehört.

In uns selbst findet übrigens ebenfalls eine permanente Veränderung statt: Man sagt, dass sich jede Zelle unseres Körpers im Laufe von 7 Jahren einmal erneuert, dass wir uns also alle 7 Jahre einmal komplett runderneuert haben.

So verwundert es nicht, dass sich z. B. der Geschmack ändert. Haben Sie früher als Kind auch gerne Leberwurst gegessen? Mögen Sie sie heute noch? Wie ist es mit der Farbwahrnehmung, wie mit dem Geruch? Alles an uns und in uns ist in permanenter Veränderung. Wenn diese Veränderung aus dem Ruder gerät und ins Chaotische abdriftet, haben wir einen Namen dafür: Krankheit.

> Aber es gibt eine gute Nachricht: Wir können mit unseren inneren Kräften sowohl für positive Veränderung in uns selbst als auch in unserer Umgebung sorgen. Kraft unserer Gedanken steuern und gestalten bzw. erschaffen wir neue Realitäten.

Die Nutzung der Freiheit ist also Ausgangspunkt. Damit diese möglichst zielgerichtet erfolgen kann, haben wir im Abschnitt

„Der schlauere Hamster" ein Modell beschrieben, das Sie Schritt für Schritt dorthin führt, Ihren Willen zur Veränderung zielgerichtet zu erfassen und die Veränderungen dann strukturiert anzugehen. Ein höheres Maß an Veränderung mit dem Ziel der persönlichen Freiheit geht übrigens immer und unweigerlich mit einem höheren Maß an Verantwortung einher. Freiheit ohne die gleichzeitige Übernahme von Verantwortung wird nicht von Dauer sein, denn sie geht unweigerlich zu Lasten von anderen.

Ein einfaches Beispiel veranschaulicht dies: Wenn Sie mit 18 Jahren endlich den Autoführerschein in den Händen halten und damit ein enormes Maß an persönlicher Bewegungsfreiheit erzielen, übernehmen Sie bei jeder Fahrt mit dem Auto auch persönlich die Verantwortung für Ihr eigenes Wohl und das Wohl der anderen Verkehrsteilnehmer.

Wenn Sie dies bei Ihrer Fahrt berücksichtigen, werden Sie in der Regel viele Jahre unfall- und strafzettelfrei an Ihr Ziel kommen. Wenn Sie jedoch als Verkehrsrowdy verantwortungslos eine „Freie Fahrt für freie Bürger"-Mentalität ausleben, wird entweder Ihr Führerschein eingezogen oder ein Begrenzungspfahl Ihren Bewegungsfreiraum einschränken.

Bei allem Willen zur Veränderung ist es leider manchmal so, dass man sich selbst im Weg steht. In diesen Fällen hilft die Unterstützung durch einen unabhängigen Berater weiter. Selbstverständlich können Sie auch liebe Freunde oder den Partner zu Rate ziehen. Unserer Erfahrung nach kommt es allerdings häufig an irgendeinem Punkt des Prozesses zu Interessenkonflikten, die der eigentlichen Absicht im Wege stehen und sie behindern oder gar zum Stillstand bringen.

Unsere Empfehlung lautet daher, dass Sie die nachfolgenden Abschnitte des Buches durchaus für sich und in Ihrer eigenen Geschwindigkeit lesen, bearbeiten und für sich ableiten, was Sie davon in Ihren Alltag übernehmen wollen, und was davon nicht in Frage kommt. Sehr wahrscheinlich finden Sie noch ganz andere Ideen und Optionen für sich persönlich.

Tipp: Für diese Arbeit sollten Sie sich einen ruhigen und geschützten Ort aussuchen, an dem die Gedanken frei fließen können und Sie die Muße haben, sich Ihren eigenen Lebensplan auszumalen.

Sollte sich dann bei der Bearbeitung der Wunsch nach Austausch mit einem vertrauten Menschen oder einem unabhängigen Dritten ergeben, wird sich nach dem Grundsatz „Wenn der Schüler bereit ist, kommt der Lehrer" mit Sicherheit eine Option bieten.

Sauber denken: Gedankenhygiene

In den folgenden Kapiteln werden wir uns nun ein paar einfachen wie wirkungsvollen Ansätzen zur Verbesserung Ihrer Situation widmen. Lesen Sie sich durch – hamstern Sie, was für Sie passt, und probieren Sie aus!

„Gedankenhygiene": Ich bin der festen Überzeugung, dass es entscheidend darauf ankommt, „sauber" mit dem Unterbewusstsein zu kommunizieren, und dass jede Art von negativen Gedanken dabei schädlich ist. Sie hemmen uns im Tun und machen uns sprichwörtlich sauer.

Kennen Sie das, dass Sie sich für eine vermeintliche Fehlleistung innerlich beschimpfen, gar martern? Sich selbst einen

Idioten, Vollpfosten oder Versager nennen? Sie sehen bereits bei der Verwendung des Satzes „Ich ärgere mich!", wen Sie da eigentlich verärgern und wem Sie das zu verdanken haben: niemand anderem als sich selbst.

Sie kennen das gute Gefühl sicherlich, wenn Sie auf der Arbeit versehentlich einen Fehler gemacht haben und dann froh und erleichtert sind, wenn der drohende Rundumschlag des Vorgesetzten, Kollegen oder Kunden ausbleibt und stattdessen Verständnis und die Chance darauf, es beim nächsten Mal besser zu machen, gezeigt wird. Diese Erleichterung können Sie sich auch innerlich verschaffen, und wir versprechen Ihnen, Sie werden sie lieben lernen und nicht mehr missen wollen.

Wir möchten Sie deshalb hier dazu ermutigen, von diesem selbstverletzenden Verhalten abzulassen und sich selbst genauso großzügig und tolerant gegenüber zu sein, wie Sie es höchstwahrscheinlich auch den Fehlern und Minderleistungen Ihrer Mithamster gegenüber sind. Denen verzeihen wir in der Regel nämlich viel leichter als uns selbst.

Der Grund: Weil wir an uns selbst meist viel höhere Ansprüche stellen als an andere.

Die Frage lautet also: **Warum sollten wir uns nicht auch innerlich in gleicher Großzügigkeit verzeihen und Fehler nachsehen? Sie sind doch mindestens ebenso wertvoll wie andere Menschen.**

Die Antwort ist einfach, oder?

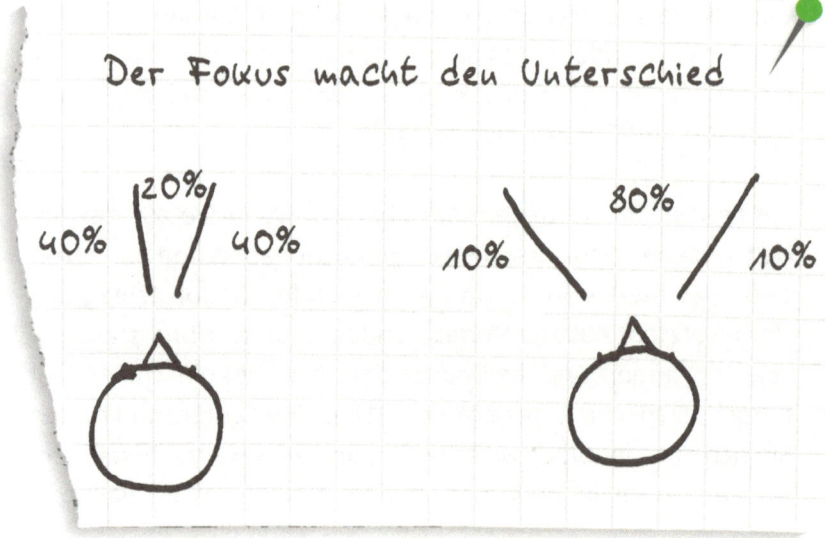

An allem, was wir tun und was wir vorschlagen, ist der weit-aus größte Teil wunderbar verwertbar, man spricht hierbei von mindestens 80 %. Aber wir haben uns eine Geisteshaltung antrainiert, in der wir uns leidenschaftlich den höchstens 20 % der Fehlleistung widmen. In diesem Fünftel wühlen wir mit Wonne, zeigen mit dem Finger darauf, fordern Besserung. Die vier Fünftel guter bis sehr guter Leistung geraten dabei vollständig aus dem Blickfeld. Dieses Verhalten beginnt in der Schule und setzt sich in allen Stationen des Lebens fort. Das tut es so lange, bis wir dem Treiben selbstbewusst Einhalt gebieten und uns fortan zunächst auf den positiven Teil der Leistung konzentrieren und diesen würdigen. Wenn wir uns danach in guter Stimmungslage und mühelos und leicht um die fehlenden 20 % kümmern und einen Teil davon verbessern, ist mehr gewonnen, als wenn wir uns in mieser Laune und mit viel Kraft und Druck den Fehlern zugewandt und dabei das Positive achtlos bei Seite gelassen hätten. Dieses Prinzip ist die Begründung dafür, warum ich glaube, dass die richtigen Sachen mühelos und leicht von der Hand gehen: Die Blickrichtung und der Weg stimmen.

Ich treffe doch bewusste Entscheidungen – oder?

Jein. Nach westeuropäischen Forschungen wird unser Handeln und Denken zu mindestens 80 % von unserem Unterbewusstsein bestimmt und nur zu 20 % von unserem Bewusstsein. Dieses Verhältnis lässt den aufgeklärten und bewussten Menschen erst einmal schlucken.

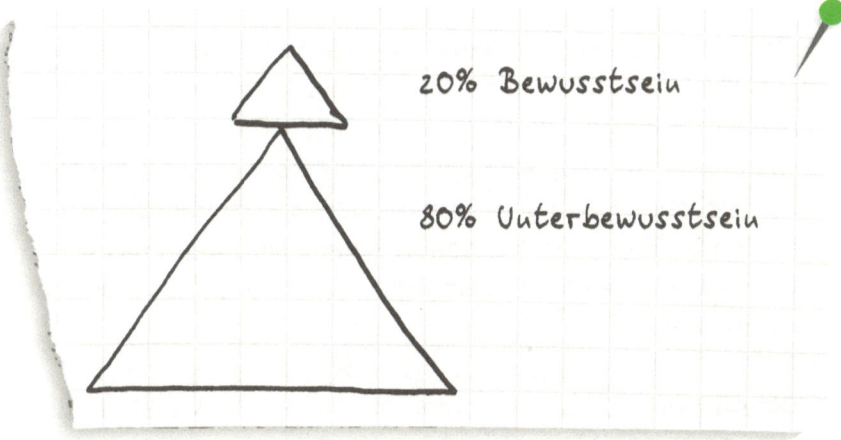

Das Unterbewusstsein arbeitet dabei wie eine Art Filter, welcher alle Sinneseindrücke auf ihre Relevanz untersucht und nur das zum Bewusstsein durchlässt, was es für bedeutsam hält.

Wir halten dann nur das für bedeutsam und existent, was uns vom Unterbewusstsein ins Bewusstsein „hochgereicht" wird, und haben dabei das Gefühl, ein umfassendes Bild zu erhalten. Das Unterbewusstsein hingegen hält die gesamte Information vorrätig. Und so ist es auch zu erklären, dass bewusste Überzeugung und Bauchgefühl oder Intuition sich manchmal widersprechen: Das Bewusstsein hält sich für gut und umfassend informiert, und wir wollen auf Basis dieser Informationslage eine Entscheidung fällen, aber unser Unterbewusstsein sieht auf die ganze Information und erzeugt dabei ein schlechtes Gefühl in uns.

Wie effizient dieser Mechanismus arbeitet, lässt sich an folgendem Beispiel, dem sogenannten „Cocktailparty-Effekt", erläutern:

Stellen Sie sich vor, Sie stehen auf einer Party und unterhalten sich mit jemandem. Hinter Ihnen führen zwei andere Personen ein Gespräch, auf das Sie aber nicht achten. Plötzlich horchen Sie irritiert auf: Eine der beiden Personen hat Ihren Namen genannt. Sie wissen natürlich, dass Sie dem Gespräch der beiden bis dahin nicht zugehört haben. Nur, wenn das wirklich so wäre, wie konnten Sie dann bei Ihrem Namen plötzlich aufhorchen?

Die Antwort lautet: In Wahrheit hat Ihr Unterbewusstsein die Unterhaltung sehr wohl verfolgt, Wort für Wort. Benachrichtigt hat es Sie allerdings erst, als Ihr Name fiel.

Es macht also durchaus Sinn, das Unterbewusstsein und damit die Intuition in die Entscheidungsfindung einzubeziehen, denn das Unterbewusstsein kann technisch gesprochen auf einen wesentlich größeren Datenbestand und eine Informationsfülle zurückgreifen, als es das Bewusstsein kann. Gleichwohl sind im Unterbewusstsein auch alle Erfahrungen und Erlebnisse gespeichert, vor deren Hintergrund manch bewusst gewünschte Veränderung mit einem unguten Bauchgefühl versehen wird. Hier gilt es, das Unterbewusstsein von der Richtigkeit des Vorhabens zu überzeugen und mit auf den Weg der gewünschten Veränderung zu nehmen. Wenn Bewusstsein und Unterbewusstsein an einem Strang ziehen, werden ungeahnte Kräfte frei und Höchstleistungen möglich, und die Dinge bekommen ihren eigenen, inhärenten Sinn. Kein Sportler im Leistungssport würde daher vor einem Wettkampf ernsthaft die Idee kommen, auf mentales Training zu verzichten.

> **Und was ist mentales Training anderes, als auf bewusste Weise dem Unterbewusstsein mitzuteilen, welche Aufgabe nun bevorsteht und welches erstrebenswerte Ziel es nun zu verfolgen gilt?**

Ein wichtiges Hilfsmittel: Sie können einen inneren Kommunikationskanal entwickeln, trainieren und etablieren, der Ihnen den Kontakt zum Unterbewusstsein erleichtert. Dazu sind keine besonderen Fähigkeiten erforderlich, die Sie nicht bereits in sich tragen, denn Sie beherrschen diese Kommunikationsform mit hoher Wahrscheinlichkeit bereits.

Ein klares Bewusstsein und der Wille sind wichtig. Doch ohne den Beistand des Unterbewusstseins und den sicheren Glauben daran, dass Sie es schaffen, wird Sie immer etwas davon abhalten, das als richtig Erkannte auch umzusetzen.

Lustlosigkeit, Verschieberitis, Ablenkung, permanente Umpriorisierung bis zur vollständigen Verzettelung sind alles Verhinderungsmechanismen, die unser Unterbewusstsein virtuos beherrscht. Wichtig ist dabei, eine weitere, ganz besondere Art der Gedankenhygiene zu pflegen. Denn die Kommunikation mit dem Unterbewusstsein erfolgt – wie sollte es anders sein – durch die Kraft der Gedanken.

Ihre Gedanken sollten daher
○ positiv,
○ bildhaft,
○ möglichst präzise
sein, wenn Sie Kontakt mit dem Unterbewusstsein aufnehmen möchten.

In meiner Praxis arbeite ich häufig mit Menschen, die den festen Willen haben, etwas zu verändern. Oftmals ist die Richtung und Ausprägung zunächst jedoch nicht bekannt, was aber überhaupt nicht störend ist. Die genaue Zielausrichtung ergibt sich sehr zuverlässig im Laufe der Veränderungsarbeit. Vielmehr steht zu Beginn des Prozesses ein persönlicher Leidensdruck im Vordergrund, der die Gedanken bestimmt. Dieser Leidensdruck ist Zeichen eines langen, duldsam ertragenen Weges, der häufig durch Frustration, Niedergeschlagenheit, Erschöpfung und das Gefühl „Ich-kann-nicht-mehr" gekennzeichnet ist.

So bitter dieser Zustand für den Einzelnen ist, so viel positiver Schwung, und Energie für die angestrebte Veränderung kann ihm abgewonnen werden. Nie wieder im folgenden Prozess ist so viel Freiwilligkeit und Bereitschaft zu Veränderung vorhanden.

Wie kann ich frei sein und selbstbestimmt leben?

Freiheit – wie gesagt ein großes Wort. Doch Freiheit beginnt bereits im Denken. Okay, das ist etwas, das viele gerne delegieren würden, da es bisweilen anstrengend sein kann.

Während meiner Tätigkeit bei einem Konzern mit einer entsprechend ausgeprägten und gewachsenen Hierarchie ging das geflügelte Wort um: „Du bist hier nicht, um zu denken. Denken haben wir outgesourced, wir lassen denken. Und wir sind dabei, noch einen Schritt weiterzugehen: Demnächst lassen wir auch verstehen." Klar, ein Brüller. Und natürlich beschreibt das nicht die Realität. Zwinker.

Aber wir dürfen uns schon gelegentlich fragen, ob das, was wir denken, unserer eigenen Erlebniswelt entspringt und unsere Werte repräsentiert, oder ob wir nur das „nachdenken", was andere uns so gehirngerecht präsentieren. Ein Beispiel ist der Bullshit von der Work-Life-Balance.

Der Bullshit von der Work-Life-Balance

Hat man so was schon gehört? Ab jetzt bringen wir Job und Leben in Balance, indem wir den Job ein bisschen lebenswerter machen. Quatsch! Wir bringen unser Leben in Balance, und dann klappt's auch im Job. Also maximal eine Life-Work-Balance oder konsequenter: Eine Life-Life-Balance. Oder wenn Sie so wollen: ein ausgeglichenes Leben.

Wer soll denn bitteschön etwas davon haben, wenn das Leben passend zum Job ausbalanciert wird (und nichts anderes meint das Wort Work-Life-Balance)? Am wenigsten doch wohl Sie.

Ein guter Freund von mir, der in gehobener Stellung bei einem DAX-Unternehmen tätig ist, berichtete mir davon, wie er sich von der Work-Life-Balance ins Bockshorn hat jagen lassen, und warum er das Wort Bullshit dafür verwendet.

Unter dem Begriff Work-Life-Balance waren in seinem Konzern nämlich solche Placebos zu verstehen wie der kostenlose Gang ins Fitness-Center, keine Anrufe mehr nach 22:00 Uhr (außer wenn's wichtig war), keine E-Mails am Wochenende (außer wenn's wichtig war), und die WhatsApp-Gruppe der Führungsriege wurde nur für private Nachrichten genutzt.

DAS soll eine Balance sein? Nicht im Ansatz. Denn der Arbeitgeber verzichtete zum Wohle seiner Mitarbeiter keineswegs darauf, eine permanente Erreichbarkeit vorauszusetzen. Er äußerte es nur nicht mehr offen.

Die Gegenleistung für ein (zugegebenermaßen ordentliches) Gehalt war die schlichte Aufgabe privaten Daseins. Mehr Geld für mehr Arbeit – aber wann wollte er das genießen? Da konnte man noch so viele Goodies und Gadgets ausloben und Sprachregelungen zur Mitarbeiterfürsorge publizieren: Die Haltung dieses Arbeitgebers war und ist, dass Geld für Lebenszeit gezahlt wird. Viel Geld für viel Lebenszeit. Aus betriebswirtschaftlicher Sicht ist das ja nicht einmal verwerflich. Diese Haltung jedoch hübsch eingekleidet als Work-Life-Balance zu bezeichnen, muss jeden mitdenkenden Mitarbeiter intellektuell beleidigen.

Mittlerweile arbeitet mein Freund wieder zufrieden im gleichen Konzern an gleicher Position. Jedoch hat sich seine Haltung radikal geändert. „Ich gebe mein Bestes – und das reicht."

Das bedeutet für ihn, dass er es nach Feierabend gut sein lassen kann, dass er sich die Freiheit nimmt, eigene Gedanken zu denken und zu äußern, und dass er sein Privatleben an erste Stelle stellt. Ab sofort ist Arbeit ein Teil des Lebens und nicht das Leben ein Teil der Arbeit. Dabei bescheinigt ihm sein Chef eine Zielerreichung von 120 %. Geht doch.

Dabei ist ganz wichtig zu verstehen, dass es nicht die Aufgabe des Jobs – so toll und erfüllend er auch sein mag –, Ihrer Firma oder des Arbeitgebers ist, Ihr Leben in Balance zu bringen. Dafür sind nur Sie allein verantwortlich. Das bedeutet Freiheit und Verantwortung zugleich.

Um hier einen Schritt weiterzukommen, lassen Sie uns kurz über ein Thema sprechen, das in jedem von uns mehr oder weniger stark ausgeprägt abläuft: Konditionierung.

Reiz und Reaktion oder Hunde sind doch nicht blöd
Der russische Mediziner Iwan Petrowitsch Pawlow hat an Hamstern ... äh ... Hunden gezeigt, wie klassische Konditionierung funktioniert. Die „Pawlowschen Hunde" sind mittlerweile zu einem feststehenden Begriff geworden.

Sein Versuchsaufbau war relativ einfach: Er präsentierte Hunden ihren Fressnapf unter Begleitung eines Glockentons. Dies wiederholte er einige Male. Dann schlug er die Glocke, ohne einen Fressnapf bereitzustellen. Er stellte fest, dass die Hunde trotzdem Speichel produzierten. Für sie war also die Glocke das Zeichen für eine bereitstehende Mahlzeit geworden, es fand eine Konditionierung statt. Auf den Reiz des Glockenschlags folgte unmittelbar die Reaktion des Speichelflusses.

Die unmittelbar auf einen Reiz folgende Reaktion lässt sich in folgendem Schema leicht allgemein darstellen:

Natürlich folgt auf jede Reaktion eine Konsequenz. Diese können wir aber nur mit-
telbar beeinflussen. Bis hin zur Abgabe der
Reaktion sind wir Akteur, danach müssen
wir darauf reagieren, wie unser Umfeld mit
unserer Reaktion umgeht. Sie sind natürlich
nicht mit Hunden zu vergleichen, jedoch lassen sich im Alltag viele Konditionierungen
beobachten.

Fragen Sie sich doch einmal selbst, wie Sie auf
das „Pling" Ihres Mailprogramms oder Smartphones reagieren. Lesen Sie die Nachricht gleich (oder sind
Sie unruhig, wenn Sie wissen, dass eine Nachricht gekommen
ist, Sie deren Inhalt aber noch nicht kennen)? Greifen Sie zum
Telefon, wenn es läutet – auch wenn ein Anruf gerade unpas-
send ist? Reagieren Sie auf jede Kritik mit Rechtfertigung?

**Konditionierungen sind vielgestaltig in unserem Alltag vor-
handen.** Wichtig zu wissen: Immer, wenn wir einem solchen
Verhalten nachkommen, entscheidet nicht unser freier Wille
über unsere Reaktion, sondern das konditionierte Reiz-Reak-
tions-Schema.

Wir haben den Hörer abgenommen, sind ans Handy gegangen, noch bevor wir uns die Frage gestellt haben, ob unsere
derzeitige Situation überhaupt ein Telefonat ermöglicht, bzw.
ob es angebracht ist. Wir beleidigen unseren persönlichen
Gesprächspartner vielleicht sogar, indem wir ein Telefonat

einer Konversation mit ihm scheinbar vorziehen. Einfach weil wir so konditioniert sind ...

Aber es gibt Hoffnung, denn der zweite Teil von Pawlows Versuch zu klassischer Konditionierung wird viel zu selten geschildert. Bleibt nämlich die Belohnung über einen längeren Zeitraum aus, löscht sich die Konditionierung wieder. Soll heißen: Wenn die Glocke ausreichend oft geläutet wird, ohne dass Fressen bereitsteht, dann hören die Hunde auf, Speichel zu produzieren, sobald die Glocke geläutet wird.

Im übertragenen Sinne bedeutet das, dass wir also noch einmal Glück gehabt haben und Konditionierungen nicht auf Gedeih und Verderb ausgesetzt sind. Das bedeutet für uns: Wenn wir dem Reiz, eine E-Mail, eine Nachricht, einen Telefonanruf oder eine Kritik sofort und reflexhaft zu beantworten, nur häufig genug widerstehen, lässt die Konditionierung nach und löst sich auf. Bildlich gesprochen schaffe ich mir

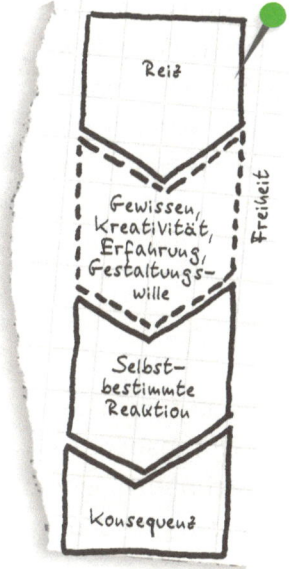

einen Raum zwischen Reiz und Reaktion. Dies lässt sich im Schema folgendermaßen darstellen:

In diesem Raum zwischen Reiz und Reaktion, der einige Sekunden oder aber auch Tage dauern kann, kann ich mein Gewissen, meine Kreativität, meine Erfahrung, meinen Gestaltungswillen oder auch meine Vorstellung von einer erstrebenswerten Vision befragen, wie ich denn auf diesen Reiz reagieren möchte. Ob ich das Telefonat beantworte oder lieber zu einem geeigneten

Zeitpunkt zurückrufe. Ob ich meine E-Mail beantworte und wie. Ob ich auf Kritik reagiere oder lieber zum Gegenangriff übergehe.

Dieser Raum zwischen Reiz und Reaktion ist meine persönliche Freiheit, die mir niemand nehmen kann. Je besser, je souveräner, je selbstbestimmter ich diesen Raum ausfülle, desto freier bin ich. Punkt.

Selbstverständlich folgen auf meine dann frei gewählten Reaktionen Konsequenzen aus meinem Umfeld. Es kann ja auch gar nicht anders sein. Jedoch schaue ich ihnen gelassen entgegen und bleibe im Agieren, denn es fällt mir leicht, zu der gewählten Reaktion zu stehen. Ich habe sie ja frei gewählt. Erkennen Sie den Unterschied?

Gelöschte Hamster sind also freier, da sie sich die Freiheit nehmen, selbst über ihre Reaktion zu bestimmen.
An dieser Stelle möchten wir Sie ermutigen, sich einige Momente Gedanken darüber zu machen, wie Sie in Zukunft in bestimmten Situationen reagieren möchten. Sie haben damit die Gelegenheit, den ersten Schritt zur Unterbrechung des Reiz-Reaktions-Musters zu gehen. *Nutzen Sie die freien Felder für Ihre eigenen Konditionierungsmuster!

Ich kann doch aber nicht ...
... wenn die anderen mich nicht lassen.

Ja, so ist das mit der Freiheit. Die Gedanken sind frei, in der harten Wirklichkeit gibt es jedoch Grenzen. Eine haben wir in der zu übernehmenden Verantwortung beschrieben. Eine andere ist die, die Ihnen andere Personen setzen. „Andere"

Wenn heute ... geschieht/eintritt,	dann reagiere ich so:	Ab sofort möchte ich so reagieren:
Telefonklingeln		
Kurznachricht trifft ein		
Ich werde kritisiert		
Ich bemerke Blicke von anderen		
Ich bekomme einen Auftrag		

meint in diesem Zusammenhang andere Menschen (also z.B. Lieferanten, Mitarbeiter, Vorgesetzte, Gesellschafter, Kunden, Ehepartner/innen) oder Institutionen bzw. Regeln (z.B. Gerichte, die Verwaltung, Berufsgenossenschaften, die Gesetzgebung, oder andere Vorgaben und Vorschriften, an die Sie sich zu halten haben).

Es wäre geradezu fahrlässig, diese Grenzen zu ignorieren und in Abrede zu stellen.
In meiner täglichen Praxis beobachte ich jedoch häufig, dass viele Hamster sich viel zu früh zurücknehmen, viel zu früh

zufrieden sind. Im Beispiel mit dem Elefanten an der dünnen Schnur haben wir das beschrieben. In einem einfachen Modell können wir diesen Umstand so beschreiben, dass es einen Bereich gibt, der Ihrem unmittelbaren Einfluss unterliegt. Das ist der Bereich, in dem Sie die Regeln aufstellen, in dem Sie schalten und walten können. Als Inhaber eines eigenen Unternehmens ist Ihr Einflussbereich schon mal deutlich höher, als wenn Sie abhängig beschäftigt sind. Sollte Ihnen das als Chef verloren gegangen sein, kommt hier schon die zentrale Botschaft: **Erobern Sie sich Ihren Einflussbereich zurück!**

Dann gibt es einen Bereich, in dem Sie nur mittelbaren Einfluss ausüben können. So können Sie z. B. als Wähler bei einer Wahl zwar politische Verhältnisse mitbestimmen, danach hört Ihr Einfluss in der Regel jedoch auf. Außer, und das ist die zweite Botschaft: **Sie engagieren sich machtvoll in Ihrem Umfeld und erweitern so Ihren Bereich des mittelbaren Einflusses.**

Unsere Empfehlung: Übernehmen Sie in beiden Bereichen die Rolle des Gestalters.

- Im Bereich des unmittelbaren Einflusses nehmen Sie die Führungsrolle (wieder) ein.
- Im Bereich des mittelbaren Einflusses zeigen Sie machtvolles Engagement.

Wir können zwar nicht die ganze Welt verändern, auch wenn wir es uns noch so sehr wünschen mögen. Wir können aber unser persönliches Umfeld verändern.

Konzentrieren wir uns also darauf, was wir verändern können – und tun es konsequent.

Sie werden sehen: Ihr Einflussbereich ist viel größer, als Sie vielleicht bislang dachten, und ja, Ihre Meinung hat Gewicht und wird gehört. Sie haben Macht, und Sie haben Einfluss, somit sind Sie mindestens auf Augenhöhe mit den „anderen". Hierzu im folgenden Kapiteln ein paar ganz eigene Gedanken und deutliche Worte von meinem Co-Autoren.

Lecken Sie sich selbst am Arsch

Um es noch mal klar zu sagen: Auf Schäuble, Merkel & Co. zu schimpfen bringt Ihnen für Ihren Alltag wenig bis gar nichts. Machen Sie sich bewusst: Sie allein müssen jeden Morgen aufstehen und dafür sorgen, dass der Rubel rollt – da können die da oben tun und lassen, was sie wollen. Richtig?

Selbstverständlich gibt es in Berlin getroffene politische Entscheidungen, die sich auf Sie und Ihr Unternehmen mehr oder minder direkt auswirken (können) – keine Frage. Aber meines Glückes Schmied bin immer noch ich. Diese simple bis wenig spektakuläre Erkenntnis hat mir das Leben sehr viel leichter gemacht und meine Gedankenwelt wesentlich klarer werden lassen.

Daher unser Tipp: Lecken Sie sich selbst am Arsch, und sehen Sie zu, wie Sie klarkommen.

Sie werden, so schlimm das auch klingen mag, die Welt nur sehr begrenzt ändern können – in der Regel nur in Ihrem direkten Umfeld. Tun Sie da Gutes, wo es unmittelbar etwas bewirkt – und somit auch Ihnen guttut! Machen Sie z. B. etwas Ehrenamtliches, treten Sie in eine Partei ein, oder gründen Sie einen Verein. Seien Sie nett, verwandeln Sie ihr Unternehmen in eine arschlochfreie Zone. Schmeißen Sie Quertreiber raus, befreien Sie sich von unnötigem Ballast, räumen Sie Ihr Lager auf/aus, spenden Sie Waren oder Dienstleistung an eine gemeinnützige Organisation. (Gerne gegen eine Spendenquittung.)

Pflegen Sie (mal wieder) gute und nette Kontakte zu den Personen, die Ihnen wirklich nützlich sein können: Regionalpolitiker, Sachbearbeiter in der Verwaltung, Kunden, Freunden – und der Familie!

„Mach kaputt, was dich kaputt macht", hieß es in dem 1969 von Rio Reiser und Norbert Krause geschriebenen Lied, das 1970 von der deutschen Politrock-Band Ton Steine Scherben veröffentlicht wurde. Im Ansatz nicht schlecht, aber nur bedingt zielführend.

Auch das ist Burnout-Prävention: Konzentrieren Sie sich auf das, was Ihnen guttut, und wenden Sie sich lieber von dem ab, was Sie kaputtmacht. Seien Sie lieber für etwas, anstelle dass Sie gegen etwas sind (kämpfen). Geben Sie dem Guten Energie. Ziehen Sie das in Ihr Leben, was ihm Sinn und Freude bereitet. Besinnen Sie sich auf das, was Ihr Leben und Ihr Umfeld bereichert.

Trennen Sie sich von Kunden(!), Mitarbeitern, Auftraggebern, Kollegen, Geschäftspartnern und Beratern, die Ihnen nicht guttun oder in deren Umfeld Sie sich nicht wohlfühlen.

Buchen Sie uneintreibbare Rechnungen aus. Werfen Sie schlechtem Geld kein gutes hinterher ... Sie werden merken, wie viel leichter das Leben doch werden kann, wenn man sich entBALLASTet!

Zurück zu dir, Thorsten.

 ## Was treibt mich an?

Ein deutsches Sprichwort sagt: „Wer rastet, der rostet." Ein zum Volksgut gewordener Antreiber. Furchtbar.

Auch nicht viel hilfreicher ist der eher aus dem ökonomischen Bereich stammende Satz „Stillstand ist Rückschritt". Zwei Sätze, die symptomatisch sind für unsere Zeit. Bloß nicht anhalten, bloß nicht genießen. Immer weiter, immer weiter, immer mehr.

Gleichzeitig herrscht der allerorts anzutreffende Optimierungswahn. Alles muss schlanker, leaner, smarter werden. Gleichgültig, ob wir Hamster darunter leiden, uns ständig auf dem Altar der Effizienz geopfert zu sehen. Kollateralschäden sind in den Augen der Optimierungspropheten systembedingt und damit in Kauf zu nehmen.

Ist es das alles wert? Dann auch noch der Druck, erfolgreich sein zu müssen.

„The winner takes it all, the loser's standing small", analysierte schon ABBA sehr einprägsam unser vorherrschendes System. Fragen Sie sich: Welche Art von Erfolg ist Ihr persönlicher Erfolg? Ist für Sie Erfolg ausschließlich das von Zahlen repräsentierte Betriebsergebnis? Oder ist Erfolg auch als Lebensqualität, Spaß, persönliches Wachstum erlebbar? Wie hoch ist der seelische und körperliche Preis, den die wir für die Zahlen bezahlen?

Wenn man mit Erfolg das reine Zahlenergebnis meint, bewegt man sich in einer nur sehr kurz greifenden, wenn auch vorherrschenden Logik. Es gibt aber auch andere Dimensionen von Erfolg. Da könnte man zumindest mal (also jetzt) kurz darüber nachdenken.

Eine mögliche Haltung, die ich Ihnen empfehlen kann, ist die, grundsätzlich auf Gewinn-Gewinn-Lösungen zu setzen.

Gewinn-Gewinn setzt voraus, dass statt eines Kompromisses ein Konsens gefunden wird. Dazu ist es neben einer gewissen Kreativität notwendig, eine freie Entscheidung zu treffen (dazu haben wir ja bereits berichtet). Klar möchte ich gewinnen. Es ist aber nur dann ein Gewinn, wenn der andere auch gewinnt

Wenn Gewinn-Gewinn-Lösungen erzielt werden, so ist das zum einen sehr effektiv (weil das Richtige getan wird) und zum anderen auch effizient (weil es richtig getan wird).

In der Gewinn-Gewinn-Haltung ist übrigens auch berücksichtigt, dass es vorkommen kann, dass kein Gewinn-Gewinn erzielt wird. Vielleicht weil der andere sich nicht bewegen will, oder weil die erzielbare Lösung für Sie keinen Gewinn darstellt. Dann macht es Sinn, von einer Vereinbarung abzusehen und sich so die Möglichkeit offen zu halten, vielleicht zu einer günstigeren Gelegenheit (also, wenn Kairos* sich mal wieder zeigt) erneut ins Gespräch zu kommen.

Tipp: Versuchen Sie doch beim nächsten Mal für sich einen Erfolg zu erzielen, indem Sie die Haltung „Entweder wir gewinnen beide, oder wir treffen keine Vereinbarung" einnehmen. Aus Erfahrung kann ich sagen: Die Sache kann nur gut für Sie ausgehen.

Diesen freundlichen Zeitgenossen lernen Sie im nächsten Kapitel kennen.

Themenwechsel. Antreiber

Mit dem Gedanken der Antreiber haben sich bereits namhafte Forscher beschäftigt, z.B. auch Eric Berne, der die Transaktionsanalyse begründet hat. Die in dieser Form hauptsächlich beschriebenen Antreiber kommen Ihnen vielleicht vertraut vor.

Und vielleicht ist es einer dieser Sätze, der dazu führt, dass Sie innerlich getrieben sind:

- „Sei perfekt!"
- „Streng' dich an!"
- „Beeil dich!"
- „Sei stark!"
- „Mach's den anderen recht!"

Gerade bei Menschen, die anfällig für Burnout sind, wirkt häufig einer oder mehrere der genannten Antreiber.

Antreiber wiederum sind Konditionierungen, die wir im frühen Lebensalter erworben haben, als wir anfingen, uns im Leben zurechtzufinden. Wichtig zu wissen: Diese Antreiber wirken so lange in uns weiter, bis wir bewusst den Raum zwischen Reiz und Reaktion nutzen, um diesem Verhaltensmuster zu entkommen. Sie erinnern sich an das vorletzte Kapitel?

Falls Sie noch Bedarf an weiteren Antreibern haben, haben wir hier für Sie eine kleine Liste zusammengestellt, die beliebig erweitert werden kann:

- „Sei artig!"
- „Sei gefällig!"
- „Funktioniere!"
- „Beherrsch' dich!"

- „Widersprich' nicht!"
- „Nimm' dich zurück!"
- „Haste was, biste was!"
- „Spiel' dich nicht so auf!"
- „Leiste du erst mal etwas!"
- „Nimm dich nicht so wichtig!"
- „Nur wer leistet, darf fordern!"
- „100 Prozent sind nicht genug!"
- „Der Esel kommt immer zuletzt!"
- „Es soll dir mal besser gehen als uns!"
- „Wir müssen hart für unser Geld arbeiten!"

Wenn Ihnen beim Lesen der eine oder andere Befehlssatz bekannt vorkommt und ein starkes Gefühl in Ihnen auslöst, dürfen Sie davon ausgehen, dass Sie soeben einen in Ihnen wirksamen Antreiber kennengelernt haben.

Für den Fall, dass Ihnen noch eigene Antreiber eingefallen sind, finden Sie hier etwas Raum, um sie aufs Papier zu bannen:

Im Kapitel „Der schlauere Hamster" kommen wir darauf noch mal zurück. Aber nicht zu lange Pause machen – wir „müssen" ja weiter ... zum nächsten Kapitel!

Auch ein Antreiber: „Ich muss!"

Unsere Sprache ist sehr verräterisch. Immer dann, wenn wir den Satzteil „Ich muss ..." verwenden, können wir davon ausgehen, dass gerade einer unserer Antreiber aktiv geworden ist.

Hören Sie doch einfach mal anderen Hamstern beim Sprechen zu, und beobachten Sie, wie oft sie die Worte „Ich muss ..." aussprechen.

Sie werden höchstwahrscheinlich schnell feststellen, dass Personen, die sich als ausgeglichen, glücklich, zentriert empfinden, anders als Hamster, die sich gegängelt, machtlos und getrieben fühlen, kaum zu dem Wort „müssen" greifen, wenn sie eine Handlung beschreiben.

Aufstehen! PRAXISTEIL: Wenn Sie eine kurze Übung machen möchten, um zu erkennen, was das Wort „müssen" mit Ihnen macht, können Sie sich vor einen Spiegel stellen und sich in Gesicht blicken. Jetzt sagen Sie: „Ich muss." Beobachten Sie sich dabei, und wie sich Ihre Mimik zeigt. Zum Vergleich beobachten Sie sich dann, wenn Sie „Ich will" sagen. Bemerken Sie den Unterschied? Versuchen Sie mal, bei dem Satz „Ich muss" zu lächeln. Schwierig, oder? Ich wette: Ein offenes, ehrliches Lächeln wird Ihnen nur beim Satz „Ich will" gelingen.

Fazit: Das „Ich will" ist für uns offenbar viel angenehmer und befreiender. Etwas zu müssen bedeutet, dass Sie einer Gängelung, einem äußeren Druck ausgesetzt sind und diesem auch nachgeben. Wer „etwas muss", folgt also dem Willen anderer – nicht dem eigenen.

Ein freier Mensch verwendet zum Zeichen seiner freiwilligen Entscheidung und als Kennzeichnung seines Willens die Worte „Ich will ..." und spricht damit aus, dass er aus freien Stücken handelt. Und genau da wollen wir mit Ihnen gemeinsam hin.

> „ Müssen war gestern – sich erlauben ist jetzt! "

Zusammenfassung: Antreiber erkennen Sie also sehr häufig an der Wortfolge „Ich muss ...".

Wenn Sie sie bei sich wahrnehmen und Sie sich innerlich oder laut sagen hören, sollten Sie hellhörig werden. Ihre Antreiber versuchen dann gerade, Sie zu einer Handlung zu bewegen. Sie sollten sich fragen, ob Sie das auch wirklich wollen. Der Vorteil: Bereits in diesem Moment unterbrechen Sie sehr wirksam die Reiz-Reaktions-Kette und sind auf dem Weg zu Ihrer persönlichen Freiheit.

 # Wie nutze ich meine Zeit?

„Ach ja, wenn ich nur Zeit hätte ..." Sie haben Zeit. Ein ganzes Leben lang! Es gibt nichts, das so gleich auf der Welt verteilt ist wie Zeit. Ob arm oder reich, gesund oder krank, der Tag hat für jeden Hamster nur 24 Stunden – und dann kommt natürlich noch die Nacht dazu. Spaß beiseite!

Gut, dass man Zeit nicht kaufen kann. Schade nur, dass man Zeit nicht speichern kann. Offenbar kann man Zeit aber stehlen, denn woher käme sonst der Begriff „Zeiträuber"?

Sie ahnen es bereits: Bei allem kommt es immer darauf an, was wir mit unserer Zeit anfangen, welche Prioritäten wir setzen, was wir für wichtig und für unwichtig halten.

Gelöschte Hamster überlassen diesen wichtigen Aspekt, diese Entscheidung nicht (mehr) anderen, sondern achten mit Argusaugen darauf, was mit ihrer Zeit passiert bzw. was sie damit anfangen. Denn eins ist sicher: Zeit ist wertvoll, bei aller Gleichverteilung ist sie für den Einzelnen begrenzt.

Die antiken Griechen, die vielzitierten, haben es bereits vor mehreren tausend Jahren erkannt: Zeit hat unterschiedliche Qualitäten. Daher haben sie im Olymp gleich zwei Stühle für die Zeit bereitgestellt: für die Zeitgötter Chronos und Kairos. Chronos, den Gott der ablaufenden Zeit, kennen wir zur

Genüge. Wir tragen ihn als Chronographen (daher der Begriff für die Uhr) am Handgelenk und ansonsten an allen Stellen, auf die unser Auge fallen könnte: an der Wand, auf öffentlichen Plätzen, auf dem Bildschirm, auf dem Smartphone. Ständig werden wir daran erinnert, dass es Zeit ist.

Kairos hingegen, der in unseren Breiten so unbekannte griechische Gott der guten Gelegenheit, braucht keine Uhr. Seine Zeit ist gekommen, wenn die Sterne günstig stehen oder die Umstände es erlauben, eine gute Gelegenheit wahrzunehmen. In unserer hektischen Zeit, die von seinem Bruder bestimmt wird, bemerken wir jedoch oft nicht, dass Gelegenheit um Gelegenheit verstreicht, während wir auf der Hetze zum nächsten Termin, Event, Erlebnis oder Meeting sind. Wir beklagen häufig, dass uns für die schönen Dinge einfach keine Zeit bleibt. Falsch, denn Kairos war da, nur haben wir ihn erfolgreich ignoriert ... Tick, tick, tick, tick ...

Aufgemerkt: Die Gegenwart, das Hier und Jetzt, dauert nur ungefähr 3-4 Sekunden. Nur für diese winzige Zeitspanne kann man sich also entscheiden, ob man diesen Augenblick Chronos oder Kairos widmen möchte. Wie entscheiden Sie sich?

Den Griechen der Antike war übrigens vollkommen klar, dass nur ein ausgewogenes Verhältnis von Chronos- und Kairos-Zeit zum gewünschten Ziel führt. Denn wenn man sich nur Chronos widmet, verpasst man die schönen Dinge im Leben – und währen sie auch nur einen Augenblick. Wendet man sich andererseits nur Kairos zu, kommt man zu nichts. Es ist also die Balance, die Erfolg verspricht. Heute haben wir modernere

Begriffe als die bildhaften Gottheiten aus der Antike. Wir können daher Chronos mit dem Begriff der Effizienz und Kairos mit dem Begriff der Effektivität verbinden.

Eine schöne Definition dieser beiden Begriffe lautet: Effektivität ist, die richtigen Dingen zu tun. Effizienz ist, die Dinge richtig zu tun. Es macht also keinen Sinn, sich nur einem der beiden Begriffe zuzuwenden. Beide sind gleichermaßen wichtig. Die Reihenfolge ist entscheidend. Sie sollte lauten: Erst die Effektivität, dann die Effizienz. In vielen Fällen meiner Beratung stelle ich fest, dass das Bewusstsein dafür sehr entwicklungsfähig ist. Meist wird sich im betrieblichen Alltag viel zu wenig darum gekümmert, was denn die richtigen Dinge sind, denen man sich zuwenden sollte.

Eher wird sehr viel Energie darauf verwendet, effizientes Handeln zu fördern.
Nur: Was hat man wirklich davon, wenn die falschen Ziele sehr effizient erreicht werden?

Als verantwortungsvoller Unternehmer oder Führungskraft sollten Sie Ihr Handeln so ausrichten, dass Sie AM und nicht IM Unternehmen arbeiten. Ihre Aufgabe als Führender* ist es, die richtigen Dinge zu bestimmen und deren Umsetzung zu begleiten. Das ist wichtig – aber nicht dringend. Denn es gibt immer etwas, das noch dringender sein könnte.

Klare Botschaft: Kümmern Sie sich um die wichtigen Dinge. Ihre wichtigen Dinge!

Doch wie? Lassen wir nach den Griechen nun einen Italiener zu Wort kommen.

---

*Dieser Begriff gefällt mir wirklich besser, als dieses unsägliche „Leader", welches sich in den 80ern etablierte.

Pareto: Ein schlauer Prinzipienreiter aus Italien

Wie man gesehen hat, sind wir nicht die Ersten, die auf den Gedanken gekommen sind, die wichtigen Dinge höher zu priorisieren als die dringenden – und dabei auch noch die Effektivität und die Effizienz im Blick zu behalten. Vilfredo Pareto, ein italienischer Ingenieur, Ökonom und Soziologe, hat sich hierzu im angehenden 20. Jahrhundert Gedanken gemacht und sein gleichnamiges Prinzip, das Pareto-Prinzip, begründet.

Seinen Erkenntnissen nach wird mit einem sehr geringen Aufwand von 20 % bereits ein Ergebnis von 80 % erreicht, weshalb man diesem Prinzip auch den Namen 80-20-Regel gab. Es folgt: Für die letzten 20 % des Ergebnisses benötigt man 80 % des Aufwandes. Grafisch lässt sich das Ergebnis in Abhängigkeit des Aufwandes etwa wie folgt darstellen:

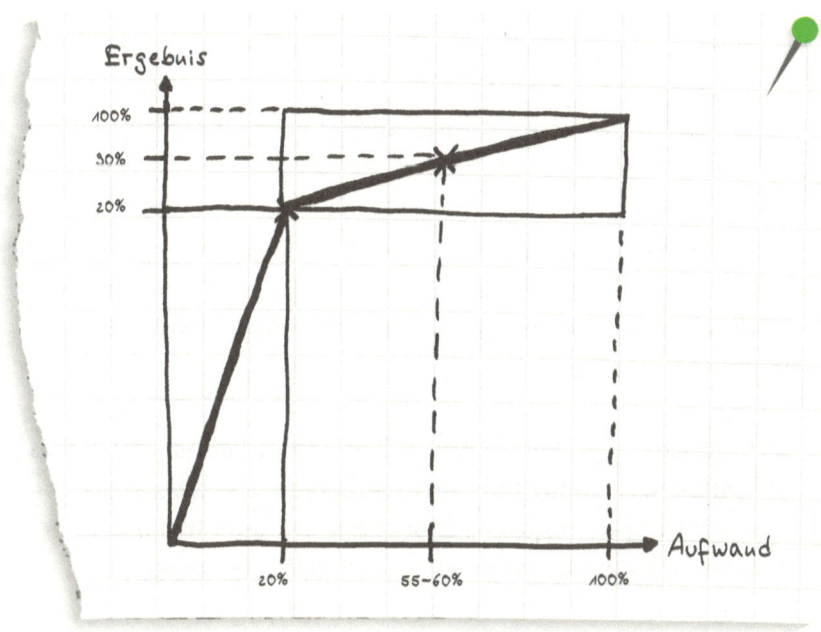

Deutlich wird dabei, dass im ersten Bereich bis 20 % des Aufwandes das Ergebnis eine enorme Steigung aufweist. Danach flacht diese Steigung deutlich ab. Verbesserungen des Ergebnisses lassen sich nur mit viel Aufwand erreichen.

Noch mal: Um ein Ergebnis von 80% zu erreichen, benötige ich nur 20 % des Aufwandes. Wenn ich aber ein perfektes Ergebnis von 100% erreichen möchte, dann benötige ich auch 100 % des Aufwandes. So weit, so gut. Und nun?

Daraus lässt sich für Ihr Selbstmanagement etwas Sensationelles ableiten:

1. Wenn Sie sich – statt perfekt sein zu wollen – mit einem Ergebnis von 80 % zufrieden gäben, schaffen Sie fünf vom Aufwand gleichartige Aufgaben in der Zeit, in der Sie sonst nur eine fertig hätten. Das ist eine Effizienzsteigerung 500 %!
2. Wenn Sie sagen, dass 80 % zu wenig sind, versuchen Sie es in Zukunft doch mal mit 90 %. Dann sparen Sie immer noch fast die Hälfte des Aufwandes und steigern Ihre Effizienz auf nahezu 200 %.

Bemerkenswert: Sie brauchen dafür keine Apparate, keine Investitionen. Nur eine Entscheidung. **Ein kleines Zwischenfazit oder eine Nochnichtganzschlussfolgerung: Perfektion ist ineffektiv und burnt out!**

Das einzige Problem dabei ist: Wann erkenne ich, wann es genug ist? Spätestens hier bemerken Sie, dass die reine Fokussierung auf Effizienz Murks ist. Ich kann nur erkennen, wann es genug ist, wenn ich vorher definiert habe, wann es genug ist. Diese Erkenntnis ist so banal wie wahr.

Wenn ich also vor Beginn meiner Arbeit den Schritt ausgelassen habe, ein „ausreichendes" Ergebnis zu definieren, dann werde ich so lange weiterarbeiten, bis ich 100 % oder mehr an Aufwand in die Aufgabe hineingesteckt habe. Ein Teufelskr... äh ... Hamsterrad!

Aber wie erkenne ich denn nun, dass es gut ist?
(Möglicherweise) ganz einfach:
Wenn es mühsam wird, ist es genug!

Warum? Wiederum ganz einfach: Niemand hat je in Gesetzeskraft gegossen, dass es mühsam sein muss, ein Ziel zu erreichen. Wenn also eine Sache mühsam wird, ist das ein deutliches Zeichen, an dieser Stelle aufzuhören/innezuhalten und nach einem leichteren Weg zum Ziel zu suchen.

Wie auch immer.
Was Sie als Kriterium verwenden, um es „gut sein" zu lassen, ist natürlich ganz allein Ihre Entscheidung. Wir können Ihnen hier natürlich beim besten Willen nicht sagen, was in Ihrem Sinne richtig ist. Aber gleichgültig, welches Kriterium es ist: Es wird Ihnen helfen, effizienter und effektiver zu sein. Perfect sucks – 80 % rules*!

Ein anderer Blick auf die Zeit

Und noch mehr Altertum. Nichts Neues in dem Buch? Ja, die alten griechischen und

> 99 *Es ist nicht wenig Zeit, die wir haben, sondern es ist viel Zeit, die wir nicht nutzen.* 66 Seneca

römischen Philosophen hatten schon was drauf. Auch Seneca war nicht im Besitz einer Uhr, wie wir sie heute kennen, aber

*Anmerkung des anderen Autors: Dieses Prinzip kennt man auch als GSP-Prinzip. GSP = Gut statt perfekt!

er wusste um die Zeit sehr gut Bescheid. Wie schon die Griechen wusste auch er als Römer, dass man seine Zeit für wichtige Dinge nutzen sollte. Heute versuchen wir ja meistens alles, was zu erledigen ist, irgendwie in den Tag zu quetschen, und fühlen uns dabei schnell wie der vielzitierte Hamster im Rad.

Schnell mal Google fragen, was man da tun kann. Tipp tipp tipp ... Ein Zeitmanagementsystem könnte doch helfen, die Dinge besser koordiniert zu bekommen.

Effektivität bestimmt das Handeln! Einer verlässt sich blind auf den anderen ... Major Tom. Sorry für den musikalischen Ausritt. Zurück zum ...

... Zeitmanagement. Ein großes Wort. Es erweckt den Eindruck, als wäre der Mensch in der Lage, Zeit zu managen.

Ich kann Ihnen aus Erfahrung sagen: Das funktioniert nicht. Jeder Versuch, den ich bei mir oder meinen Klienten beobachtet habe, sei es nun mit einem Zeitplaner, To-Do-Listen oder aufwändigere Verfahren führen im Wesentlichen dazu, dass man lediglich besser darüber informiert wird/ist, was alles nicht wie geplant funktioniert hat ... Daumen runter für die Seelenhygiene.

Es sind im Wesentlichen Verwaltungstools, die wir verwenden. Was wir eigentlich mit der Idee eines Zeitmanagements verfolgen wollten, nämlich, dass es uns besser geht und wir wieder Zeit für das Wesentliche haben, das leistet leider kein Produkt, das wir einfach aus dem Regal nehmen oder auf unserem Computer installieren können. Kann es auch nicht, denn mit Zeitmanagement könnten wir höchstens den Effizienzgedanken bedienen, nicht jedoch die Effektivität verbessern. Ein Tool, das uns wirklich einen Schritt weiterbringen würde, wäre in erster Linie ein Führungsinstrument denn ein Managementinstrument.

 Weg vom Zeitmanagement, hin zur Selbstführung. Tun Sie mehr von den richtigen Dingen!

Wie kann das gehen? Zunächst einmal ist das Tool, das wir suchen, kein echtes Tool, sondern eine Haltung. Hierbei geht es darum, zwischen dringenden und wichtigen Tätigkeiten zu unterscheiden.

Das Wichtigste zuerst: Nur Sie selbst bestimmen, was wichtig für Sie ist und was Sie als dringend einstufen. Damit haben Sie Freiheit und Verantwortung zugleich!

Das Hamsterrad: Sie könnten sich weiterhin vornehmlich um die dringenden, aber nicht wichtigen Dinge kümmern, da Sie mit dem Fokus auf Effizienz unterwegs sind. Dadurch arbeiten Sie ausschließlich IM Unternehmen, denn Sie haben keine Zeit mehr für Planung, Strategie und die Unternehmensvision.

Der bessere Weg: Wenn Sie jedoch die Blickrichtung verändern und den Fokus von dringend nach wichtig verschieben, kümmern Sie sich vornehmlich um die Effektivität, das heißt um die richtigen Dinge. Sie arbeiten dann mehr AM Unternehmen und haben Zeit genug, um sich um die Fortentwicklung, Planung, Strategie und sogar um Ihre Erholung und Rekonvaleszenz zu kümmern.

> **Im Sinne einer gelungenen Selbstführung ist es also wichtig, die Zeit – Ihre Zeit – von den dringend gemachten Tätigkeiten wegzulenken und auf die wichtigen Dinge zu übertragen.**

Ein netter Nebeneffekt: Zeit für die Erledigung der notwendigen Dinge findet sich später außerdem. Wenn Sie sich nämlich mehr um Planung und Vorbereitung kümmern können, kommen immer weniger Tätigkeiten in den Bereich, dass sie dringend werden. Und: Sie finden zuverlässig den richtigen Punkt, an dem Sie es gut sein lassen können. Sie können also endlich wieder durchatmen und kommen vom Reagieren ins Agieren. **Sie übernehmen (wieder) die Führung und Selbstführung.**

Wie sieht das in der Praxis aus? Der Weg dorthin führt über zwei Hauptstraßen: den Delegationsboulevard und die Neinsagen-Allee.

Wenn Sie also konsequent die Dinge delegieren, die für **Sie** nicht wichtig sind, und „Nein" sagen zu den Tätigkeiten, die Sie nicht wollen, dann bekommen Sie (mehr) Zeit für das Wesentliche.

Falls Sie es nicht wussten, oder es vergessen haben sollten: Delegieren bedeutet, dass Sie sich erst dann wieder um ein Thema, eine Aufgabe kümmern, wenn das vereinbarte Ergebnis vorliegt. Vorsicht Falle: Wenn Sie zwischendurch immer wieder kontrollieren, dann gewinnen Sie damit nichts. Delegieren geht also immer mit Vertrauen einher. Vertrauen in die Fähigkeiten und die Zuverlässigkeit desjenigen, dem Sie eine Aufgabe übertragen haben.

P.S.: Kommen Sie uns jetzt nicht mit Vertrauen ist gut, Kontrolle ist besser. Ist es in diesem Fall nicht.

Work-Work-Balance! Ein wirkungsvolles Tauschzeitkonzept

Wie Sie mittlerweile wohl auch schon mitbekommen haben, sind pauschale Rezepte gegen Stress also wirkungslos, denn wie es um die persönliche Resilienz*, psychische Widerstandsfähigkeit, bestellt ist, muss jeder individuell für sich feststellen. Dennoch gibt es diverse allgemeingültige Empfehlungen, „die nicht schaden können".

So empfinden es manche Unternehmer durchaus entspannter, wenn sie im Urlaub zweimal am Tag E-Mails beantworten, als danach vor einem riesigen Haufen zu sitzen und nach einer Woche zurück im Job das Gefühl zu haben, nie im Urlaub gewesen zu sein.

Kennen Sie? Kennen Sie!

Treffen Sie bewusste Entscheidungen! Finden Sie heraus, was besser für Sie funktioniert. Sonntagsarbeit? In Jogginghose, entspannt, für ein paar Stunden ins Büro. Ohne Telefon, E-Mail, Mitarbeiter, Meeting oder Kunden. Für viele Hamster geradezu ein Genuss und nach einer internen Umfrage oftmals die freudvollsten Stunden der ganzen Arbeitswoche.

Auch ein interessantes Konzept: Die Work-Work-Balance!

Je nach familiärer Situation ein gangbarer Weg: Machen Sie am Sonntag 4-5 Stunden „Büro", arbeiten Sie vor, delegieren Sie, und bereiten Sie To-Do-Listen für Ihre Mitarbeiter am Montagmorgen vor. Dann verlieren Sie zum Start der Woche

Damit hätten wir diesen Fachbegriff auch abgearbeitet. Check!

keine unnötige Zeit mit Planen! Das entstresst Sie, und jeder kann sich drauf einstellen, was für die kommende Woche anliegt.

Ein weiterer Tipp aus der Praxis: Planen Sie großzügig! Wie Hamster wissen: Es kommt immer etwas dazwischen. Daher lassen Sie Luft in Ihrem und den Terminkalendern der Mitarbeiter. Die bewährte Faustformel: Nie mehr als maximal 50-55 % der verfügbaren Zeit mit Terminen oder konkreten Aufgaben verplanen! Sie werden merken, der Tag wird trotzdem von alleine „voll" – aber nicht „überfüllt".

Wichtig: Legen Sie sich niemals Termine direkt zu Arbeitsbeginn. Kommen Sie erst mal an. Bei mir z. B. bekommen Sie vor 10 Uhr keinen Termin. Ich brauche die erste Stunde des Tages für mich, zum „Wachwerden", um meinen Kaffee zu trinken, E-Mails zu checken und mich in den Tag einzugrooven.

Zurück zu Ihnen. Sie erinnern sich noch? Sonntag? 4-5 Stunden? Dafür, und das ist wichtig, planen Sie sich fest einen halben Vormittag pro Woche ein, an dem Sie erst um 13 Uhr in der Firma erscheinen*. Dienstag oder Mittwoch haben sich bewährt.

Wichtig: Diesen „Termin (mit sich selbst)" fix ins Outlook eingetragen. So wissen alle Mitarbeiter Bescheid, können sich darauf einstellen, und die Kunden bekommen ein „der Chef ist auf Termin". Sie haben/hätten ein schlechtes Gewissen?

Warum? Brauchen Sie nicht! Schauen Sie doch einfach mal wieder bewusst auf Ihr „Stundenkonto". Sie sind doch schon 4-5 Stunden im Vorsprung.

---

*Kommen Sie nicht auf die dämliche Idee, um 13 Uhr gehen zu wollen. Das klappt in 98,376 % der Fälle eh nicht. Bleiben Sie vormittags weg.

Das Wort (Work-Work-)Balance bedeutet somit grob gesagt Ausgleich(en). Also: Sie haben es sich verdient! Machen Sie frei!

Es läuft nicht ohne Sie? Quatsch! Wären Sie an dem geplanten Morgen in einer Gerichtsverhandlung, einem wichtigen Meeting oder auf einer Krankenstation – Sie wären auch nicht in der Firma – und es würde trotzdem alles weiterlaufen.

Doch was fange ich mit der freien Zeit überhaupt an? Frühstück mit Partner, Kind und Kegel? Kann man machen, muss aber nicht sein – je nachdem, was Ihnen Freude bereitet. Gehen Sie schwimmen, in die Sauna, den Garten, oder bleiben Sie einfach mal wieder, wie früher als Schüler oder Student, bis mittags im Bett liegen. Allein oder zu zweit. Why not? 12:23 Uhr langsam aufstehen, duschen, eine Banane einschieben und dann entspannt in die Firma.

That's life!

Wichtig: Machen Sie nicht schon wieder irgendwelche Besorgungen oder besuchen die Schwiegermutter, bei der Sie schon so lange nicht mehr waren. Genießen Sie die Zeit, die Sie nur für sich haben!

 **Wann ist genug genug?**

„Kaum verloren wir das Ziel aus den Augen,
verdoppelten wir unsere Anstrengungen."
Mark Twain

Von der Praxis zur Philosophie. Es lohnt sich, über das Folgende etwas länger nachzudenken!

Zwei Hilfsverben sind es, die unsere Haltung zum Genug beeinflussen: Es sind „haben" und „sein".

Wenn es unsere Maxime ist, immer mehr haben zu wollen, dann werden wir nie zufrieden sein. Wenn es aber unser Ziel ist, zufrieden zu sein, dann brauchen wir viele materielle Güter nicht.

Haben oder Sein – das ist auch der Titel eines bekannten Werkes von Erich Fromm. Er führt darin aus, wie sehr unsere heutige Gesellschaft darunter leidet, dass sie nur noch vom Haben und Habenwollen bestimmt ist. Der Mensch wurde zum Diener des Wirtschaftssystems degradiert und will immer mehr haben/besitzen, weil es das System so vorsieht.

Dabei entfremdet sich der Einzelne aber komplett von sich selbst, vom Sein. Krankheiten wie Burnout und starke gesellschaftliche Unterschiede sind dabei systemimmanent.

Anders jedoch, wenn der gelöschte Hamster sich nicht über seinen Besitz definiert, sondern darüber, was bzw. wer er ist. Dann erlebt er, statt zu horten. Ist ausgeglichen und bringt seinen Wesenskern zum Aufblühen. Dann trägt seine Persönlichkeit sein Dasein, wie wir es mit dem Bild des Daseinstempels skizziert haben.

Wenn wir also für uns definieren, wann es genug ist, dann schlagen wir dem System ein Schnippchen und haben gleichzeitig einen Punkt, an dem es gut ist.

Soweit der Gedankenanstoß. Zurück zu dir, Herr Berger: „Erzähl mal wieder etwas aus der Praxis!"

Downshifting vs. Downsizing vs. Sabbatical

Dieses Kapitel handelt grob gesagt von der Lust, bewusst einen Gang zurückzuschalten, sich zu reduzieren und das Leben (wieder) zu genießen. Philosophie und Praxis – quasi!

Als Downshifting bezeichnet das allwissende Onlineorakel Wikipedia die Verringerung der Arbeitszeit mit dem Ziel, ein selbstbestimmteres, erfüllteres Leben zu führen.

Möglicherweise ist auch das ein wirksames Fleckenmittel. Für angestellte Hamster durchaus machbar. In der Praxis bedeutet das: Die 40-Stundenwoche auf 30 reduzieren, leichte Einschränkungen im Lebensstil vornehmen (durch Negativwachstum auf dem Bankkonto) und fertig. Ein befreundeter Autor hat es so gemacht. Er hat seinen Job bei der Bank halbiert und kann sich nun viel entspannter und intensiver seiner Passion, seinem Lebenstraum, dem Schreiben widmen. Erfolgreich und glücklich!

Ein anderer Hamster-Kollege ist gleich ganz ausgestiegen. Er hat die Hardcore-Version von Downshifting praktiziert. Vollbremsung und raus. Job bei der Bank (schon wieder eine Bank, was will uns das sagen?) gekündigt. Schnauze voll. Es folgte eine Pause. Nun hat er sich selbständig gemacht ... Hamster, ick hör dir trapsen! Wir werden sehen.

Kann auch funktionieren: einfach mal ein halbes Jahr oder drei Monate Pause machen

Stichwort Sabbatical: Ich bin dann mal weg. Einfach mal für ein Jahr oder ein halbes raus! 6 Monate USA, Australien oder Jakobsweg im Schleichgang. Ein Sabbatical oder Sabbatjahr bezeichnet ein Arbeitszeitmodell, eine Auszeit durch einen längeren Sonderurlaub. Ich kann Sie sehen! Ich kann sehen, wie Sie jetzt gerade Ihren Kopf schütteln und denken: Schön wär's!

Ich sage: „Geht nicht – gibt's nicht! Geht wohl!" Muss gehen bzw. kann gehen, je nach Unternehmensgröße natürlich. Niemand ist unersetzbar, auch und vor allem der Chef nicht. Es ist alle eine Frage der Planung, der Entscheidung und des Tuns! Gedankenanstoß: Sind Betriebsferien heutzutage ein Relikt aus alten Zeiten? Jein! 3 Wochen Pause für alle – kann, je nach Art des Gewerbes bzw. ihres Gewerkes, auch in Zeiten einer scheinbar permanenten Verfügbarkeitsverpflichtung immer noch sehr gut funktionieren.

Warum? Kunden, Lieferanten, Mitarbeiter und das restliche Universum können sich sehr gut mit sowas arrangieren, WENN man sie frühzeitig und konsequent informiert und darauf vorbereitet. Planen Sie! Wann konkret ist in Ihrem Betrieb Sauregurkenzeit? In fast jedem Unternehmen gibt es solche Zeit. Zwischen Weihnachten und Neujahr? Die ersten zwei Jahreswochen? In den Sommerferien? Nutzen Sie die Zeiten, in denen eh nicht viel los ist. machen Sie „Schlechtwetter". Fragen Sie Ihren Steuerberater. Der kann ihnen sagen, wann sich eine Pause auch betriebswirtschaftlich lohnen kann – z. B. weil die Heizung ausbleibt, Maschinen nicht unnötig in Betrieb gehalten werden müssen oder, oder, oder ... Es gibt sehr viele gute Gründe. Einer davon ist Ihre Gesundheit! Und seien Sie sich sicher: Es werden nicht gleich alle Kunden in Scharen davonlaufen. Versprochen!

Wir wissen: Eine ordentliche Pause zum Erholen und Nachdenken kann Wunder wirken. Also raus aus dem Rad, Hamster!

Möglicherweise auch ein guter Denkansatz: Runtergrößen, neudeutsch auch Downsizing genannt

Technisch gesehen bedeutet Downsizing (engl. für Verkleinerung, Verringerung, Abbau, Gesundschrumpfung) eine Verkleinerung von Größen (z. B. Gewicht, Hubraum) bei gleicher oder ähnlicher Leistungsfähigkeit – hierdurch sinkt der Energieverbrauch. Halten Sie mal einen kurzen Moment inne und wenden Sie dieses Konzept in Bezug auf sich an. Interessant, oder?

Schrumpfen Sie sich gesund – und munter! Was meint der Autor damit? In klaren Worten: Tanzen Sie nicht mehr auf allen Hochzeiten. Konzentrieren Sie sich auf Ihre Kernkompetenzen. Ihr Energieverbrauch wird sich positiv reduzieren!

Thorsten – übernehmen Sie: Ein Beispiel aus der Praxis-Praxis.

Bei der Beratung eines meiner Klienten kamen wir an einen Punkt, an dem er sagte, dass es ihm früher, zu Beginn seines Unternehmens, richtig Spaß gemacht hat, viel zu arbeiten. Die Dinge flutschten, und die Kunden waren zufrieden. Seine Arbeit erfüllte ihn. So weit – so gut der Anfang. Doch mit den Jahren begann sein Unternehmen zu wachsen, schon bald hatte er an die 25 Mitarbeiter, und sein Tagesgeschäft bestand nur noch aus dringenden und dringend gemachten Tätigkeiten. Für die schönen und erfüllenden Dinge hatte er keine Zeit mehr. Er war zum Sklaven seiner eigenen Firma geworden, und der Wust an Regularien, die er zu erfüllen hatte, frustrierte ihn zusätzlich. Wir wissen heute: Er kokelte damals bereits.

Während eines Gespräches mit seinem Bankberater riet ihm dieser, mit seinem Unternehmen einen größeren Entwicklungssprung zu machen, um die nächste Stufe zu nehmen. Würde er in der bestehenden Größenordnung verharren, würde er die Firma erfahrungsgemäß über kurz oder lang schließen müssen, da sie nicht mehr „performen" könne. Wachstum!?

Der Bankberater hat sicherlich in guter Absicht diese Empfehlung gegeben. Das Unternehmen jedoch auf 100 oder mehr Mitarbeiter aufzustocken, nur um dem System Genüge zu tun, gefiel meinem Klienten gar nicht. Er wollte, dass sein Beruf Berufung ist und das, was er täglich macht, Sinn ergibt. Das Management eines Unternehmens mit 100 Mitarbeitern gehörte nicht dazu. Die Verantwortung für Mensch und Material und die Abhängigkeit zur Bank waren ihm zu hoch.

Er entschied sich anders: Er reduzierte die Mitarbeiterzahl auf drei und verkleinerte ganz bewusst sein Unternehmen, sodass er wieder frei(er) atmen konnte.

Heute – nach all den Unwägbarkeiten, die in der Reduzierung seines Unternehmens auf diese Größe steckten – bezeichnet er diese Entscheidung als eine der besten seines Lebens.

Randnotiz: Bei seinem Vorhaben kam ihm natürlich zugute, dass er ein gesundes Unternehmen hatte, in dem und mit dem sich gestalten ließ. Das wiederum spricht dafür, sich gerade dann Gedanken um die Zukunft zu machen, wenn es „gut läuft" und nicht erst aus der Not heraus! Doch dazu lesen Sie später in dem Kapitel mit den gelben Umschlägen noch mehr.

Der schlauere Hamster

„Niemand entwickelt seine Persönlichkeit, weil ihm jemand gesagt hat, es wäre nützlich oder ratsam, es zu tun ..."
C.G. Jung

In diesem Abschnitt erfahren Sie mehr darüber, wie sich gewonnene Erkenntnisse erfolgreich in die Praxis umsetzen lassen. Unserer Erfahrung nach ist es von enormer Wichtigkeit für den Prozess, dass Sie die Umsetzung eines als richtig erkannten Gedankens zügig beginnen.

Vielleicht haben Sie diesbezüglich bereits von der sogenannten 72-Stunden-Regel gehört?

Diese Regel besagt, dass mit dem ersten Schritt einer als richtig und wichtig erkannten Sache innerhalb von 72 Stunden (also innerhalb von drei Tagen) nach Beschlussfassung begonnen werden sollte, denn dann ist die Wahrscheinlichkeit, dass die Umsetzung auch tatsächlich konsequent erfolgt, am größten.

Geschieht innerhalb von drei Tagen nichts in diese Richtung, verfliegt der positive Schwung häufig ungenutzt. Das bedeutet in der Praxis natürlich nicht, dass jedes Ziel bereits nach drei Tagen erreicht werden kann oder soll. Es geht vielmehr darum, die Weichen zu stellen, eine konkrete Umsetzungsidee zu formulieren und den ersten Schritt der Umsetzung zu tun.

 **Wenn Sie sich in der weiteren Bearbeitung dieses Buches also Ziele definieren und spüren, dass diese wichtig für**

Ihre weitere Entwicklung sind, dann sollten Sie auch eine erste Maßnahme terminieren, die innerhalb der kommenden 72 Stunden liegt.

Dies könnte ein Anruf sein, denn Sie tätigen wollen, eine Recherche, die Sie starten möchten, oder auch einfach nur die erneute zielgerichtete Beschäftigung mit dem Gedanken Ihrer geplanten Veränderung.

Die folgenden drei Stufen zur Steigerung der Hamsterintelligenz wollen wir hier beschreiben:
1. Stressfaktoren eleminieren
2. Frusttoleranz entwickeln
3. Hamsterplan für die Zukunft entwerfen

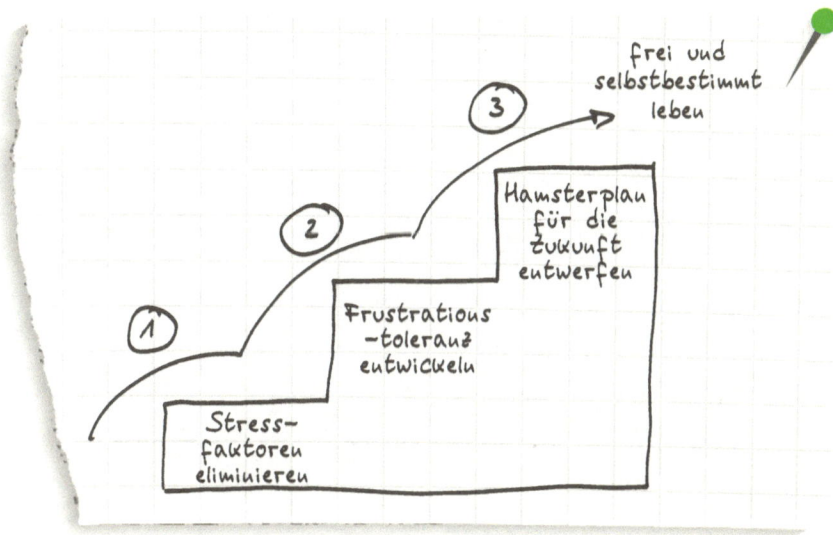

Die ersten beiden Stufen dienen dazu, Sie nachhaltig in Phase 5 unseres Burnout-Phasenmodells als gelöschter Hamster zu halten.

Wenn es Ihnen also nachhaltig gelingt, den Stress zu bewältigen und dem Frust zu begegnen, dann dürfte der Burnout für
Sie akut kein Thema mehr sein.

Wichtig ist danach aber auch, zu überlegen, wie es denn in
Zukunft für Sie weitergehen soll, welche wichtigen Dinge Sie
z.B. in Ihrem unmittelbaren Einflussbereich für sich entwickeln
wollen.
Unser Tipp: Machen Sie sich einen Hamsterplan!*

Wir wollen Sie ermutigen, einen solchen Hamsterplan zu erstellen, der es Ihnen in Zukunft ermöglicht, selbstbestimmter zu
leben und dem Hamsterbrand auch für die Zukunft die Basis
zu entziehen.

---

*Anmerkungen des Lektorats: Zu „hamstern" meint übrigens: sich vorzubereiten und/
oder vorzusorgen. Wie passend! Gut. Kann drin bleiben!*

Schritt 1: Stressfaktoren eliminieren

Stressfaktoren können im Alltag reichlich und aus unterschiedlichsten Richtungen auf Sie einwirken. Wie schon im Vorwort beschrieben, werden wir, kunterbunt gemischt, in diesem Abschnitt einige Stressfaktoren beschreiben, die uns in unserer täglichen Arbeit bzw. der Praxis untergekommen sind und von denen wir meinen, dass wir eine Bewältigungsstrategie dafür parat haben. Natürlich werden diese Kapitel nicht vollständig sein, und sie erheben auch nicht den Anspruch daran. Unsere Absicht ist vielmehr, dass Sie durch die Lektüre dieser Beispiele eigene Stressquellen identifizieren können, Gedankenanstöße bekommen und dadurch vielleicht deren Eliminierung gelingen kann.

Wichtig ist uns auch, dass Sie sich nicht neuen Stress machen, indem Sie versuchen, alles auf einmal zu verändern. Fangen Sie mit den Punkten an, die für Sie passen und den meisten Erfolg versprechen. Nach der bereits erwähnten 80/20 Regel erzielen Sie ja oft schon mit nur 20 % Aufwand 80 % des gewünschten Ergebnisses ...

Und geben Sie sich die Erlaubnis, gelassen zu bleiben, denn Sie haben die Gewissheit: Wenn der Schüler bereit ist, kommt der Lehrer, und wenn Kairos mit einer guten Gelegenheit aufwartet, werden Sie diese ab jetzt erkennen und nutzen!
Also legen Sie los. Notizen nicht vergessen!

Verzeihen Sie sich selbst und haken Sie Dresden ab
Worum es in diesem Kapitel geht? Sie, die Vergangenheit, Dresden und die Kernbotschaft: Machen Sie nichts mehr, worauf oder woran Sie keinen Spaß haben – und genießen Sie es.

Das Konzept: Druckabbau durch Loslassen! Finden Sie sich, wirklich und zufrieden, mit bestimmten Gegebenheiten ihn ihrem Leben ab. So kommen Sie mit sich ins Reine! Die kleinen Sünden des Alltags. Currywurst, Pommes rot/weiß? Pizza? Das eine oder andere Bierchen oder öfter mal eine Zigarillo zwischendurch? Fleischfressen, vegetarisch oder vegan? Palmöl in Nutella, Shampoo und überall. Regenwald ade. Fünf bis zehn Kilo zu viel auf der Waage? Das schlechte Gewissen treibt uns um. Wir sind die Generation der Drauf-Achter-und-trotzdem-alles-Falschmacher. Damit ist nun Schluss!

 What to do? Bewerten Sie Ihr Leben und Ihren Lebensstil. Entscheiden Sie sich für sich, frei nach dem Grundsatz: Wenn Sie damit gut leben können und sich wohlfühlen, dann ist das auch gut so. Wenn nicht, ändern Sie es! Oft hilft es sich bei einer schwierigen Entscheidung zu fragen, wie Sie entscheiden würden, wenn Sie wüssten, dass Sie nur noch ein Jahr zu leben hätten. Hören Sie auf Ihren Bauch! Was würden Sie tun? Das Leben ist zu kurz, um gegen seine eigene Überzeugung zu handeln!

> " **Und wenn es Ihnen Freude macht, ein Salamibrot zu essen, dann essen (genießen) Sie es!*** "

Es gibt keinen Grund, keinen Spaß im Leben zu haben. Kein Schluss mit lustig! Das Leben ist bunt. 100 Dinge, die man getan haben sollte, bevor man stirbt? Einen Scheiß müssen Sie! Ein Bekannter von mir hat sich z. B. innerlich von Dresden** verabschiedet. Er muss da nicht mehr hin, sagte er. Seine freie Zeit verbringt er lieber mit seiner Frau an ihrem Lieblingsplatz an der Elbe. Langweilig, weniger kulturell, aber ... einfach, gewohnt und schön. Er genießt es. Das zählt!

---

*Anmerkung des einen Autors: Mein Lieblingszitat in einem Ratgeber-Buch (The Secret) vom großartigen US-Amerikanischen Autor Neale Donald Walsh.

**An sich ist an Dresden sicherlich nichts auszusetzen. Ersetzen Sie Dresden, wenn dieses Beispiel für Sie zutreffend ist, bitte durch einen Ort Ihrer Wahl. USA, Australien, Neuseeland & Co.

Gehen Sie nachsichtig mit sich um. Wer, wenn nicht Sie? Ändern Sie einfach mal Ihre Meinung, Ihre bisherigen Ziele, oder schneiden Sie alte Zöpfe ab, und verabschieden Sie sich von „falschen" oder unrealistischen Zielen, das entspannt und nimmt den Druck. Genießen Sie die lieber die dadurch gewonnene (geistige) neue Freiheit!

„Was schert mich mein Gerede von gestern?*", sagte der schon der alte Bosch, Theo Heuss, oder war es Adenauer? Egal. Vergessen Sie gestern. **Es gibt mindestens zwei Dinge auf dieser Welt, die Sie nicht beeinflussen können. Das eine ist, wie der SV Werder Bremen am kommenden Wochenende spielen wird, das andere: das Gestern!** Gestern ist vorbei. Unveränderbar in Raum und Zeit verschollen, in die ewigen Jagdgründe eingegangen – unwiederbringlich und ...

Etwas zum Thema (Selbst-)Vorwürfe: Machen Sie sich eines bewusst: Was auch immer in der Vergangenheit passiert ist, in der Regel werden Sie, Ihre Eltern, Ihr Opa, Ihre Oma oder sonst wer in einer bestimmten Situation immer ihr zu diesem Zeitpunkt Bestmöglichstes getan haben. In der Rückbetrachtung mag das zwar nicht unbedingt richtig gewesen sein, oder nicht genug, aber es war das, was ging. Mehr ist oder war zu diesem oder jenem Moment sehr wahrscheinlich nicht drin. Ende.

Zu meiner freien Entscheidung gehört auch, dass ich mich auf den Augenblick, die Gegenwart konzentriere. Die Gegenwart ist ungefähr 3-4 Sekunden lang, und ein anderer Begriff dafür ist das „Hier und Jetzt". Erst wenn es mir gelingt, meine augenblickliche Beschäftigung bewusst wahrzunehmen und bei deren Durchführung nicht schon an die nächsten warten-

---

*Auch schön: „Nichts hinderte mich daran dazugelernt zu haben, so dass ich heute klüger bin als gestern."

den To-Dos denke, kann ich mich in der Gegenwart befinden. Glücksmomente dauern übrigens ebenso lange wie der gegenwärtige Augenblick, also ca. 3-4 Sekunden. Wenn Sie nur auf das noch Kommende, das noch zu Erledigende schauen, verpassen Sie Ihr Glück, während Sie darüber hinweg hetzen! Im Augenblick sein, in der Gegenwart leben, heißt die Grundhaltung, die wir Ihnen empfehlen möchten. Geben Sie Kairos eine faire Chance, und machen Sie sich klar: Nur für die Zukunft kann man im Jetzt etwas in die Wege leiten. Konzentrieren Sie sich darauf, und seien Sie etwas nachsichtiger mit sich selbst und Ihrem Umfeld. Es macht einem das Leben einfacher, wenn man das begriffen und verinnerlicht hat.

Die Angst vor den kleinen gelben Umschläge – Insolvenz, Pleite, Geldsorgen & Co.

Zurück in die Wirtschaft. Sind wir in den bisherigen Kapiteln in der Regel davon ausgegangen, dass eine permanente Überlastung durch „zu viel", weil es gut läuft, den brennenden Hamster in den Burnout treibt bzw. treiben kann, widmen wir uns in diesem Kapitel der Kehrseite der Medaille: dem lieben Geld und seinem Fehlen.

Es gibt wohl wenig Schlimmeres für einen Hamster, zumindest was das Geschäftsleben betrifft, als Geldsorgen, die Angst vor einer Insolvenz oder der Pleite. Das Konto im Minus, der Dispo am Anschlag, die unbezahlten Rechnungen türmen sich auf dem Schreibtisch, gelbe Umschläge im Briefkasten, Lieferanten fordern lautstark ihr Geld, und das Monatsende steht vor der Tür. Wie bloß die Gehälter zahlen? Stress pur! Was sollen die Nachbarn, Freunde, Geschäftsleute im Dorf sagen? Wie sage ich es den Mitarbeitern? Entlassungen. Wer muss gehen, wer darf bleiben?

Habe ich versagt? Werde ich versagen? Es gibt wohl fast keinen Unternehmer, der so eine Situation, so ähnlich oder in den unterschiedlichen Ausprägungen, nicht kennt. Wer so etwas schon einmal durchmachen musste, weiß, wovon ich rede. Der Horror schlechthin, Stress in seiner ausgeprägtesten Form. Interessant: Mit so einer „Finanzkrise" verhält es sich ähnlich wie mit einem Burnout. Einen kurzfristigen Engpass, leichte Liquiditätsprobleme übersteht fast jedes Unternehmen, ohne größere Schäden davonzutragen, längere Phasen hingegen führen irgendwann mit an Sicherheit grenzender Wahrscheinlichkeit zum Kollaps und Ausbrennen des Unternehmens – und damit nicht selten auch der Mitarbeiter bzw. Inhaber.

Worst case: Das Unternehmen droht zu kollabieren, und der Chef sitzt scheinbar untätig, wie gelähmt da und tut nichts. Angst, Sorgen, Erschöpfung, Burnout können Sie zur Untätigkeit verdammen, wenn eigentlich Handeln zwingend angesagt wäre. Eine tödliche Mischung. Ist man erst in diesem Stadium, wird es schwer, den Karren aus dem Dreck zu ziehen. Wie das Kind aus dem Brunnen holen, wenn man sich zu schwach fühlt, um den Eimer nach oben zu kurbeln?

(Spätestens) in einer solchen Situation benötigen Sie externe Hilfe. Wenn Sie Ihr Unternehmen retten wollen, brauchen Sie jetzt mindestens 3-4 Personen: einen Therapeuten, Ihren Steuerberater, möglicherweise einen Anwalt und einen sehr guten und vertrauenswürdigen Geschäftsfreund oder kompetenten Mitarbeiter – und nicht zuletzt: Ihre Familie! Firefighting, Analyse und Vielfrontenkrieg ist nun angesagt, und das, obwohl Sie sowieso schon keine Kraft mehr zu haben scheinen. Prost Mahlzeit.

Grundsätzlich gilt: Zahlen lügen nicht. Aber Achtung: es sind eben nur Farbkleckse auf einem Stück Papier. Von einem Drucker auf das Weiß gespuckt. Angst vor Papier mit Farbe drauf? Es ist schon merkwürdig, wie einen ein Minus vor einer Zahl auf dem Kontoauszug oder ein gelber Umschlag mit einer Mahnung bzw. einem Gerichtsbescheid um den Schlaf bringen können, oder?

Aber zurück zum Firefighting: Eine sensible Offenheit ist nun angesagt. Sprechen Sie zuerst mit Ihrem Therapeuten (und der Familie). Er kann Sie sehr wahrscheinlich mit dem nötigen Rüstzeug ausstatten und so gut es eben geht helfen, zumindest wieder einigermaßen handlungsfähig zu werden. Familie. Sie muss wissen, was los ist, sonst verschlimmert das Ihre Situation noch mehr. Ihre Familie muss wissen, was mit der Firma UND Ihnen los ist. Tipp: Deswegen gerne ein Gespräch mit dem Therapeuten zusammen mit Ihrem/r Partner/in führen.

Steuerberater. Der weiß eh Bescheid. Sollte er zumindest. Er wird, wenn er ein Guter ist, Sie wahrscheinlich schon seit geraumer Zeit gewarnt haben. Wenn nicht, wechseln Sie ihn aus. Sie brauchen jetzt keinen Bucher, sondern einen Zahlenversteher und Problemlöser. Er kann mit dem Finanzamt verhandeln und weiß zumindest aus betriebswirtschaftlicher Sicht, wo es bei Ihnen im Unternehmen falsch läuft. Rechtsanwalt. Eventuell von Nutzen, um bei wichtigen Gesprächen eine gewisse Seriosität einzubringen – und um offene Rechnungen, nun aber mit Nachdruck, einzutreiben.

 **Tipp:** Schreiben Sie Rechnungen! Klingt komisch, ist aber so. Viele Unternehmen, vorrangig Handwerksbetriebe, drücken sich vor dem Rechnungschreiben (und dem Papierkram), ver-

gessen es einfach – oder kommen vor lauter Arbeit nicht dazu. Auftragsbücher voll, Firma pleite. Kommt nicht selten vor. Hat sich bei uns bewährt: Arbeiten Sie mit Anzahlungen und Abschlägen. Das ist heutzutage nicht mehr unüblich. 30 % bei Auftragserteilung, 30 % bei einem Projektstatus von 50 % und die restlichen 40 % bei Fertigstellung.

Des Weiteren brauchen Sie einen Geschäftsfreund, ein Familienmitglied, vielleicht sogar einen Schulden- oder Unternehmensberater, der Sie in diesem Prozess aktiv begleitet und ggf. sogar für Sie handelt. Die Person sollte sich in der Branche auskennen und Ihr Vertrauen genießen, statten Sie sie mit einer gewissen Handlungsfähigkeit aus.

Eventuell (sehr wahrscheinlich) brauchen Sie jetzt jemanden, der für Sie die unangenehmen Dinge tut. Kündigungen, Telefonate mit Gläubigern, Gerichtstermine.

Wichtig: Informieren Sie Ihren Banker (mit fundierten Unterlagen) über die ergriffenen Maßnahmen. Aber Vorsicht! Sensibles Thema. Hier zählen Handlungen und positive Zahlen (in der Regel) mehr als der ehrliche Umgang mit Ihrer Erkrankung bzw. Ihrem Zustand. Und – keine Angst vor gelben Umschlägen. Es ist nur Papier. Aber aufmachen müssen Sie sie. Sand in den Kopf stecken* ist keine gangbare Alternative.

Prävention. Um gar nicht erst in eine solche Situation zu kommen bzw. rechtzeitig die Reißleine ziehen zu können, handeln (entscheiden) Sie, bevor andere über Sie entscheiden. Wenn Sie schon lange „hamstern", strampeln, machen und tun und immer gerade nur so über die Runden kommen, prüfen Sie, hören Sie in sich rein, ob es nicht besser wäre, den Laden

*Na, entdeckt? Wo steckt der Fehler? Ich wollte nur sehen, ob Sie noch aufpassen.

zuzumachen, als noch länger herumzustrampeln und dabei schließlich auch körperlich und seelisch vor die Hunde zu gehen. Ein Ende mit Schrecken ist meist besser als ein Schrecken ohne Ende. Aus dem Alltag: Umsatz-, Auftragslisten und Offene Posten-Listen, so sie denn positive Zahlen enthalten, können helfen, die Nerven zu beruhigen. Das Konto ist zwar leer, aber Sie haben X € an offenen Rechnungen draußen, und es sind Aufträge im Wert von Y € im Hause?

Gut! Das kann beruhigen. Es werden schon nicht „alle" nicht zahlen! Vielleicht mal wieder ein paar Mahnungen schreiben? Besser noch sind persönliche Anrufe! Papier ist geduldig. Vielleicht noch etwas Grundlegendes zum Abschluss. Es hat sich so eingebürgert, dass einen Dispo oder einen Überziehungsrahmen zu haben bzw. zu nutzen, ständig im Soll zu arbeiten, schon fast normal seien. Ein kapitaler* Irrglaube. Grundsätzlich gilt: Wenn Ihr Konto im Minus ist, ist irgendwas mit Ihrem Unternehmen nicht in Ordnung. Dann ist es aber eigentlich schon zu spät. Lassen Sie es nicht so weit kommen. Handeln Sie, bevor es wehtut und Sie in die Schuldenfalle tappen.

Zum Schluss noch ein Gedanken zum Mit-ins-Bett-Nehmen: Betreiben Sie Wachstums-Prävention! Die guten, bis sehr guten Wirtschaftsjahre 2012-2016. Es wird nicht ewig so weitergehen. Bereiten Sie sich vor! Wachstum ist endlich.

Trinken hält Leib und Seele zusammen
Dehydration – ein Wort wie ein Urteil. Dabei bedeutet Dehydration keinesfalls, dass wir dem Verdursten nahe sind.

Dehydration beginnt bereits, wenn nicht genügend Wasser im Körper ist, um alle Funktionen einwandfrei zu gewährleisten.

*In diesem Zusammenhang ein tolles Wortspiel, oder?

Die Kenntnis dieses Umstandes ist wichtig, da sie Diagnose und Abhilfe zugleich ist. Unser Körper besteht nämlich nach Schätzungen der WHO zu mehr als 60% (bei Kindern etwas mehr, bei Frauen etwas weniger) aus Wasser.

Eine schlechte Nachricht: Wasser auf Vorrat zu trinken (zu hamstern) bringt nichts, da unser Körper zu viel aufgenommenes Wasser nicht speichern kann.

Hintergrund: Wenn unser vegetatives Nervensystem der Ansicht ist, dass zu wenig Wasser im Körper ist, um alle Funktionen gewährleisten zu können, dann wird in weniger wichtigen Systemen das Wasser rationiert oder die Wasserzufuhr reduziert. Das geschieht bereits, bevor wir ein Durstgefühl verspüren. Nun ist es offenbar leider so, dass das Gehirn für das vegetative Nervensystem nicht zu den unmittelbar überlebenswichtigen Funktionen zu zählen scheint, denn es gehört zu den ersten Systemen, deren Wasserversorgung reduziert wird. Das macht sich dann in Symptomen wie Konzentrationsschwäche, Fahrigkeit oder Wortfindungsstörungen bemerkbar. Spätestens jetzt sollten Sie aktiv Wasser zuführen*, um den Wasserhaushalt auszugleichen.

Es hilft übrigens nicht, Kaffee statt Wasser zu trinken. Kaffee entwässert zwar nicht den Körper (wie man bis vor

> ,, Die Konzentration lässt nach? Wasser trinken – eine einfache Regel, damit Leib und Seele zusammengehalten werden. „

einigen Jahren noch glaubte), aber die gleiche Menge Flüssigkeit, die wir durch den Kaffee zu uns nehmen, wird umgehend wieder ausgeschieden. Diese Gleichung gilt auch für die meisten Teesorten. Also ein Nullsummenspiel. Tipp (von den

*„trinken", Anmerkung des anderen Autoren

Italienern entliehen): Die bessere Variante lautet dabei nicht, dünneren Kaffee zu trinken (mag eh kein Mensch), sondern ein Glas Wasser zu jeder Tasse zu trinken.

Herr Berger hatte zu dem Thema auch noch was zu sagen, deshalb lassen wir ihn, auch auf die Gefahr hin, dass wir uns wiederholen könnten, auch noch mal zu Wort kommen. Bitte: Trinken Sie Wasser, so oft Sie daran denken. Was, Sie können diesen Satz schon nicht mehr hören? Dann wiederholen wir ihn gerne noch mal: Trinken Sie Wasser!

Wasser fördert die Konzentrationsfähigkeit, die Verdauung, die Kalorienverbrennung, versorgt die Zellen mit Nährstoffen, sorgt für das Ausscheiden von Giftstoffen – kurzum, es tut uns gut. Wenn wir zu wenig trinken, dann sendet uns unser Körper recht schnell deutliche Warnsignale wie zum Beispiel Kopfschmerzen, Müdigkeit, Schwindelgefühl oder Konzentrationsschwäche. Na, kommt Ihnen das bekannt vor? Trinken Sie Wasser!

Wir werden Ihnen hier zwar nicht noch ein weiteres Mal vorbeten wie wichtig es ist, viel zu trinken (ups, das haben wir ja gerade in dem vorstehenden Absatz getan), das weiß mittlerweile jedes Kind – tut es aber in der Regel nicht. Deswegen noch mal: Trinken Sie Wasser – aber auch nicht zu viel. Sonst wird es ja ungenutzt wieder ausgeschieden.

Aus der Praxis: Eine stille Flasche Wasser hat trotz der besten Vorsätze schon mal ein ganzes halbes Jahr bei einer sehr netten Kollegin ungeöffnet neben dem Schreibtisch auf seine Verwendung gewartet. Sie, also die Flasche, war im Alltagsstress einfach aus ihrer Wahrnehmung verschwunden.

Wichtig 1: Stellen Sie sich deswegen ein Glas in Ihr direktes Sichtfeld und füllen Sie es! Jedes Mal wenn es leer getrunken ist, füllen Sie es wieder auf.

Wichtig 2: Sie vergessen trotzdem zu trinken? Dann hilft das Prinzip „mit großen Schlucken zum Erfolg", auch genannt: „Ex oder Arschloch!" Kennen Sie diesen Trinkspruch?

Dasselbe gilt auch für Ihr Wasser. Zischen Sie es zwischendurch einfach mal eben auf ex weg. 3 x 0,3 Liter (ein gutes Glas voll) sind schon fast ein ganzer Liter. Eben Sie zu Arbeitsbeginn ein Glas, vor der Mittagspause und spätestens dann, wenn Sie das Büro verlassen.

Fragen Sie sich: Schaffen Sie das jetzt? Alles ist besser als wenig oder gar nicht trinken. Sie sind immer unterwegs? An jeder Tanke gibt es neben Brennstoff auch „Wasserstoff", und der Getränkehalter in Ihrem Auto würde sich auch nicht mehr so nutzlos vorkommen. Trinken Sie Wasser!

P.S.: Kein Wasser zur Hand? Vergessen einzukaufen? Hahn!

Krummfrucht mit Bedeutung: Alles Banane! Und Apfel!

Unsere täglich Banane gib uns heut, halt uns mit einem Apfel den Doktor vom Hals und erlöse uns von Schokoriegel und Fertiggericht. Das leidige Thema Ernährung. Scheiß auf Obst. Schokolade muss her! Trotzdem: ALLES BANANE!

Ich, und Sie wahrscheinlich auch, können von Tagen berichten, von regelrechten Kaufraubzügen in der Süßwarenabteilung im Einkaufsmarkt unseres Vertrauens. Doch auf Dauer ist Schokolade auch keine Lösung. Wir hatten das Industriezucker-Drogen-Thema schon, oder?

Zurück zu Banane und Apfel. Im alltäglichen Stress ist das mit der Ernährung so eine Sache. Deshalb haben sich die zwei vorgenannten Protagonisten bewährt. Eine normale Banane (100 und 130 Gramm) liefert etwa 88 bis 124 Kilokalorien. Sie liegt damit als kalorienmäßig immer noch deutlich unter Mars, Snickers, Kinderriegel & Co., ist dafür aber reich an Kalium und Magnesium, die für die Funktion von Muskeln und Nerven(!) sowie für die Energiegewinnung (denken Sie mal an Boris Becker und Steffi Graf zurück, die haben in ihren Matchpausen auch immer von den gelben Beeren genascht*) und den Elektrolyt-Haushalt wichtig sind.

Besonders für brennende Hamster ist eine ausreichende Versorgung mit den beiden Mineralien wichtig, da ihr Verbrauch durch intensives Arbeiten, Denken, Entscheiden und auch sich-Ärgern steigt. Ein Mangel an Kalium und Magnesium kann außerdem Herzrhythmusstörungen auslösen. Auch nicht schön. Auch noch drin: andere Mineralstoffe und Spurenelemente, beispielsweise Phosphor, Kalzium! Eisen und Zink ... und ... die Vitamine C, A, K, B6 u.v.m. Dies und noch viel mehr machen Bananen zu einem perfekten Snack**, nicht nur für zwischendurch. Allein schon die praktische Verpackung ist doch schön, oder?

Tipp für den Alltag: Wenn Sie wie ich zu den Morgens-nicht-frühstücken-und-tagsüber-nichts-essen-Typen gehören, dann nehmen Sie sich jeden Tag eine Banane mit ins Hamsterrad. Ich habe mir angewöhnt, jeden Morgen zu meinen obligatorischen zwei Tassen E-Mails-checken-Kaffee einen von den gelben Bioenergieriegeln zu essen. Das kriege ich eigentlich immer hin, sogar zwischen zwei Telefonaten oder auf dem Weg zum Kunden.

*Aus der Rubrik „Keiner fragt, Herr Berger antwortet", der Klugschiss zum Artikel: Aus botanischer Sicht gehören Bananen übrigens wirklich zu den Beeren. Hätten Sie's gewusst?
**Oder haben Sie schon mal einen Affen mit einem Burnout gesehen?

Das Ergebnis? Der Gelbling bringt mich zumindest unfallfrei bis in die Mittagsstunden. Ich habe die Banane gewählt, weil sie immer verfügbar ist, über eine ordentliche und schnell zu öffnende Verpackung verfügt und mit maximal drei bis vier Bissen erledigt ist. Die drücke ich mir rein, auch wenn ich eigentlich keinen Bock darauf habe ...

Nachmittags kommt dann jemand anderes ins Spiel. Ein guter Kumpel der gelben Frucht aus Südamerika: The (big) apple. (Nein, nicht der Computer, der echte.) Ganz nebenbei: Haben Sie sich schon mal gefragt, warum Steve Jobs seine Computerfirma nach einem Kernobst benannt hat? Noch vor der Banane ist der Apfel die in Deutschland am häufigsten verzehrte Frucht.

Unser fruchtiger Tipp: Schaffen Sie Rituale, und nehmen Sie sich jeden Tag zu Ihrer Banane einen Apfel mit und legen Sie sie ins Sichtfeld auf Ihren Schreibtisch. Wie der Trick mit dem Wasserglas wirkt das auch hier. Was Sie wahrnehmen, essen Sie auch. Gut: Mit dieser Kombination führen Sie sich zwischendurch bzw. als Grundlage eine gute Menge an Mineralstoffen und Vitaminen zu.

Hamster mit leeren Magen sind wesentlich entzündlicher als gesund gefüllte.

Übrigens ein weiterer Vorteil, wenn man einen gewissen „Pegel" hält: Fressattacken bleiben aus oder vermindern sich zumindest.

P.S.: Diese beiden natürlichen Energielieferanten sollen die Mittagspause inkl. Powernap und eine ansonsten ausgewogene Ernährung nicht ersetzen, sondern regulieren, unterstützen und Ihnen etwas gesünder durch den Alltag helfen! P.P.S.: Trinken Sie Wasser!

Als Chef bin ich genauso wertvoll wie meine Mitarbeiter

Jeder ist ersetzbar. Logisch. Jeder Ihrer Mitarbeiter – und auch Sie als Chef. Je nach Unternehmensstruktur kann der Wegfall des „Rudelführers" aber die schlimmsten Konsequenzen bedeuten. Umso wichtiger ist es, dass Sie sich pflegen, gesund erhalten und für sich sorgen. Seien Sie in diesem Punkt Egoist. Ein Klugschiss für Zwischendurch: Egoismus kann man auch so beschreiben:

> **Nur wenn es Ihnen gutgeht, können Sie anderen (G)gut(es) tun. Ein Totalausfall und Sie hinterlassen nichts als verbrannte Herde.**

Private Anmerkung: In meinem Fall, in der Zeit meines Aufenthaltes in der Reha-Klinik, war meine Partnerin da, um das zu verhindern. Während meiner Auszeit konnte sie das Unternehmen führen und (musste) das Ruder übernehmen. Da hatten ich und die „Firma" echt Glück. Sie weniger. Mit jedem Tag, an dem es mir besser ging, konnte ich zusehen, wie es ihr langsam schlechter ging. Die neuen Aufgaben meisterte sie zwar scheinbar mit Bravour, zahlte aber ihren Preis dafür. Ich in der Klink: Sorge um mich. Allein zu Hause. Viele neue Aufgabengebiete – Stress pur! Unbewältigter Stress pur! Sie können sich mittlerweile vorstellen, wo das hätte hinführen können.

Aber wie sieht es mit Ihnen aus? Was passiert, wenn Sie (dauerhaft) ausfallen? Denken Sie bitte wirklich einmal ernsthaft darüber nach. Tipp: Machen Sie sich das wirklich mal auf einem Blatt Papier bewusst! Das Fazit fällt (sehr wahrscheinlich) relativ ernüchternd und eindeutig aus. Um es eindeutig und nachdrücklicher, wie es kaum deutlicher geht, auf den Punkt zu bringen: Je nach Größe und Struktur Ihres Unternehmens wird alles im Arsch sein! Die Konsequenz: Sie müssen auf sich achten. Prävention statt „Operation"!

Als kleiner Motivator, wenn Sie sich selber **nicht (mehr) ganz so ernst nehmen:** Das sind Sie Ihrer Familie, Ihrer Herde (Mitarbeitern) und nicht zuletzt Ihren Kunden schuldig.

Hier noch ein paar „Erlaubnisse" zur Vertiefung.
Auch als Chef dürfen Sie:
- Nein sagen
- delegieren
- die Bürotür schließen
- morgens später kommen
- abends früher gehen
- sich mindestens so viele Urlaubstage gönnen wie Ihren Mitarbeitern
- zu Hause bleiben, wenn Sie krank sind
- die Führung (wieder) übernehmen

KISS – Keep it simple, stupid
Weil so simpel, dieses Kapitel, dieser Tipp auch nur kurz und knapp.

Ein Großteil von Stress am Arbeitsplatz entsteht durch viel zu komplizierte und überbordende Prozesse.

Tipp: Bei der nächsten Mitarbeiterrunde sprechen Sie doch mal an, wie es wäre, wenn Sie fortan nicht mehr nach möglichen (Stress-)Einsparpotenzialen durch Outsourcing oder Automatisierung suchen, sondern durch konsequente Vereinfachung der Produktions- und Unterstützungsprozesse in Ihrem Betrieb.

Ein möglicher Weg: Veranstalten Sie einen Ideenwettbewerb, der die einfachste Lösung eines Problems prämiert und nicht mehr die, mit der am meisten Geld zu sparen ist.

Zu viel auf einmal: Die Illusion von Multitasking

Ihre Kunden, Lieferanten, Ihr Steuerberater, Mitarbeiter, der Personalchef, das Finanzamt, Aufsichtsamt, Ihr Rechtsanwalt, die Journalisten, Ihr Werbe- und PR-Fachmann: Alle verlangen Ihre Aufmerksamkeit. Und eine eigene Agenda haben Sie auch noch am Start.

Da liegt die Idee nahe, dadurch Zeit zu sparen, dass man einfach alles gleichzeitig erledigt. Das nennt der der neudeutsche Volksmund dann Multitasking und meint damit, dass wir z.B. gleichzeitig telefonieren und E-Mails beantworten, schreiben und reden, zuhören und die To-Do-Liste abarbeiten können.

 Der gleiche Volksmund meint außerdem, dass Frauen besser im Multitasking wären als Männer. Liebe männliche Hamster, ich darf Sie beruhigen: Sind sie nicht – sie erwecken lediglich nur den Eindruck durch schnelleres Umschalten zwischen den Aufgaben.

Wissenschaftliche Erkenntnisse haben mittlerweile ergeben: Das Konzept Multitasking ist ein Irrglaube. Fakt ist: Es funktioniert beim Menschen nicht!* Wir können zwar den Anschein erwecken, als machten wir alles gleichzeitig, jedoch ist die

*Nebenbei: Multitasking funktioniert auch bei Maschinen nicht wirklich. Computer können zwar mit mehreren Prozessoren an einer Aufgabe arbeiten, das geht aber nur bei bestimmten Konstellationen und unter bestimmten Bedingungen. Wenn die Bedingungen für Multitasking nicht erfüllt sind, geht mehr Rechenleistung und Zeit für die Konsolidierung der vermeintlich parallel laufenden Prozesse drauf, als durch Parallelverarbeitung gespart wurde.

Fehlerquote dabei enorm hoch. **Wir können uns konstruktionsbedingt nämlich in Wirklichkeit immer nur auf genau einen Prozess konzentrieren.** Das ist bei Männern wie Frauen dasselbe. Dazu kommt: Dinge gleichzeitig erledigen zu wollen ist nicht nur höchst ineffizient, es schlaucht ungemein.

Das Ineffiziente bei dem Versuch, mehrere Dinge gleichzeitig erledigen zu wollen, ist übrigens auch begründet durch eine sogenannte "geistige Rüstzeit". Ein Hamster benötigt ca. 10 Minuten, um sich in einen Sachverhalt "einzudenken".

> „Immer schön eines nach dem anderen, lautet dabei die Devise. Oder: Wenn du es eilig hast, gehe langsam.

Dieser Zeitaufwand fällt jedes Mal an, wenn wir uns konzentriert einer Sache zuwenden wollen. Je häufiger die geistige Rüstzeit nun in Anspruch genommen wird, desto mehr Zeit wird ineffizient vertan. Einfach gesagt: Wenn Sie sich mehrfach in einen Sachverhalt eindenken müssen, benötigen Sie ein Vielfaches an Zeit, als wenn Sie dies nur einmal tun. Der Mythos der "offenen Tür" für Chefs und andere Vorgesetzte und die ständige Erreichbarkeit am Telefon, die sofortige Beantwortung von E-Mails und Kurznachrichten geht mit einer so ungeheuren Verschwendung an Zeit in Form von geistiger Rüstzeit einher, dass es erstaunlich ist, dass diese Menschen überhaupt noch etwas erledigt bekommen.

Beispiel: Wenn die Ablenkung von einer Aufgabe am Tag nur sechsmal passiert (und sie geschieht mit Sicherheit häufiger), geht eine Stunde (6 x 10 Minuten Rüstzeit) bereits nur durch diese geistige Rüstzeit verloren. Rechnen wir das hoch. Das sind in der Woche 5 Stunden, im Monat 20 Stunden. Es geht also ungefähr ein ganzer Tag (in Echtzeit oder 2 Arbeitstage) pro Monat nur dadurch verloren, dass Sie sich wieder in irgendeine Aufgabe „eindenken" müssen, weil jemand Sie gestört hat. Den Tag könnten Sie lieber als Urlaub nutzen, davon hätten Sie deutlich mehr, oder?

Probieren Sie doch mal die folgenden Tipps für die Praxis:

- Schließen Sie die Bürotür. Wenn jemand zu Ihnen möchte, sollte er sich an der Tür noch mal überlegen müssen, ob die Sache es wirklich wert ist, Sie zu stören.

- Machen Sie regelmäßig telefonfreie Zeiten, indem Sie Ihr Mobiltelefon ausschalten und Ihr Festnetztelefon auf die Mailbox oder zu einem Mitarbeiter umleiten (natürlich in Absprache).

- Schalten Sie die „Hier ist eine neue Nachricht für Sie"-Funktion Ihres Mailprogramms oder Messengers aus, und sehen Sie nur zu festen Zeiten nach neuen Nachrichten.

- Fassen Sie bei der Bearbeitung von Aufgaben gleichartige Aufgaben zusammen (z. B. das Bearbeiten von E-Mails. Beantworten Sie z. B. alle zwei Stunden konsequent für 15 Minuten Ihre E-Mails. Danach widmen Sie sich wieder einer anderen Aufgabe.)

- Nutzen Sie das OHIO-Prinzip: „Only handle it once" (fassen Sie eine Aufgabe nur einmal an), führen Sie also eine begonnene Tätigkeit immer bis zur vollständigen Erledigung durch, damit die geistige Rüstzeit nur einmal anfällt.

- Und schließlich: Verplanen Sie Ihre zur Verfügung stehende Wachzeit nur zu 50 %, maximal zu 60 %. Allzu volle Terminkalender haben zur Folge, dass in hohem Maße Umplanungen erfolgen müssen, die wiederum zu Umplanungen führen. Das kostet nur unnötig Zeit und Nerven für alle Beteiligten und verursacht ein „Stresspaket" für alle Hamster um Sie herum – inklusive Ihnen selbst natürlich.

Sie können sicher sein: Es kommt keine Langeweile auf, nur weil sich Lücken in Ihrem Terminkalender befinden.

Ein Viertelstündchen nickern: Das Powernap(chen)*

Ein kleines Mittagsschläfchen, neudeutsch auch Powernap(chen) genannt, ist eine der besten Methoden, um das Großhirn zu regenerieren und Schlaftrunkenheit und Erschöpfungszustände zu vermeiden. Außerdem werden die Augen geschont und kommen so zumindest für einen kurzen Moment zur Ruhe.

> 99 Nach dem Essen sollst du ruhen oder 1000 Schritte tun. Ich persönlich bevorzuge das Ruhen. 99

Andere Länder machen es uns vor. Speziell im asiatischen Raum finden Sie zur Mittagszeit überall, in Büros, Parkanlagen oder Lobbys, Menschen, die ein kurzes Schläfchen halten. Oftmals im Sitzen. Wichtig: nicht zu lange nickern. Der sogenannte Kurzschlaf sollte vor Eintritt in die Tiefschlafphase beendet werden.

Nach Meinung von anerkannten Schlafforschern und Psychologen erhöht bzw. regeneriert sich durch ein kurzes erholsa-

*Anmerkung des Autors: Diesen Scherz konnte ich mir einfach nicht verkneifen.

mes Powernapchen von etwa 15-20 Minuten die Konzentra-
tions-, Leistungs-und Reaktionsfähigkeit massiv und kann so
u.a. auch Burnout und Depressionen vorbeugen – oder einem
Betroffenen helfen, durch den Tag zu kommen.

Ich weiß mittlerweile: Nach einem dreistündigen Meeting
oder Coaching brauche ich unbedingt Ruhe! Das war vor ein
paar Jahren noch undenkbar. Ich hätte gelacht, wenn mir jemand gesagt hätte, dass ich mit Mitte vierzig (fast) jeden Tag
ein Mittagsschläfchen machen würde.

**Wichtig ist: Gönnen bzw. erlauben Sie sich diese Pause. Ein
reines Gewissen ist ein sanftes Ruhekissen.**

Speziell wenn ich weiß, dass ich einen sehr langen Tag haben
werde, z.B. durch abends noch anstehende Termine, Lesungen, Vereinssitzungen, Telefonkonferenzen mit Übersee oder
ein Rendezvous mit der liegengebliebenen Buchhaltung aus
dem letzten Monat, erlaube ich mir diese Stunde am Mittag,
gehe nach oben in unsere Wohnung*, esse etwas und schlafe
dann ein bisschen.

Keine Zeit? Das schlechte Gewissen nagt? Tipp: Machen Sie
sich in solchen Momenten bewusst, dass, wenn Sie um 7 Uhr
angefangen haben und voraussichtlich nicht vor 22 Uhr aus
der anberaumten Vereins-/Vorstandssitzung herauskommen
werden, Sie mindestens einen 15-Stunden-Tag vor sich haben. Bis Sie zu Hause und im Bett sind, kommt noch mal eine
Stunde dazu. **Sie hatten also einen 16-Stunden-Tag. Das ist
das Doppelte eines „normalen" Arbeitnehmers.** Wer wenn
nicht Sie hat eine Pause verdient? Kein Hochleistungssport-
ler würde so fahrlässig mit seinem Körper und Geist umge-

*Für mich und meine Partnerin hat es sich bewährt, die Firma in unser Privathaus zu integrieren.
Seitdem arbeite ich nicht mehr 12-14 Stunden durch, sondern mache gezielt Pausen und esse
vernünftig(er). Nicht nur das angesprochene Mittagsschläfchen, sondern dann, wenn ich spüre,
dass ich sie brauche. So habe ich gegen 17 Uhr z.B. meine persönliche „Gummistunde". Ich fühle
mich wie ein ausgespucktes Kaugummi, eigentlich bin ich dann „auf", wie die Ostfriesen zu sagen
pflegen. Also mache ich zu dieser Zeit lieber eine Pause und arbeite danach entspannt noch etwas.

hen. Selbst wenn Sie nicht, wie die Autoren dieses Buches, in der glücklichen (oder unglücklichen Situation) sind, dass Ihre Firma, Büro, Arbeit in unmittelbarer Nähe Ihrer Wohnstatt liegt, können/sollten Sie nicht auf einen Mittagsschlaf verzichten. Firmen wie Google oder Facebook haben das erkannt und bieten ihren Mitarbeitern mittlerweile Ruheräume mit Schlafsofas oder Entspannungsliegen/-sesseln.

Back in time. In unserer damaligen New Economy-Internet-IT-Butze hatten wir einen billigen IKEA-Stuhl, der uns mit einer Decke bestückt (die so groß war, dass man sie sich prima über den Körper und den Kopf ziehen konnte) als Ruheraum diente, wenn wir mal wieder Tage und Nächte durchprogrammiert hatten – oder unser damaliger Chef mal wieder aufgrund eines Migräneanfalls eine Pause** brauchte.

Sie haben keinen Platz, oder der Chef will nicht investieren? Eine einfache Turnmatte zum Zusammenrollen tut es auch. Während meiner Ausbildung ruhte ein ehemaliger Abteilungsleiter nach der Mittagspause immer eine Viertelstunde auf dem Fußboden hinter seinem Schreibtisch. Tipp: informieren Sie vorher Ihre Kollegen und Mitarbeiter, sonst könnte es sein, dass Sie von einem Notarzt geweckt werden.

Nachtrag: sollten Sie die Befürchtung hegen, „danach" nicht mehr aus dem „Quark" zu kommen, wie wir Norddeutschen zu sagen pflegen, hilft der Espressotrick.

Ich sehe die Fragezeichen in Ihren Augen.
Die Italiener machen es vor. Nach dem Essen, direkt vor ihrem Powernap, trinken sie den obligatorischen Espresso (und ein Glas Wasser dazu) – dann schlafen sie. Nach ca. 15-20 Minuten

---

**Damals haben wir noch nicht über Burnout oder Ähnliches nachgedacht. 24- oder 48-Stunden-Schichten mit Pizza und Cola waren damals cool, heute würden die mich umbringen. Wehret den Anfängen!*

wachen sie (von alleine) erholt und voller Energie wieder auf. Hintergrund: Das Koffein beginnt ziemlich genau nach diesem Zeitraum zu wirken. Erholung und Regeneration durch Schlaf, frische Energie durch Espresso. Probieren Sie es aus!

Aufrechnung von Arbeitszeit gegen Freizeit

Bedenklich wird es auch, wenn man anfängt, Freizeitaktivitäten gegen Arbeits- oder Umsatzzeiten aufzurechnen. Ich möchte jetzt ja eigentlich das neue Buch von Thews & Berger lesen. Oder mache ich doch besser die Buchhaltung, schreibe das Angebot oder räume das Lager auf?

Hier beginnt es, hier endet es. Ein teuflisches Hamsterrad hat sich in Bewegung gesetzt. Das Schlimme an dieser Situation ist nicht das Abwägen und die Entscheidung, was manchmal sinnvoller, angebrachter ist. Wenn morgen etwas fertig sein muss, weil ein wichtiger Auftrag fertiggestellt oder ein Termin eingehalten werden muss, geht das manchmal natürlich nicht anders. Klar. Selbst als „freier" Unternehmer unterliegt man nicht selten Gegebenheiten bzw. Bedingungen, die man nur schwer beeinflussen kann, ohne für sein Unternehmen einen „Schaden" zu produzieren. So weit – so unfrei.

Problematisch wird es, vom Hamster meist völlig unbemerkt, wenn man sich immer öfter und schließlich nur noch für die Firma entscheidet. Das löst schlussendlich den größten innerlichen Konflikt aus und treibt u.a. in den Burnout. Das Ergebnis: Man handelt gegen sein eigenes Gefühl und leugnet bzw. ignoriert so seine eigenen Bedürfnisse.

Sollten Sie diesen Weg „wählen", wird Ihnen irgendwann ein Therapeut, eine Therapeutin raten: Schaffen Sie sich Freiräume, tun Sie etwas für sich selbst. Nur was? **Viele Hamster haben vergessen oder haben sogar gänzlich verlernt zu erkennen, was ihnen früher einmal Spaß macht/gemacht hat.**

Das kann Yoga oder Tai Chi sein, in der Regel sind es aber viel mehr die kleinen Dinge des Alltags. Mal wieder einen ganzen Tag mit einem Buch, vor dem Fernseher oder im Bett verbringen, basteln, nähen, ausgiebig kochen, Musik hören, am Computer oder der PlayStation zocken, mit dem Hund spielen. Und natürlich gehört das „Rumhängen" bei einem Freund dazu!

Sport? Selbstverständlich, aber nur, wenn Sie es früher auch gerne gemacht haben. Heute „sollten" alle Sport machen. „Sachlich gesehen" ist diese Empfehlung auch richtig, wir werden in einem anderen Kapitel auf die positiven Effekte eingehen, aber wenn Sie Sport machen „müssen", dann lassen Sie es lieber (mit gutem Gewissen) sein. Sie müssen gar nichts!

Tipp: Wenn Sie sich nicht (mehr) sicher sind – dann probieren Sie es einfach aus. Gehen Sie zum Zumba, Yoga, Agilando oder Häkeln. Wichtig: Wenn es Ihnen nach dem ersten oder zweien Mal keinen Spaß mehr macht, dann lassen Sie es einfach wieder. Wie gesagt: Sie müssen gar nichts!

Verbeißen Sie sich nicht schon wieder in etwas. Sie müssen die Stunde im Fitnessstudio nicht „erledigen", machen Sie es wirklich nur, wenn es Ihnen Freude bereitet!

Mir zum Beispiel hilft Schlafen und Rumliegen. Ich schlafe mich schon seit Kindheitstagen gesund. Ich liege im Bett, schlafe, lese, gucke fern und esse sogar dort ...

Ein dazu passender Nachsatz/Frage zu dem Thema: Wann haben Sie sich eigentlich das letzte Mal gelangweilt?

Datum: _____

Sie können sich nicht erinnern?

Warum diese Frage? Langeweile lässt Kreativität entstehen. Aber auch dazu an anderer Stelle mehr.

Einfach mal wieder tief Luft holen!

Atemlos! ... durch den Tag*. Wie oft haben Sie schon in Ihrem Leben ein- und ausgeatmet? Ungezählte Male, gewiss. Und dennoch scheint es beim Atmen so zu sein, dass die Häufigkeit der Wiederholung dieses Vorgangs nichts über seine Qualität aussagt.

Obwohl wir unser Leben lang atmen, sind wir häufig keine Meister in dieser Tätigkeit.

Sobald etwas anstrengend wird, stockt uns der Atem. Wir halten die Luft an, wenn wir in eine beängstigende oder ungewohnte Situation kommen.

Wichtig zu wissen: Richtig zu atmen, besonders entspanntes Atmen, ist der beste Weg, um wieder heil und unversehrt aus einer solchen Situation herauszukommen.

„Profiatmer" wissen: Entspanntes Atmen geschieht über den Bauch, nicht über den Brustkorb. Beobachten Sie sich doch einmal selber, wie Sie gerade atmen. Sie sind entspannt, lesen dieses Buch und werden vermutlich gerade jetzt in diesem

Frei nach Helene Fischer.

Moment ganz leicht dazu kommen, eine entspannte Atmung bis in den Bauch hinein zu ermöglichen. Ein kleine Übung für zwischendurch: Probieren Sie es ein, zwei, drei Atemzüge lang aus. Wenn Sie dann spüren, dass es Ihr Bauch ist, der sich beim Atmen bewegt, dann versuchen Sie, ungefähr 3 Sekunden lang einzuatmen, um dann ca. 5 Sekunden lang wieder auszuatmen. Geben Sie dabei einfach dem Reflex nach, der Sie zum Ausatmen bewegt.

Spüren Sie die Ruhe, die fast zwangsläufig durch diese Art zu atmen entsteht?

Für „Fortgeschrittene": Wenn Sie dieses gute Gefühl noch weiter vertiefen möchten, können Sie beim Einatmen jeweils die Daumen und Mittelfinger Ihrer Hände zusammenführen und beim Ausatmen wieder weit auseinanderstrecken. Die anderen Finger lassen Sie dabei unbeachtet.

Tipp für den Alltag. Wenn Sie merken, dass Ihnen in einer bestimmten Situation „buchstäblich" der Atem wegbleibt: Verlassen Sie die Situation, begeben Sie sich an einen ungestörten Ort und atmen Sie 3-5mal tief ein und wieder aus. Sie werden merken, wie Sie sich fast augenblicklich entspannen – und klarer denken können!

Meditation light!
Vom Atmen zum Meditieren. Burnout-Prävention nach Loriot – oder: Ich will hier einfach nur sitzen!

Sie erinnern sich vielleicht an den knollnasigen Mann, des berühmten Komikers Vicco von Bülow, alias Loriot, der einfach nur, ohne etwas zu tun, in seinem Fernsehsessel sitzen, heute würde man das chillen nennen, und einfach mal nichts tun wollte? Wie sich herausstellen sollte, ein gar nicht so einfaches Unterfangen. Ständig wurde er von seiner Frau (damals gab es noch kein Internet, E-Mail, nur 3 statt über 300 TV-Programme, kein Facebook und keine Smartphones) dazu animiert, etwas zu tun.

Der arme Mann wollte aber einfach nur dort sitzen, nichts tun und vermutlich auch nichts denken, was damit schon dem Meditieren nahe kommen würde. Man könnte also behaupten, dass Loriot, so ganz nebenbei, wohl die westliche Form der Meditation erfunden hat. Und das ganz ohne auf dem harten Boden zu sitzen und Füße über Kreuz verdrehen zu müssen. Spaß beiseite. Studien haben nachgewiesen, dass, wer regelmäßig nur 5 Minuten pro Tag meditiert, entspannter durchs Leben geht, dadurch Stress reduzieren und so zum Beispiel Kopfschmerzen, Konzentrationsprobleme und Erschöpfungszustände gelindert werden können.

Versuchen Sie genau das einmal wieder: Einfach mal nur im Hier und Jetzt dasitzen und nichts zu tun und möglichst auch mal nichts denken. Genießen Sie den Augenblick. Augen zu. Atmen Sie (wie, das haben Sie ja im vorherigen Kapitel gelernt). Nichts müssen, nicht(s) denken – einfach nur dasitzen und sein. 5 Minuten pro Tag. Nicht mehr und nicht weniger.

 Wichtig: Lassen Sie sich in diesen, Ihren 5 Minuten, nicht stören. Tür zu, Mann raus, Frau raus, Handy und E-Mail aus. Sonst ergeht es Ihnen wie dem Mann in Loriots Sketch, und nichts ist mit Entspannung.
Ganz im Gegenteil!

Raus aus der Hamsterhöhle – rein in die Natur!

Viele Menschen kennen das: Sie kommen „irgendwo da drau-ßen" an einen Ort und fühlen sich sofort wohler und energie-geladener. Wie kommt das? Was passiert da mit ihnen?

Tatsächlich hilft es sehr beim Stressabbau, wenn Sie solche Orte regelmäßig aufsuchen, um Ihre Akkus aufzuladen. Meis-tens finden Sie solche Orte dort, wo sich wenig andere Men-schen aufhalten und außerhalb der Urbanität. Das kann fast überall sein – im Wald, auf einer Wiese, einem Berg, am Meer*, an Flüssen – oder in Ihrem eigenen Garten!

Tipp: Suchen Sie sich „Ihren persönlichen Kraftort" – den Sie dann so häufig wie möglich besuchen. Schlechtes Wetter ist keine Ausrede. Ihre Krafttankstelle hat immer geöffnet.

Wenn Sie keinen solchen Ort kennen: Fragen Sie andere Men-schen nach Orten, an denen sie sich gut fühlen. Sie werden erstaunt sein, wie viele Ihnen sofort einen solchen Ort nennen oder beschreiben können. An diesen Orten können Sie übri-gens gleich auch die vorhergehenden Tipps zur Atmung oder Meditation anwenden.

Das ist übrigens keine esoterisch angehauchte Spinnerei, sondern jahrtausendalte gelebte Praxis. Leider haben wir aufgeklärten „modernen" Menschen verlernt, uns an diese altbekannten Kraftquellen „anzuschließen", um wieder aufzu-tanken!

Wunsch und Wirklichkeit: Ich bin dann mal weg

Ralf für die Insel. Häufig höre ich in meiner therapeutischen Praxis, dass Menschen gerne Pause vom Alltag machen möch-

---

* *(Texel) :-)*

ten, dass sie raus wollen, sich für einige Zeit auf eine einsame Insel zurückziehen möchten. Auch ein Hamster namens Ralf hatte genug. Er wollte einfach nur raus. Weg von allem!

Sein Wunsch hat einen guten und berechtigten Grund: Um neue Wege erkennen zu können, muss man den alten Weg verlassen und sich neben ihn stellen. Sich einfach mal herausnehmen, den Fokus, die Sichtweise verändern, einfach mal Pause machen und innehalten. **Verschnaufen ist also schon mal ein guter Ansatz.**

Allerdings kann sich nicht jeder wie einst Hape Kerkeling auf den Jakobsweg machen. Dazu gibt es als selbstständiger Hamster einige Verpflichtungen, denen Sie sich nicht ohne Weiteres entziehen können. Verständlich! Jedoch ist wichtig: Die Verpflichtungen dürfen auch nicht zu einer permanenten Ausrede werden, um dann doch nichts für sich zu tun!

Tipp: Bereits das Herausnehmen für ein Wochenende oder nur ein paar Stunden aus dem Alltag, ohne Mobiltelefon und Internet, ohne Ablenkung und Veranstaltungsprogramm bringt Hamster sehr oft dazu, sich wieder auf sich selbst besinnen zu können und Ideen oder Lösungsansätze zu entwickeln. Das ist wichtig, denn wenn alle Ablenkung von außen fehlt, kann man endlich wieder die innere Stimme wahrnehmen und hören, was sie zu sagen hat.

Ralf hat es getan. Drei Tage Edinburgh in Schottland haben gereicht. Die pulsierende und völlige andersartige „Insel" hat ihm die Augen geöffnet – und auf neue Ideen gebracht ...

Das Buch der guten Gedanken – Lösungen und Ideen auf Vorrat!

Auch aus Schweinen, die einem das Leben versauen, kann man etwas Schönes kochen …

Der Dichter, der Dichter – bekommt eins auf die Lichter.

Sind Sie auch manchmal neidisch auf die ganzen guten Sprüche oder Lebensweisheiten der berühmten Philosophen? Oder könnten Sie manchmal Ihr Gegenüber schlicht weg vom Stuhl hauen, wenn er einen solchen Aphorismus zitiert und dieser auch noch haargenau auf die Situation passt? Sprüche, Weisheiten oder Mottos können helfen, das Leben etwas leichter zu nehmen. Nicht umsonst kleben sich die Menschen mittlerweile ihre Wohnungen mit Sprüchetapeten voll oder zieren sie mit „Der-frühe-Vogel-frisst-den-Wurm-Kaffeetassen". Nur leider fallen Ihnen diese Sprüche meistens nicht ein, wenn Sie sie brauchen, denn unter Stress ist der Kopf selten kreativ.

Tipp: Sie sollten sich ein Lager anlegen! Aber: Auswendiglernen ist sowas von outdated. Selbst ist der Hamster. Machen Sie es wie die Philosophen von einst: Schreiben Sie Ihre guten Gedanken auf – und zwar dann, wenn sie Ihnen kommen. So haben Sie viele gute Gedanken, Lösungen auf Vorrat produziert.

Führen Sie immer ein kleines Büchlein (der guten Gedanken) oder eine Kladde mit sich herum, um gute Gedanken zu sichern. Die innere Vereinbarung oder Selbstverpflichtung dabei ist, dass nur und ausschließlich gute Gedanken Eingang in dieses Büchlein finden. So haben Sie auch etwas, das Sie in trüben Zeiten aufhellen kann. Lösungen auf Vorrat quasi. Dabei ist überhaupt nicht wichtig, dass dabei etwas Zitierfähiges herauskommt. Wichtig ist, dass Sie feststellen, dass in jeder Situation auch etwas Positives steckt, und dass Sie Ihre Situation positiv gestalten können. Immer.

 „Machen Sie aus den Zitronen, die das Leben für Sie bereithält, eine leckere Limonade!", und stellen Sie sie für schlechte Zeiten in den Kühlschrank!

Hamsterolympiade: Ein bisschen Sport – oder auch nicht
Manche entstressen durch Entspannung, manche durch anregende sportliche Betätigung.

Keine der beiden Formen ist per se besser geeignet, um Stress zu verarbeiten, es hängt ganz von den persönlichen Vorlieben ab: Wenn Sie also lieber ganz entspannt an gar nichts denken – tun Sie es. Wenn Sie lieber Bewegung haben, um den Kopf frei zu bekommen – tun Sie es. Unsere Empfehlung: Sporteln Sie in Maßen, nicht dass aus dem zur Erholung gedachten Sport schon wieder eine stressige Angelegenheit wird.

Manche Lauftreffs, die eigentlich aus dem Wunsch nach Entspannung nach der Arbeit gegründet wurden, sind inzwischen zu Marathon-Kampfkadern mutiert. Davon sollten Sie im Sinne einer Stressreduktion lieber die Füße … äh … Finger lassen. Auch nicht unbedingt zu empfehlen sind die gerade in Mode kommenden Smartwatches mit integriertem „Gesundheitsprogramm", sprich Schrittzähler. Eine Schrittzahl von 10.000 pro Tag soll angeblich gesund sein. What? Wer hat das denn festgelegt? Wichtig: Lassen Sie sich durch solche

Zahlen nicht gleich wieder unter Stress setzen! Ich habe mich auf einer Veranstaltung mit einer Kollegin unterhalten, die ein solches Gerät trug. Sie sagte mir, dass sie sehr beunruhigt sei, seit sie diese Smartwatch, die ein nett gemeintes Geburtstagsgeschenk war, trage.

Das Ergebnis war nämlich für ihre Seelenhygiene nicht gerade förderlich. Sie erreichte nie, auch wenn sie sich anstrengte, die Schrittzahl von 10.000 pro Tag, und außerdem zeigte das Gerät jeden Morgen an, dass sie zu wenige Stunden Tiefschlaf in der Nacht gehabt hätte. Die Folge: Stress! Nach einem abwägenden Gespräch entschloss sie sich schließlich, die Uhr wieder zur Seite zu legen. Die Erkenntnis überwog, dass diese Zusatzinformationen, die die Uhr bietet, für sie nicht zu gebrauchen sind bzw. ihr nicht guttaten.

Wie um alles in der Welt will man denn auch die Tiefschlafzeit verbessern, wenn der Nutzer einer solchen Uhr auch noch unter Erfüllungsstress steht und weiß, am nächsten Morgen von seinem digitalen „Helfer" wieder angezählt zu werden? Was soll man mit einem Gerät anfangen, das den Nutzer ständig unter Druck setzt und ihm zeigt, wie toll die anderen in seiner Smartwatch-Community performen, aber er wieder Nummer 101 von 100 bei der Erfüllung des Tagessolls an Schritten und Tiefschlaf geworden ist?

Meine Empfehlung: Tun Sie sich einen Gefallen, und nehmen Sie die Fäden lieber wieder selbst in die Hand. Fangen Sie mit kleinen Schritten an! Nehmen Sie die Treppe statt den Aufzug, fahren Sie mit dem Fahrrad statt mit dem Auto zur Arbeit, oder machen Sie von mir aus leichtes Jogging (im Grünen), um den Kopf frei zu bekommen. Das war's!

Nachtrag: Es gibt wie immer nicht nur eine „Wahrheit". Wenn Sie meinen, dass eine Smartwatch genau das Richtige für Sie ist, dann benutzen Sie sie. Aber setzen Sie das „Tagessoll" auf einen Wert, der Ihrer Lebenswirklichkeit entspricht.

Schauen Sie dazu mal an einem Tag, den Sie für besonders gelungen hielten und an dem Sie sich rundum wohlgefühlt haben, abends auf den Schrittzähler. Wenn der dann 4385 anzeigt, dann ist das doch offenbar Ihre Wohlfühlzahl. Für wen wollen Sie denn 10.000 Schritte gehen?

Ein PS von Hundehalter Berger: Hamster und Hund. Sie lieben Tiere, haben als Kind z. B. einen Hund gehabt? Warum holen Sie sich dann nicht wieder einen? Aus der Praxis: Wir haben uns vor einigen Jahren unseren Hund Campari in unser Leben – und damit auch in die Firma geholt. Das Ergebnis: Drei Spaziergänge pro Tag und etwas Toben zwischendurch – auch ein schöner Sport! Außerdem sorgt unser „Sonnenschein" bei den Kunden und Mitarbeitern für good vibrations! Eine Win-win-win-win-Situation.

Erobern Sie sich die Freizeit zurück, lernen Sie, zu genießen.
Freizeit. Neulich, ein lustiger Post auf Facebook: 100 Unternehmer wurden gefragt, was sie am liebsten in ihrer Freizeit machen. Das Ergebnis: 80 verstanden die Frage nicht, und 20 schliefen beim Nachdenken ein ...

Witzig, aber bedauerlicherweise gar nicht so unrealistisch. Eigentlich gar nicht so witzig. Dem kokelnden Hamster bleibt nur ein müdes Lächeln, denn ist erst einmal ein gewisses Stadium erreicht, wird nicht selten sogar das Treffen mit dem besten Freund oder einer Freundin, der geliebte Besuch im

Fußballstadion, die gebuchte Tanzstunde oder der Kurztrip nach Mallorca zu einer gefühlten Pflichtübung.

Der Wunsch nach Ruhe dominiert. Der Hamster zieht sich zurück und verliert das Gefühl dafür, was ihm (früher mal) Spaß, Freude und Ausgleich gebracht hat.

Werden Termine wahrgenommen, werden sie absolviert, erledigt oder durchgezogen. Aus dem entspannten Bierchen mit Kumpels wird ein Meeting, aus dem geplanten Entspannungsurlaub ein Wellness-und-Sightseeing-Erledigungs-To-Do-Listen-Abarbeitungs-Ding. Aus einer Yoga-Stunde werden 15 Minuten Power-Meditation. Erledigt. Haken hinter. Auch hier wird Effizienz großgeschrieben. Kein Wunder, man ist es aus dem Alltag ja so gewohnt. Genießen? Fehlanzeige!

Die Folge: Oftmals muss ein verbrannter Hamster überhaupt erst mal wieder lernen, private Termine als Freizeit und nicht als Pflichtveranstaltung zu erkennen, zu empfinden und sie dann auch entsprechend zu genießen.

Fragen Sie sich: Was macht(e) mir eigentlich Spaß?

Für einen Betroffenen keine leichte Frage. In der Regel folgt erst mal eine ordentliche Denkpause – im schlechtesten Fall, und das ist als ein maximales Warnsignal zu verstehen, bleibt die Antwort sogar ganz aus.

Wie geht es Ihnen mit der Frage? Wie lautet Ihre Antwort?

Zu müde oder lustlos für eine Fahrradtour oder den Spaziergang mit dem Hund? Das neue Buch kommt einfach nicht auf den Punkt? Der Weg in die Innenstadt zum Shopping ist wirklich sehr weit, und bestimmt gibt es keinen einzigen Parkplatz mehr, nirgends? Machen Sie mit. Schreiben Sie hier fünf Dinge auf, die Ihnen wirklich Spaß machen.

Sie finden hier etwas Raum, um das Ergebnis auf Papier zu bannen:

Wichtig, wenn Sie etwas gefunden haben: Geben Sie den Dingen die Zeit und den Raum, die sie benötigen. Wenn Sie etwas anfangen und es wieder schaffen, sich in diese Beschäftigung zu versenken, haben Sie schon viel zurückgewonnen. Entspanntes Holz hacken für Ihren Kaminofen dauert zwei Tage länger? So what! Genießen Sie es!

Frei nach dem Motto: Wir arbeiten lustig und gediegen, was nicht fertig wird, bleibt liegen. Mal wieder mit Freunden, vielleicht sogar unter der Woche, die Nacht zum Tag gemacht und in der Kneipe versackt? Alles richtig gemacht!

Allein das Wahrnehmen bzw. diese Erkenntnis in der entsprechenden Situation, dass man sich jetzt selber diese Zeit „erlaubt" hat, ist Gold wert.

 Einfach öfter mal wieder nur sein, nichts müssen – ein gutes Ziel!

Gute Nacht – mit Gedankenparkplatz und Rhythmus!

Schlafstörungen sind ein häufig zu beobachtendes Symptom bei stressbedingten Erkrankungen der Seele. Dabei treten sowohl Einschlaf- als auch Durchschlafstörungen oder eine Kombination daraus auf. Fakt ist: Es gibt kaum etwas, das so sehr auslaugt wie die fehlende Erholung durch einen Mangel an Schlaf. Das hatten wir ja schon. Doch was tun?

Wichtig für einen guten Schlaf ist neben der Schlafposition, dem richtigen Schlafgerät vor allem der Rhythmus.

Der Körper ist eher gewillt, sich dem erholsamen Schlaf hinzugeben, wenn Sie immer zur gleichen Zeit ins Bett gehen und zur gleichen Zeit wieder aufstehen. Eine Mindestdauer von 6 Stunden Schlaf sollte dabei immer ermöglicht werden. So hat man z. B. herausgefunden, dass das vielgepriesene bzw. erwünschte Ausschlafen am Wochenende gar nicht so erholsam ist, wie bislang gedacht. Die Unterbrechung des Schlafrhythmus' am Wochenende führt stattdessen zu einem ähnlichen Effekt wie ein Jetlag.

Sollten Sie häufig von belastenden Gedanken in der Einschlafphase gequält werden, so hilft ein „Gedankenparkplatz" am Kopfende Ihres Bettes: Dort „parken" Sie zum Zubettgehen alle Themen und Probleme, die Sie gerade bei sich tragen, und geben sich das Einverständnis, sie am darauffolgenden Morgen wieder abzuholen. Das Parken erfolgt, indem Sie die Themen aufschreiben und die Probleme benennen. Sie sollten also immer Stift und Papier bereitliegen haben (Kollege Berger bevorzugt ja sein Tablet). Sollten Sie des Nachts aufwachen und ein Problem wälzen, parken Sie es ebenfalls auf dem Parkplatz, und so können Sie in der Gewissheit schlafen, dass Ihnen kein Problem verloren geht und es am nächsten Morgen mit der Bearbeitung weitergehen kann.

Das Ergebnis: Merkwürdigerweise, so zeigt die Erfahrung, werden Sie mit ziemlicher Sicherheit am folgenden Morgen feststellen, dass Sie gar nicht mehr alle „Themen" vom Gedankenparkplatz benötigen, weil einige sich entweder erledigt oder sie über Nacht an Brisanz verloren haben. Schon Großmutter Hamster wusste: „Eine Nacht drüber schlafen und die Dinge sich selbst überlassen" ist tatsächlich ein sehr probates Mittel, um Probleme zu lösen.

P.S.: Prüfen Sie mal wieder Ihr Bett(-zeug)! Wie lange liegen Sie jetzt schon auf Ihrer ollen Matratze? Haben Ihre Latten schon Rost angesetzt? Wann kam das letzte Mal das Kopfkissen neu?

„Neueste Nachrichten?" – „Mir doch egal!"

Nachrichten zeigen die Abweichung von der Norm. Das „Normale" ist keine Nachricht wert. Wenn Sie also viel Nachrichten schauen, werden Sie zwangsläufig mit reichlich Abweichung von der Norm konfrontiert: Nämlich mit Mord und Totschlag, unfähigen Managern, mit alternativlosen politischen Entscheidungen und so fort.

Irgendwann könnten Sie den Eindruck gewinnen, dass die Welt verrückt geworden ist. Ist sie nicht (Herr Berger ist hier anderer Ansicht). Fakt ist, es ist „nur" der spektakulär(ste) Ausschnitt aus dem Weltgeschehen, den man Ihnen in den Nachrichten zeigt.

Wenn Sie also wieder ruhig schlafen wollen, und hier sind sich die Autoren wieder einig, gönnen Sie sich eine Auszeit von den „Sensationen".

Sie können sicher sein: Wichtiges erreicht Sie trotzdem immer, und das Unwichtige ist am nächsten Morgen bereits keine Nachricht mehr wert.

Herr Berger übernehmen Sie. – Gerne, Herr Thews.

Also ... konkret heißt das: Medien aus – Fernseher, Computer, Smartphone – aus! Seien Sie die drei Affen. Nichts sehen, nichts sagen, nichts hören. Das schont Auge, Ohr und Seele. Smartphone, Applewatch, Tablet, Computer & Co. sollen uns das Leben erleichtern. Das tun sie ohne Frage auch. Aber diese Art der Mediennutzung hat auch ihre Kehrseiten. Die ständige Verfügbarkeit bringt eine permanente Überinformation und einen schmerzender Nacken vom ständigen Draufstarren.

Ein kurzes Beispiel aus dem Bad ... äh ... dem wahren Leben: Früher habe ich mich nach dem Aufstehen (ca. 8 Uhr) direkt ins Badezimmer begeben. Das iPhone war immer dabei.

Was passierte nun (nicht selten)? Das Hamsterrad begann sich zu drehen: Schlechte Nachricht auf dem iPhone – auf dem Klo*. Eine Kundenbeschwerde per E-Mail. Was war nun die Folge? Ärger, Sorge, Unruhe. Runter vom Klo. Wachsende Unruhe. Katzenwäsche. Noch ein bisschen mehr Unruhe. Eine abgekürzte Runde mit dem Hund inkl. Grübeln folgte. Doof für mich, doof für den Hund. Die Folge: Die beiden Beteiligten (Hund und Herrchen) waren den Rest des Tages unentspannt. Büro. Banane vergessen. Rechner hochgefahren. E-Mail noch mal gelesen. 8:35 Uhr. Warten, da der Kunde eh erst um 9 Uhr öffnet. Kaffee. Warten, denken. Sie können sich vorstellen, wie es weiterging?

Richtig. Kunde, um 9 Uhr nicht erreicht. Warten auf Rückruf. Unruhe. Arbeit wird nur halbherzig erledigt, weil nicht richtig bei der Sache. 11:30 Uhr Rückruf vom Kunden. Anspannung. Nervosität. Dann: Sache halb so schlimm. Sorry. Gestern Ärger mit der Freundin gehabt, deswegen wohl etwas heftig geschrieben. Sorry.

Kommt Ihnen bekannt vor? Kommt Ihnen bekannt vor!
Was haben wir nun daraus gelernt? Ich schalte das Gerät erst zu Arbeitsbeginn ein, und ab 20 Uhr wird das Gerät auf „Flugmodus" gestellt. Denn das Ganze funktioniert ja auch prima umgekehrt. Wer hat nicht schon mal nachts, spätabends oder am Wochenende eine unangenehme E-Mail oder SMS bekommen, die einem die komplette Nacht oder den wohlverdienten Samstag/Sonntag versaut hat?

---

* Diese Zeilen schreibe ich übrigens gerade auf dem Klo. Verrückt, oder? Da gibt man Rat und hält sich selber nicht dran.

Unser Aufruf:
Schützen Sie Ihre Privatsphäre bzw. Ruhephasen!

Durch das Ausschalten ist das Problem zwar nicht weg, aber ich habe wenigsten meine „Pause" gehabt, bin ausgeruht. Außerdem bin ich zu diesem Zeitpunkt (während der „normalen" Arbeitszeit) voll handlungsfähig. Nachts, frühmorgens oder am Wochenende bin ich das nicht.

Anderes Thema: Smartphone, Social Media & Co.

Beobachten Sie sich einmal selber. Stichwort Achtsamkeit. Was macht der kurze Facebook-Film über die (2016 legal per Gerichtsentscheid bestätigt. Ich könnte kotzen!) geschredderten männlichen Hühnerküken, den Sie bei einer Zigarette in der Pause, schnell zwischendurch, draußen vor der Tür anschauen, mit Ihnen? Das ist Seelengift pur!

Wohin mit Ihrer Wut? Reicht ein mittlerweile mögliches „Traurig-Emoticon", um den Schaden in Ihnen wieder zu beheben? Was machen die Nachrichten oder Polittalkshows mit Ihnen?

Aber ich muss doch wissen was in XXXXXX (ersetzen Sie diese XXXXXX durch ein beliebiges Land oder einen Ort, von dem Sie nicht einmal wissen, wo er auf diesem Planeten liegt) los ist, werden Sie vielleicht entgegnen.

Müssen Sie das wirklich? Müssen Sie nicht!

Viele Unternehmer, mit denen wir gesprochen haben, lassen mittlerweile immer öfter den Fernseher aus. Neulich habe ich mich sogar dabei ertappt, wie ich im Auto auf dem Weg zum Kunden anderthalb Stunden keine Musik bzw. kein Radio gehört und es nicht einmal bemerkt habe. Unbewusst habe ich einfach nur die Ruhe genossen.

Fazit: Dosieren Sie Ihren Medienkonsum so, dass Sie ihn ertragen (sonst gibt es Rückenschmerzen), vertragen (sonst gibt es Bauchschmerzen), noch hören (es folgt sonst der Tinnitus oder Hörsturz) oder sehen (Augenmigräne) können – denn dieser „Mist" und noch viel mehr trägt nicht unwesentlich zum Burnout bei.

Nachsatz: Stellen Sie das Handy auf lautlos und Vibration, wenn es Ihre Arbeitswirklichkeit zulässt. Ein Brummen reicht manchmal völlig aus, um „gehört" zu werden, außerdem animiert nicht jede SMS zum zwanghaften Nachgucken. Und stellen Sie den automatischen E-Mail-Empfang ab. Entscheiden Sie durch manuellen Abruf darüber, wann Sie sie lesen wollen. Agieren statt reagieren ist hier das Zauberwort, aber das ist eine andere Geschichte ... äh ... anderes Kapitel. (Das hatten wir doch schon, oder? Blättern Sie mal zurück!)

Keine Besprechung ohne Agenda

Besprechungen, zu deutsch Meetings, sind häufig echte Zeitfresser und verschlingen Unmengen an persönlichen und ökonomischen Ressourcen. Diese Zusammenkünfte sind mittlerweile ein weit verbreitetes Phänomen, frei nach dem Motto: „Wenn ich mal nicht weiter weiß, bild' ich einen Arbeitskreis!"

Daher prüfen Sie deshalb bitte in Zukunft bei jeder Besprechungsanfrage: Was steht auf der Agenda? Ist das Thema für mich wirklich relevant? Oder liegt es thematisch mehr im Bereich eines Mitarbeiters, oder geht mich das eigentlich generell nichts oder nicht viel an?

Das Leben ist zu kurz, um es in Besprechungen zu vergeuden. Andersrum: Wenn Sie derjenige sind, der zu

einer Besprechung einlädt, sollten Sie sich vorher fragen, wen genau Sie dabei haben müssen. Je weniger Personen dabei sind, desto eher kommt man zu einem Ergebnis, desto günstiger ist die Besprechung, und desto einfacher ist es, einen Termin zu finden, der für alle passt. Thema: Rudelbildung. Nach meiner Beobachtung sind solche „Gruppentreffen" zu einer regelrechten Seuche geworden. „Zur Sicherheit" bringt man lieber einen Kollegen mehr mit. Das führt dann häufig dazu, dass in solchen Runden zwar schnell alles gesagt ist – aber noch nicht von jedem ...

Für Meetings und Besprechungen gilt das Prinzip von Parkinson zum Thema Bürokratiewachstum: Alles nimmt so viel Raum ein, wie man ihm gibt. Wenn Sie vielen Menschen in einem Raum zwei Stunden Zeit geben, wird das Ganze zwei Stunden dauern – und viele Menschen benötigen. Wenn Sie aber nur drei Personen einladen und dem Ganzen eine halbe Stunde Zeit geben, benötigen Sie eben nur eine halbe Stunde und die Ressourcen von drei Menschen. „Zurück zum Wesentlichen" lautet auch hier die Devise. Und oftmals lässt sich ein Thema ganz einfach bilateral am Telefon klären, ohne großen Aufwand und Bohei.

P.S.: Der Vollständigkeit halber und weil es stimmt, hier noch ein wichtiger Nachsatz: Eine Besprechung ohne Protokoll, Ergebnisse und verbindliche Vereinbarungen für nächste Arbeitsschritte ist eine überflüssiges Besprechung.

Humor – eine ernste Angelegenheit

Nein, in Sachen Humor verstehen wir keinen Spaß. Geradezu sprichwörtlich gehen wir Deutschen sauertöpfisch in den Tag und ergehen uns eher an den kleinen Schrecken des Tages, wie sie beispielsweise in den Nachrichten täglich präsentiert werden. Wir sind auf die Dinge konditioniert, die nicht funktionieren. Gerade in Chefetagen geht es erstaunlich spaßbefreit zu. Uns entgehen dabei aber die schönen Dinge des Lebens, und dazu gehört eine Eigenschaft des Menschen, die uns von Tieren unterscheidet: Wir sind zum Humor fähig und können lachen.

Beim Lachen bewegen wir mehr Muskeln als beim Workout. Okay, es sind winzige Mimikmuskeln, und das einzige Gewicht, das Sie damit stemmen können, ist das Gewicht, das auf Ihren Schultern lastet. Aber immerhin.

Kultivieren Sie Ihr Lachen. Nicht über Missgeschicke anderer, nicht auf schäbige, zotige Weise, denn das fällt auf uns negativ zurück und bewirkt das Gegenteil von echter Fröhlichkeit. Es gibt genügend Gelegenheiten im Alltag, die allen Beteiligten einen befreienden Lacher wert sind.

Lachen ist eine wunderbare Anti-Stress-Therapie, die man als nebenwirkungsfrei und ausschließlich für den Körper und Geist als positiv bezeichnen kann. Ein Unternehmen in Hamburg war mit der Meldung in der Presse, dass es Humor am Arbeitsplatz projektmäßig mit der Unterstützung von Lachtrainern entwickeln will.*

Ist Ihnen jetzt auch gerade das Lachen vergangen, als Sie diese Zeilen lasen? Kein Wunder, war doch alles viel zu sachlich,

---

*Das ist so ein typisches Beispiel dafür, wie man es nicht machen sollte: Humor auf Anweisung des Chefs. „Sei mal ganz spontan." Lachen ist nur durch Vorlachen ansteckend, in einer Kultur, in der gelacht werden darf. Den Trainer dafür können Sie sich sparen.

zu rational. Lachen und Humor sind irrational, verrückt, sonst wär's nicht witzig.

Erfreuen Sie sich an den komischen Dingen des Lebens. Schneiden Sie Grimassen, sprechen Sie eine Fantasiesprache, singen Sie selbst erdachte Parodien auf gängige Charthits. Erfinden Sie Hamsterwitze.

Und wenn Ihnen gerade gar nicht zum Lachen ist: Fröhlichkeit entsteht nicht nur durch Lachen und dem daraus resultierenden Grinsen bis zu den Augenfältchen. Sie kann auch dadurch entstehen, indem Sie sich selbst ein Lächeln ohne Anlass ins Gesicht „zwingen". Wenn Sie nur lange genug lächeln, registriert das Unterbewusstsein, dass dazu doch eine fröhliche Stimmung gehören müsste und passt die Gefühlslage darauf an. Verrückt, oder?

Schritt 2: Frusttoleranz entwickeln

Sich dem Frust zu entziehen, klingt zunächst nicht einfach. Ist es auch nicht, ziehen wir doch aus dem Frust eine sehr starke Emotionalität in Form von Wut und Aggression. Von nicht wenigen Hamstern hat man schon gehört: „Erst durch den Frust spüre ich, dass ich lebe."

Eine solch zynische Haltung können wir Ihnen beim besten Willen nicht empfehlen.

Sicher ist es so, dass viele Emotionen an den Frust gebunden sind und sich durch ihn wecken lassen. Jedoch gibt es so viele positive Emotionen wie z.B. Freude, Genuss und Zuversicht, die sich aber nicht zeigen, wenn der Frust da ist! Nicht frustig … äh … lustig.

Frustlos glücklich? Ist das überhaupt ein realistisches Ziel? Nein. Das Leben hält natürlich immer einige Widrigkeiten für uns bereit, sodass es Sinn macht, sich dem Thema Frust aktiv zu stellen. Die Folge: Sie wissen, dass er da ist, er kann Ihnen aber nichts mehr anhaben. So könnte man vielleicht die Herausforderung beschreiben.

Machen wir uns ans Werk. Unser Ziel in den nächsten Kapiteln: Ein paar wirkungsvolle Tipps und Empfehlungen für den „Frustverlust"!

Mach's dir selbst – weg von der Anerkennung durch andere!

Sind Sie erst zufrieden, wenn Sie gelobt werden? Ist die Anerkennung durch andere für Sie Ansporn, mehr zu geben?

Richten Sie Ihre Tätigkeiten nach dem höchsten vermuteten Applaus dafür aus? Herzlich willkommen in der Anerkennungsfalle.

Und Ihr Publikum, Ihr Chef, Ihre Kollegen, Ihre Kunden merken das sehr schnell.

> 99 Anerkennung ist eine Währung für den, der empfänglich dafür ist. 99

Personen, die auf Anerkennung aus sind, sind sehr leicht zu manipulieren: Sie strömen dorthin, wo das meiste Lob zu erwarten ist. Wie ein Bär, der am Ring durch die Manege geführt wird. Ein Beispiel aus der Praxis: Der Abteilungsleiter kommt kurz vor dem Wochenende in Ihr Büro und möchte von Ihnen noch schnell eine Statistik. „Weil Sie das doch so gut können." Der Vorstand brauche diese Aufstellung unbedingt. Bis Montagmorgen. Sie würden auch lobend erwähnt werden – und vielleicht möchten Sie auch noch etwas für Ihre Karriere tun? Kennen Sie? Kennen Sie!

Solche Geschichten gehen meist so aus, dass Sie sich das Wochenende damit versüßen, Zahlen in irgendeinen Zusammenhang zu bringen und Sonntagabend das Ergebnis an den Abteilungsleiter zu schicken. Natürlich nicht direkt an den Vorstand, das macht der feine Herr lieber selbst. Ob Sie dafür wohl die verdiente Anerkennung bekommen? Das wiederum hängt davon ab, ob Ihr Vorgesetzter in Ihnen einen Konkurrenten sieht, und Ihr Ergebnis bahnbrechend war. Dann bekommen Sie in der Regel aber trotzdem höchstens ein „Naja, ganz okay, aber eine Zahl war in der falschen Schriftgröße." Wenn Ihr Chef jedoch eher zu der Sorte gehört, die die Arbeit nicht erfunden hat, wird er Sie über den grünen Klee loben (wenn das Ergebnis brauchbar war), damit er Ihnen auch weitere Wochenenden versauen darf. Und wenn Ihr Chef eher nicht darauf achtet, wie es den Menschen in seiner Umgebung geht, dann könnte er auch sagen, dass es zwar sehr nett war, dass Sie ihm das Ergebnis geschickt haben, aber das Ganze doch nicht so dringend war oder bei der Besprechung mit dem Vorstand gar nicht thematisiert wurde.

Wie auch immer: Sie sind der Verlierer in dem Spiel. Die Sache wurde dringend gemacht, war aber überhaupt nicht wichtig für Sie. Wer sich abhängig macht von der Anerkennung durch andere, ist nicht mehr frei. Nicht mehr frei in seinen Entscheidungen und Handlungen. Dabei liegt auch hier eine einfache Konditionierung zugrunde, die in der bereits beschriebenen Weise aufgelöst werden kann: Nutzen Sie den Raum zwischen Reiz und Reaktion für Ihre freie Entscheidung.

Wenn Sie zu dem Entschluss kommen: „Ich brauche gerade etwas Anerkennung", dann ist es zumindest Ihre freie Entscheidung, sich dementsprechend zu verhalten. Wenn Sie jedoch in der Lage sind, zu sagen: „Anerkennung durch andere ist mir vollkommen gleichgültig", dann sind Sie dabei, sich aus der Anerkennungsfalle zu befreien.

Sollten Sie also Wert auf Anerkennung durch andere legen, empfehlen wir Ihnen, damit aufzuhören. Gewinnen Sie die Freiheit dadurch zurück, sich selbst für Ihre Leistungen zu loben* (gerne auch im inneren Zwiegespräch, muss ja nicht jeder hören), und bedanken Sie sich für Lob und Anerkennung, wenn es Ihnen zuteil wird.

Wichtig: Den genussvollen Teil der Bauchpinselei dürfen Sie ja durchaus zur Aufwertung Ihres Egos mitnehmen. Seien Sie

---

*Nein, das ist keine Aufforderung zu Eitelkeit oder die Beschönigung des Narzissmus. Aber Sie sind doch ein Mensch, der mitten im Leben steht, oder? Sie wissen, welches Ziel Sie erreichen wollten.

jedoch vorsichtig, wenn auf das Lob gleich oder kurze Zeit später eine Bitte oder eine Aufforderung folgt. Dann wird versucht, Sie am Gängelband zu halten.

Wenn Sie es dann erreicht haben, dürfen Sie sich auch durchaus Anerkennung zollen.

Womit? Mit Recht.

„Scheiße, Fehler gemacht!"

So krass wie die Überschrift sind oftmals die verbalen Entgleisungen, die mit einer Fehlleistung einhergehen. Wohlgemerkt: mit einer bemerkten Fehlleistung. Am besten noch mit einer von anderen bemerkten Fehlleistung. Bei immer mehr Aufgaben, die in gleicher Zeit erledigt werden müssen, bei immer mehr schlecht geplanten Projekten, bei denen der Letzte in der Prozesskette seine Arbeit in Nullzeit erledigen muss, passieren immer mehr Fehler. Es kann nicht anders sein, das ist einfach nur menschlich. Nur wenn wir uns vernünftig auf eine Aufgabe konzentrieren können, sind wir in der Lage, unsere Fähigkeit so einzusetzen, dass die gestellten Anforderungen erledigt werden können. Das ist uns bekannt, sicher. Trotzdem lassen wir nicht von unserem Perfektionismus ab und sind sauer über jeden Fehler, der passiert. Das frustet zusätzlich.

Blöd, dass wir als Vorhamster und Chefs unter ständiger Beobachtung unserer Mitarbeiter stehen. Unsere Fehler bleiben selten verborgen, und mühsam gefundene Sprachregelungen* werden in der Kaffeeküche von den Mitarbeitern haarklein und unter beißendem Spott zerlegt. Noch mehr Frust entsteht.

---

*In diesem Fall bin ich dogmatisch: Eine „Sprachregelung" ist für mich nur ein Euphemismus für „Lüge".

Wenn wir gestresst und gefrustet sind, dann passiert noch etwas Folgenschweres: Unser Realitätssinn leidet. Das bedeutet, dass wir ab einem gewissen Grad an Stress und Frust nicht mehr in der Lage sind, Risiken vernünftig einzuschätzen. Das kann sich so äußern, dass wir geradezu hasardeurhaft alle berechtigten Bedenken hinfortwischen, nur um sie vom Tisch zu haben. Oder dass wir überängstlich jede sich bietende Gelegenheit nutzen, um das große Ganze in Frage zu stellen. Beide Verhaltensweisen sind verständlicherweise schädlich und führen nur zu neuem Frust: nämlich, wenn sich die getroffene Einschätzung als fehlerhaft erweist. Da in den meisten Fällen niemand da ist, dem wir dann den „Schwarzen Peter" zuschieben können, geißeln wir uns in aller Regel auch noch selbst dafür, dass wir uns in diese Situation gebracht haben.

In meinem Studium habe ich noch gelernt, dass eine Minute, die man in gute Planung investiert, bei der Durchführung 100 Minuten spart. Das nenne ich Effizienz. Wo finden wir das heute noch? Alles muss schnell-schnell, am besten gestern fertig sein. Dabei überlegt es sich der Auftraggeber aber zwischenzeitlich noch einige Male anders, weitere Beteiligte sprechen mit und äußern ihre ganz eigenen Vorstellungen, und auf einmal ist aus der Planung ein Chaos geworden.

Nahe Berlin steht ein solches Beispiel fulminanter Unfähigkeit namens BER. Ein Fluchhafen, kein Flughafen. Nach Abschluss der Planung reden unzählige Leute in die Durchführung hinein, die alle keinen Plan haben. Inzwischen wäre es wohl günstiger, ihn neu zu bauen, als ihn in der derzeitigen Form fertigzustellen. Den Letzten beißen die Hunde, Frust pur. Ich wage zu behaupten, dass mindestens 50 % der Fehler, die im Alltag geschehen, auf mangelnde Verbindlichkeit und fehlende Verantwortung zurückzuführen sind. Was schließen wir daraus? Welche Empfehlung können wir geben?

Legen Sie alle Vereinbarungen schriftlich fest, bestehen Sie auf deren Einhaltung, und seien Sie sich für einen Streit nicht zu schade, damit die Verantwortlichen auch die Konsequenzen ihres Handelns zu tragen haben.

Jetzt bliebe noch die Beschäftigung mit den anderen 50 % der auftretenden Fehler. Hm, daran könnten Sie einen Anteil haben. Eine Lösung ist, hier mehr Frusttoleranz zu entwickeln und eine Fehlerkultur zu etablieren.

Fehlerkultur heißt, dass jedem zugestanden wird, Fehler (bei der Arbeit) zu machen.

Das berücksichtigt die menschliche Eigenschaft, eben nicht perfekt zu sein. Fehlerkultur heißt aber auch, dass eine Fehlleistung ehrlich als solche benannt wird (vom Mitarbeiter bis zum Chef) und keine beschönigenden Sprachregelungen ausgegeben werden.

Fehlerkultur bedeutet in der Konsequenz auch, dass aus jedem Problem eine Lösung gewonnen wird, die auf dem Weg hin zu einem erstrebenswerten Ergebnis zielführend ist.

Das bedeutet in der Folge, dass Sie ganz entspannt den Dingen entgegensehen und mit allen Unwägbarkeiten umgehen können. Warum? Weil Sie ab jetzt jeden, der mit einem Problem oder einer Fehlermeldung kommt und ein positives Ergebnis gefährden könnte, dazu verpflichten, dass er einen Lösungsansatz für das Problem gleich mitbringt.

Wer ein Problem meldet, ohne eine Idee zu haben, wie eine Lösung aussehen könnte, hat in Ihrer Umgebung nichts zu suchen. Sie brauchen keine problemorientierten Miesmacher, sondern lösungsorientierte Mitstreiter.

Bevor Sie jetzt aber anmerken, dass Sie dann ja Ihren halben Mitarbeiterstamm entlassen könnten, geben wir Folgendes zu bedenken: Könnte es sein, dass Ihre Mitarbeiter, die sich zu Problemsuchern entwickelt haben, einfach vor einer auf Bestrafung ausgerichteten Fehlerkultur kapituliert haben? Könnte es sein, dass diese Mitarbeiter früher (also in besseren Zeiten) durchaus motiviert und kreativ waren, Sie aber deren Lösungsansätze verworfen haben, weil sie nicht zu Ihrem perfekten Zielbild passten? (Wenn das nicht so ist, könnte man durchaus die Frage stellen, warum Sie diese Mitarbeiter überhaupt eingestellt haben.)

Es darf also mit Zuversicht davon ausgegangen werden, dass Ihre Mitarbeiter sich bei Etablierung einer neuen, an kreativen Lösungsansätzen ausgerichteten Fehlerkultur wieder auf ihre alten Fähigkeiten besinnen und wieder aktiv am Unternehmensgeschehen beteiligen.

Der schlaue Hamster weiß: Ein kluges Risikomanagement ist besser, als perfektionistisch zu sein.

Die Lösungsansätze könnten also lauten:
- Effektivität und Effizienz (wieder) in Einklang bringen: Erst wenn die richtigen Dinge feststehen (in den meisten in Frage kommenden Fällen wird das die Zieldefinition sein) und diese von allen verstanden wurden, kann die Umsetzung beginnen.

- Die Planung beinhaltet ein umfassendes Risikomanagement, bei dem die möglichen Komplikationen Ihres Handelns betrachtet und auf deren Eintrittswahrscheinlichkeit untersucht werden. Bei einer hohen Eintrittswahrscheinlichkeit ist eine mögliche Risikobegegnung zu beschreiben. Das gibt Sicherheit für das weitere Handeln.
- Dann gilt es, den Plan effizient umzusetzen und die Erkenntnisse aus der Risikobetrachtung zu nutzen. Wer einen Fehler in der Arbeit macht, ist für dessen Beseitigung verantwortlich. Mindestens ist ein Lösungsansatz zu liefern, vorher wird derjenige nicht aus seiner Verantwortung entlassen.

Nicht zufrieden 1 – Frust durch Perfektionsdrang

„Perfektion ist nicht dann erreicht,
wenn es nichts mehr hinzuzufügen gibt,
sondern wenn man nichts mehr weglassen kann."

Antoine de Saint-Exupéry

Kaum zu glauben: Der Mensch, der den kleinen Prinzen erfunden hat, verstand auch etwas von Produktdesign. Perfektion heißt demnach nicht immer mehr, sondern immer weniger. Sie kennen den Spruch: Weniger ist (oftmals) mehr! Es ist die Beschränkung auf das Wesentliche, von dem derselbe Autor gesagt hat, dass es für das Auge unsichtbar sei. Wenn man über diese Zeilen ein wenig nachdenkt, erschließt sich schnell, dass Monsieur de Saint-Exupéry sehr wohl wusste, was er geschrieben und auf den Punkt gebracht hat.

Lassen Sie uns daher den Begriff „Perfektion" etwas menschengerechter formulieren, denn wenn Perfektion etwas

Kaltes, Unnahbares, Übermenschliches ist, warum wollen Sie sich dann ihrer ständigen Anwesenheit sicher sein – sehen kann man sie ja nicht. Wenn Sie also nach Perfektion streben, aber eigentlich meinen, dass die Dinge mühelos und leicht „flutschen" und alle mit dem Ergebnis und dessen Erzielung mehr als zufrieden sind, warum belegen Sie den Begriff dann nicht einfach neu?

 Wir haben ja bereits etwas über den Unterschied zwischen Effektivität und Effizienz gelesen. Perfekt(ion) ist demnach die Balance zwischen Effektivität und Effizienz.

Wunderbar. Sie machen die richtigen Dinge – und diese dann auch noch richtig. Was könnte perfekter sein? In einem solchen Umfeld liegt ganz zwangsläufig eine Balance zwischen Anforderungen und Fähigkeiten vor, es kann nicht zu Frust und schon gar nicht zu einem Burnout kommen.

> **Perfektion ist, wenn Sie Ihr Bestes geben und sehenden Auges zufrieden sind.**

Wenn Sie Ihr Bestes geben (mehr geht ja per Definition schon nicht), dann muss es doch perfekt sein. Wenn Sie diese Haltung für sich entwickeln können – fast war ich geneigt zu schreiben: „perfektionieren können" – dann entkommen Sie gleichzeitig der Perfektionsfalle, der Anerkennungsfalle und der Selbstgeißelungsfalle. Strike!

Nicht zufrieden 2 – Frust durch enttäuschte Erwartungen

Da hält man sich als braver Hamster an alle Ratgeber, definiert seine Ziele wohlgeformt, lässt Effektivität und Effizienz gemeinsam wirken und dann das: Das Ergebnis bleibt hinter den Erwartungen zurück.

Was tun?

Zum einen gilt es, die Erwartungen nicht zu hoch zu stecken. Warum soll es ein Umsatzplus von 10 % sein? Warum reichen nicht auch 3 %? Schon Epikur wusste: Bei allen Begierden muss man sich fragen: Was geschieht, wenn mein Begehren befriedigt ist, und was, wenn es nicht befriedigt wird?

Machen Sie sich also klar, warum Sie etwas erreichen wollen, und welchem eigentlichen Zweck es dienen soll. Und auch, was schlimmstenfalls passieren kann, wenn Sie Ihr Ziel verfehlen. So sind Sie gut gewappnet, stecken Ihre Erwartungen nicht zu hoch und begegnen im Voraus dem Frustpotenzial, das in einer enttäuschten Erwartung steckt.

Eine andere Ursache für enttäuschte Erwartungen ist, dass sie nicht oder nicht eindeutig geäußert werden. Wenn Sie also Erwartungen an Mitarbeiter, Kunden oder Partner stellen, dann sorgen Sie auch dafür, dass denen Ihre Erwartungen missverständnisfrei bekannt sind. Sie kennen bestimmt das Sprichwort: Gehört ist nicht verstanden.

Fragen Sie daher im Zweifel nach, ob Ihre Erwartung so verstanden wurde, wie Sie sie gemeint haben. Sie dürfen davon ausgehen, dass die wenigsten Menschen in Ihrem Umfeld Sie bewusst enttäuschen wollen. Wenn also eine Erwartung geäußert und verstanden ist, dann sind damit bereits 50 % zur Erfüllung der Erwartung getan.

Über die Veränderung – von jetzt auf gleich!
Veränderung braucht Zeit! Der Beschluss, etwas zu verändern, ist das eine. Dann auch zu beginnen, es zu tun und durchzu-

halten, das andere. Wir leben in einer Zeit, in der wir gewohnt sind, alles an jedem Ort und zu jeder Zeit erhalten zu können. Erst recht möchten wir, dass nach einem getroffenen Beschluss zur Veränderung sich sofort der gewünschte Zustand einstellt.

Das hätten wir wohl gerne:
Eine spontane Veränderung wie die binäre Zustandsänderung von „0" auf „1" ist jedoch nicht natürlich und daher auch in der Realität nicht anzutreffen.

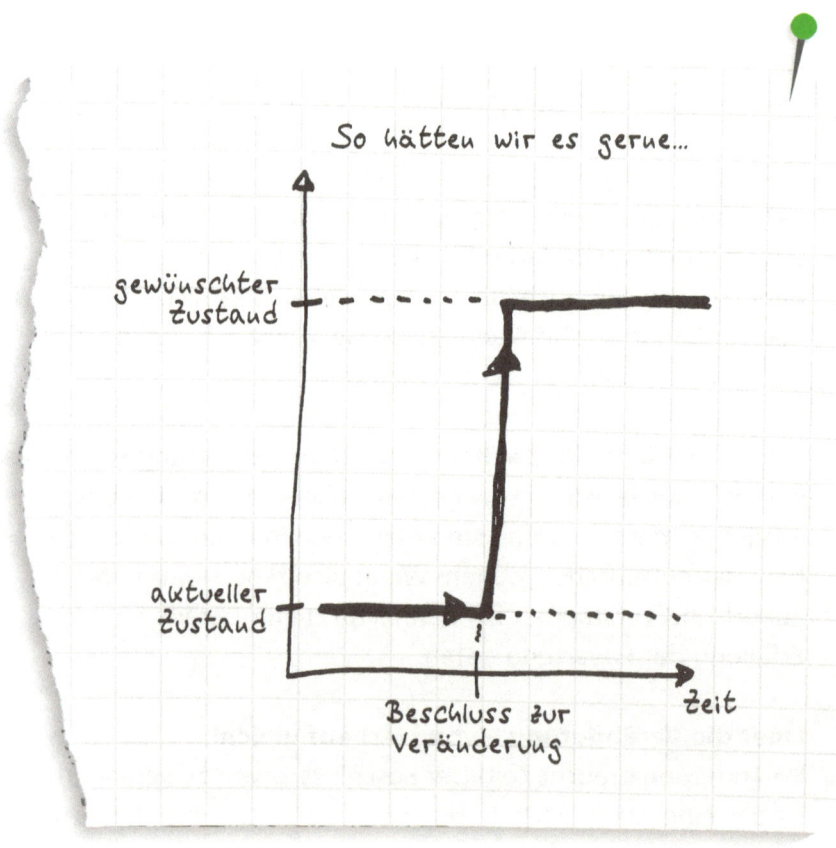

Der Weg zum gewünschten Zustand verläuft natürlicherweise in einem von zwei Pfaden, welche in der folgenden Zeichnung dargestellt sind.

So sieht Veränderung im „echten" Leben aus:

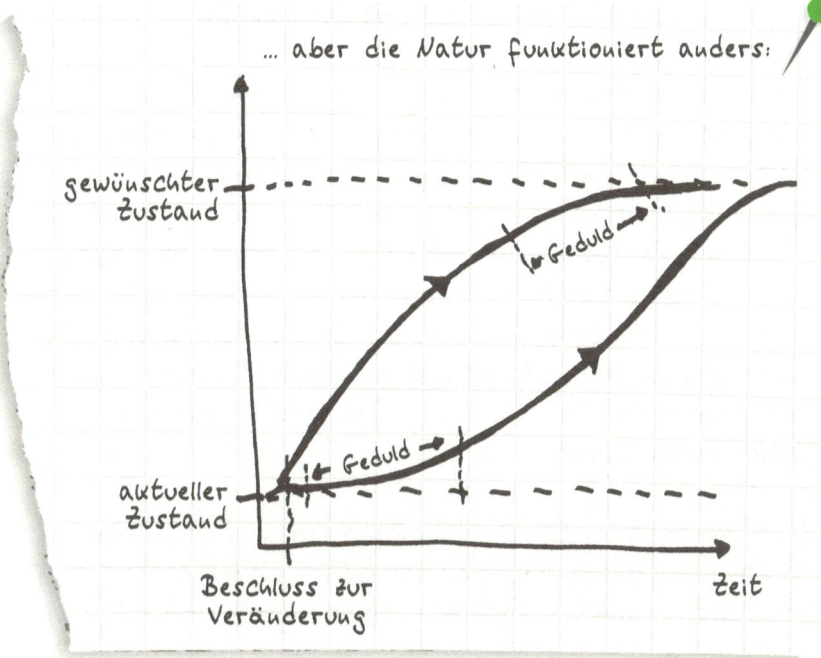

Entweder erfolgt nach dem Beschluss zur Veränderung sehr schnell eine positive Veränderung, die dann aber auf dem Weg zum gewünschten Zustand hin abflacht. Oder es dauert nach dem Beschluss zur Veränderung einige Zeit, bis eine Veränderung spürbar wird, und dann geht es aber auf den gewünschten Zustand hin sehr schnell.

Doch was fangen wir nun mit dieser Erkenntnis an? Wie begegne ich eventuell entstehendem Frust? Keine Frage ohne Lösungsansatz.

An zwei Etappen dieser Entwicklungskurven ist Frusttoleranz gefragt, nämlich dann, wenn es nicht mehr so zügig vorangeht. Frusttoleranz ist in diesem Moment identisch mit etwas, das aus der Mode gekommen zu sein scheint: Geduld.

Über die Geduld, den Glauben, das Chaos und die Ordnung

Geduld ist eine Tugend – ein Spruch scheinbar wie aus vergangenen Zeiten – aber Geduld heißt nichts anderes als Vertrauen in eine gewünschte Veränderung, Vertrauen in den eigenen Glauben zu haben. Sie haben sich entschlossen, etwas zu verändern. Folgerichtig sind Sie doch auch der Ansicht, dass Sie die richtige Entscheidung getroffen haben, oder? Sie sind sich sicher, dass die gewünschte Veränderung den von Ihnen gewünschten Erfolg haben wird, oder? Dann ist es auch nur folgerichtig, dass Sie in die natürliche Entwicklung Vertrauen haben, oder?

Doch Vorsicht, im ODER schlummert Frustpotenzial: Wieder ist etwas auszuhalten. Das Vertrauen schwindet. Keine Kontrolle. Nur Vertrauen – und der filigrane Glaube, dass es (doch noch) gut wird.

Der wichtigste Punkt an dieser Stelle: Der Glaube, dass es gut wird – in Ihrem Sinne gut.

Wenn Sie das für sich entdecken, werden Sie es lieben lernen. Denn wenn Ihr Glaube darin, die richtigen Dinge zu tun, unerschütterlich ist, dann hat der Frust keine Chance mehr.

Ein kleiner Ausflug in die Wissenschaft. Der Glaube ist im Unterbewusstsein verankert, er ist das, was der Wille im Verstand ist. Das Unterbewusstsein bestimmt zu mehr als 80% unser Denken und Handeln.

> Ergo: Wenn sich Glaube und Wille feindlich gegenüberstehen, dann siegt immer und ohne Ausnahme der Glaube.

Und genau dieser Funken Glaube gibt Ihnen (mehr als das Wissen) bei Ihrem Vorhaben die innere Gewissheit, dass Sie sich es erlauben können, vollkommen gelassen der Verwirklichung Ihres Planes entgegenzusehen. Wenn wir uns noch einmal etwas genauer ansehen, was Veränderung bedeutet, dann wird schnell deutlich, warum viele Menschen Angst davor haben, sie zuzulassen.

Nehmen wir einmal an, in Ihnen hätte sich eine gewisse Ordnung etabliert, die Ihre Sicht der Dinge beschreibt, Ihre ganz persönliche Weltordnung. Darin ist nicht alles perfekt, aber – und das ist das Entscheidende – sie hat sich etabliert, alles hat seinen festen Platz. Auf der linken Seite der nachfolgenden Grafik ist diese innere Ordnung als Mauer dargestellt.

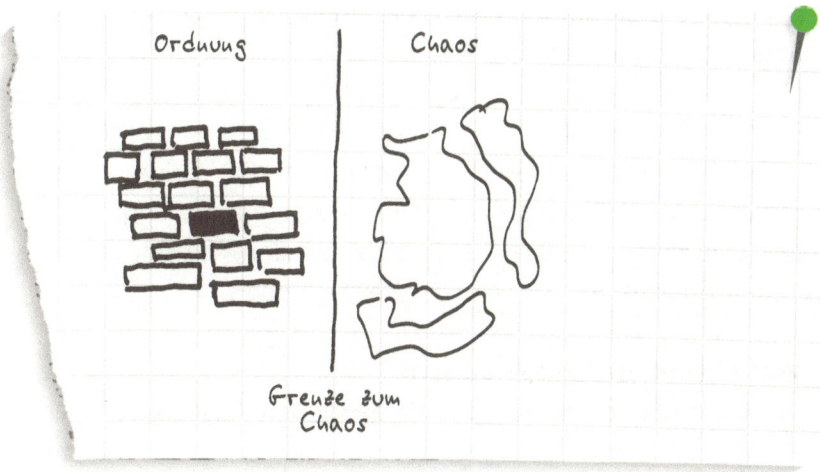

Nehmen wir nun an, Sie wollen aus einem Wunsch heraus oder aus innerer Erkenntnis eine Veränderung vornehmen. In unserem Bild würde dies bedeuten, dass Sie den schwarzen Stein in dieser Mauer an eine andere Position setzen, drehen, ihn größer oder kleiner machen oder ihn ganz entfernen wollen.

Haben Sie das schon einmal bei einer Mauer, z.B. aus Lego-Steinen, versucht? Wenn ja, wissen Sie bereits, dass Sie unter Umständen die ganze Mauer auseinandernehmen müssen, um den einen bestimmten Stein zu entfernen, auszutauschen oder zu versetzen.

Das macht man nur, wenn man den festen Glauben hat, dass man die Mauer hinterher auch wieder zusammensetzen kann und keinen Haufen Schutt hinterlassen wird. Ihre Vorstellung davon, wie die Mauer hinterher aussehen soll, ist dabei Ihr Bauplan. Sie begeben sich also für eine gewünschte Veränderung ganz bewusst an den Rand des Chaos und geben für einen Moment Ihre gewohnte Ordnung auf. Bis die Mauer dann wieder so aufgebaut ist, dass sie Ihrer neuen Ordnung entspricht, dauert es eine Weile.

> „ Vorstellungskraft, Glaube und Geduld sind also die Zutaten für eine erfolgreiche, zielgerichtete Veränderungsarbeit. „

Wenn das zusammenkommt, brauchten Sie keine Angst vor der Veränderung, sondern nur den Wunsch, zu gestalten, haben.

Von Antreibern und Erlaubern

Vielleicht haben Sie aus den vergangenen Abschnitten den Wunsch zur Veränderung für sich (wieder-)entdeckt. Das mit dem Glauben haben Sie begriffen, was könnte Sie also hindern, diese Veränderungen, die ja für Sie positiv sind, jetzt anzugehen?

Nun ja, da gibt es noch ein paar hinderliche Gesellen, die sogenannten „Antreiber", die das verhindern könnten. Aber keine Sorge. Kein Gift ohne Gegengift. Deswegen möchten wir diesen Antreibern in diesem Kapitel nun gerne die „Erlauber" entgegenstellen.

Die folgende Tabelle beschreibt zu den bekanntesten „Antreibern" einen denkbaren Erlauber.

Antreiber	Erlauber
„Sei perfekt!"	„Du hast dein Bestes gegeben. Es reicht."
„Streng' dich an!"	„Es darf dir mühelos gelingen."
„Beeil dich!"	„Du darfst dir Zeit nehmen."
„Sei stark!"	„Du bist gut so, wie du bist."
„Mach's den anderen recht!"	„Du darfst gut für dich selbst sorgen."

Vielleicht haben Sie aus dem vorangegangenen Abschnitt bereits einen Antreiber für sich identifiziert, der Ihnen zutreffend erscheint.

Diesen Antreiber können Sie nun auf ein Kärtchen oder eine Klebenotiz schreiben.

Tipp: Wenn Sie der Meinung sind, dass der vorgeschlagene Erlauber Ihnen Erleichterung verschaffen kann, dann schreiben Sie bitte diesen Erlauber auf die Rückseite Ihres Kärtchens. Sobald Sie nun im Alltag bemerken, dass ein Antreiber wieder aktiv wird, können Sie sich Ihren Erlauber wieder in Erinnerung rufen und gewinnen dadurch weitere Freiheit, Ihr Handeln selbst zu bestimmen.

Sollten Sie einen anderen Antreiber als die genannten bei sich entdeckt haben, dann dürfen Sie sich natürlich mit einem individuellen Erlauber belohnen.

Wichtig: Auf die Rückseite Ihres Kärtchens gehört eine positive Botschaft dazu, die den Antreiber verstummen lässt. Mit etwas Fantasie oder der Unterstützung eines lieben Menschen kommen Sie bestimmt darauf, wie der „Erlauber" heißen wird.

P.S.: Falls es etwas esoterischer sein darf: Wahlweise können Sie Ihren Erlauber auch Schutzengel oder Guter Geist – oder Magic Hamster nennen!

Ich bin so frei: Nein!

Praxistipps, Denkanstöße die X-te. Auch auf die Gefahr, dass wir uns wiederholen, bei dem Thema Burnout-Prävention kann man sich gar nicht oft genug wiederholen. Hier noch einige Reminder, um Stress zu minimieren bzw. Ihre Frusttoleranz zu stärken ...

Besinnen Sie sich auf Ihre Kernkompetenzen, und tun Sie nichts oder zumindest weniger von den Dingen, die Sie nicht gut können!

Oder im Umkehrschluss: Konzentrieren Sie sich auf das, was Sie wirklich gut können. Alles andere lassen Sie entweder Leute (z.B. eine Putzfrau, den Maler, den Gehirnchirurgen*) tun, die es besser und effizienter erledigen können, oder, sollte es sich um einen Part Ihres Dienstleistungsangebotes handeln, streichen Sie es aus Ihrer Angebotspalette. Lernen Sie, bei Aufträgen Nein zu sagen, die (möglicherweise) an Sie herangetragen werden. Lassen Sie los!

Auch eine wertvolle und sehr dienliche Erkenntnis: Kämpfen Sie niemals auf einem Gebiet, das Sie nicht oder zumindest nicht gut beherrschen. Dinge zu tun, die Sie nicht gut können, raubt Ihnen wertvolle Zeit für Dinge, die Sie besser können. Wenn Sie ausgezeichnete Stühle, Tische und Hocker bauen und diese effizient fertigen und gut an den Mann bringen, dann konzentrieren Sie sich darauf. Achtung: Auch wenn Sie es grundsätzlich irgendwie „könnten", unser dringender Aufruf: Lassen Sie die Finger von Sideboards und Schränken.

Aus dem Nähkasten geplaudert: Unsere Firma programmiert ausgezeichnete Internetseiten – Shopsysteme können wir

*Natürlich nur, wenn Sie nicht eine Putzfrau, Maler oder Gehirnchirurg sind.

auch, aber nicht ganz so gut. Daher lassen wir das lieber und vermitteln den Job mittlerweile (meistens) lieber an eine Partner-Agentur. Das bedeutet weniger Stress und fürs „Nichtstun" eine nette kleine Provision.

Diese Beispiele gelten sowohl für Ihre Tätigkeiten, Produkte, Dienstleistungen im Außen- als auch für den internen Bereich. Viele (die meisten) Unternehmer meinen, sie müssten alles selber machen, sich um alles selber kümmern, da es sonst ja nicht ordentlich gemacht wird, oder um immer den „Überblick" zu behalten. Ein bei burnoutgefährdeten Hamstern oft sehr stark ausgeprägtes Kontrollbedürfnis und Perfektionismus spielen hier eine wichtige Rolle.

Wenn Sie das an sich feststellen, ziehen Sie die Reißleine. Lassen Sie los – lassen Sie es andere machen, oder schaffen Sie sich die leidige Aufgabe irgendwie vom Hals. Noch wichtiger: Trennen Sie sich auch, weitestmöglich zumindest, von Aufgaben, die Ihnen keinen Spaß machen. **Werden Sie sich (wieder) bewusst, dass es Ihr gutes Recht ist, Spaß bei der Arbeit, im Leben zu haben. Warum? Es ist Ihr Leben.** Wer hat gesagt, dass Sie in Ihrer Firma die (sogenannten Arschloch-)Aufgaben machen müssen, die Ihnen nicht liegen bzw. keine Freude bereiten?

Irgendwann haben Sie Ihre Leidenschaft vielleicht zum Beruf gemacht. Erinnern Sie sich noch? Sie liebten Aquarien und kamen auf die Idee, einen Einzelhandel für Aquaristik aufzumachen? Treu dem Spruch: Wenn du das, was du liebst, zu deinem Beruf (Berufung) machst, wirst du nie wieder in deinem Leben arbeiten müssen. Gute Idee, soweit erst mal. Doch, damals kannte der schlaue Mann, der diesen Spruch rausgehauen hat, mit Sicherheit noch nicht die deutschen Arbeitsvorschriften, Ihre Mitarbeiter, deutsche Arbeitsgerichte, das Finanzamt, die Berufsgenossenschaften, Krankenversicherungen, die unterschiedlichen Urteile von unzähligen Oberlandesgerichten zu irgendwelchen Internetfragen, die ... ach, hören Sie mir auf ...

Fragen Sie sich selbst: Wie hat sich Ihr Aufgabengebiet über die Jahre geändert? Machen Sie noch das, was ihnen wirklich Spaß macht, oder erledigen Sie mittlerweile nur noch die „Arschloch"-Aufgaben? (Die zum Beispiel wären: Fragen beantworten, Koordinieren, Fehler vorausahnen versuchen, Hinterherräumen, Reklamationsbearbeitung, Verwaltung, Organisation, Planung, Umplanung, Neuplanung, usw.)

Wann haben Sie zuletzt „in Ruhe" mit Hingabe und Freude ein Aquarium eingerichtet?

Doch zurück in die Praxis. Nein, nicht zum Therapeuten, zurück zu einem konkreten Ansatz, Beispiel für den Alltag. Eine der mir wichtigsten Investitionen in dieser Kategorie ist Edeltraut, unsere Reinigungskraft, geschäftlich als auch privat. Dieser kleine Luxus verschafft mir und meiner Partnerin wichtigen Freiraum*.

Wenn ich neben dem Alltagsstress im Büro auch noch zu Hause putzen müsste, ich würde durchdrehen ... Hamsterrad, ick hör dir trapsen!

Ähnlich halte ich es mittlerweile mit handwerklichen (außer denen, die mir wirklich Spaß machen) und buchhalterischen Tätigkeiten: Ich mach das nicht mehr!

---

*Dazu gehört übrigens auch und vor allem die gewonnene Zeit in Freizeit umzuwandeln! In der Zeit, in der Edeltraut die Firma oder die Wohnung reinigt, das macht sie hervorragend und viel, viel schneller als ich, kann ich endlich mal wieder etwas mit meiner Lebensgefährtin unternehmen.

Da ich zwar durchaus ein pfiffiges Kerlchen bin und mit Müh und Not und viel Hin und Her die Dinge dann doch irgendwie hingekriegt habe, meinte ich eine sehr lange Zeit, ich müsste diese Dinge selber tun, um u.a. Geld zu sparen. Bullshit! In der Zeit, in der ich mir beim Handwerken, Buchhalten, Putzen oder Besorgungsfahrten machen einen abbreche, kann ich lieber das Geld und in der Regel sogar mehr verdienen bzw. erwirtschaften, als ich sparen würde. Oder? Einfaches kaufmännisches Einmaleins: Geld für ungeliebte Aufgabe investiert = weniger Stress.

Doch neben dem finanziellen Aspekt ist hierbei die seelische, emotionale bzw. psychische Komponente fast noch wichtiger! Durch Delegieren, Abgeben, Nichtmehrannehmen, Weggeben oder dem Vergeben von Fremdaufträgen verschaffen Sie sich Freiraum für wichtige Aufgaben. Das Ganze hat dann gleich mehrere Vorteile:

1. Ich bin nicht mehr so „genervt", während ich etwas tue, was mir eigentlich gar nicht liegt, bin also nicht mehr im Überforderungsmodus.
2. Ich erledige Dinge, die mir leicht fallen, schneller und belaste mich nicht über einen langen Zeitraum mit Verschieberitis-Aufgaben.
3. Ich erwirtschafte in der Regel mit dem, was ich als Unternehmer tue, mehr, als mich das Zuarbeiten kostet.

Fazit und konkrete Handlungsaufforderung:
Machen Sie sich (jetzt) eine Liste bzw. beantworten Sie hier die folgenden Fragen. (In vorauseilendem Gehorsam haben wir hier ein paar Leerzeilen eingefügt. Der Stift liegt sehr wahrscheinlich rechts neben Ihnen.)

Was kann ich/die Firma gut? Was machen wir aktuell, was uns aber in Wirklichkeit Unmengen an Zeit kostet, weil wir es einfach nicht gut können, uns immer erst einarbeiten müssen oder weil das „richtige" Werkzeug fehlt?

Da Sie ja den Stift noch in der Hand haben, können Sie hier auch gleich eine weitere Liste machen.

Was machen Sie in Zukunft nicht mehr/nicht mehr selbst? (Achtung: Erst in „Level 2" fragen Sie sich, wer das tun kann, wie er das tun kann bzw. soll. Jetzt notieren Sie sich erst einmal, ganz ehrlich, die wegfallenden Aufgaben(gebiete). **Los geht´s:**

Frusttoleranz: Halt es aus – E-Mails auch mal unbeantwortet lassen

Wenn wir uns Kommunikationsverfahren anschauen, so lassen sie sich grob in synchrone oder asynchrone Verfahren einteilen. Bei den synchronen Verfahren erhält der Sender einer Nachricht umgehend eine Antwort vom Empfänger (und sei es nur eine Bestätigung, dass die Nachricht angekommen ist), bei den asynchronen Verfahren ist es dem Empfänger überlassen, wann er oder ob er überhaupt eine Antwort schickt.

Warum ich Ihnen das erzähle? Wenn Sie in einem Gespräch oder einem Telefonat sind, kommunizieren Sie synchron. Die Antwort wird sofort erwartet und auch gesendet. Wenn Sie jedoch per E-Mail, WhatsApp oder Kurznachricht kommunizieren, handelt es sich um ein asynchrones Verfahren. Es ist egal, wann Sie eine Antwort schicken, denn das Verfahren ist bewusst so konstruiert, dass der Empfänger sich für seine Antwort Zeit lassen kann.

> 99 Empfehlung: Nutzen Sie diese Möglichkeiten, und bestimmen Sie entspannt selbst, wann der beste Zeitpunkt ist, um eine Antwort zu senden, oder ob Sie überhaupt eine senden wollen. 99

Das mag erst einmal unhöflich* erscheinen, ist aber die einzige wirksame Möglichkeit, in dieser Hinsicht ein Stück Freiheit wiederzuerlangen. Manchmal gilt es, eine unbeantwortete Nachricht auszuhalten, denn wenn Sie jede „Anfrage/Kontaktaufnahme" umgehend beantworten, trainieren Sie dem Absender an, dass Sie immer und überall erreichbar sind und binnen kurzer Zeit dessen Problem lösen (s. Konditionierung). Wenn Sie Ihr Gegenüber jedoch in der Gewissheit lassen, dass Sie

---

*Nur mal so: Wenn man es genau nimmt, ist es eher unhöflich, vor Ablauf der zu erwartenden Bearbeitungszeit die Beantwortung der Nachricht anzumahnen. Ich hatte mal einen Kollegen, der direkt nach Absenden einer Mail den Empfänger anrief, um die zügige Bearbeitung zu bewirken. Damit wird die eigentliche Kommunikationsform ad absurdum geführt: Er hätte dann ja auch gleich direkt das Thema mit ihm besprechen können. Der Effekt war, dass der Kollegenkreis nur noch genervt von einer als derartig unhöflich empfundenen Kommunikation war.

den Zeitpunkt zur Beantwortung seiner Nachricht selbst bestimmen, dann erreichen Sie, dass Sie nach und nach nur noch mit Nachrichten versorgt werden, die eine Relevanz haben und deren Bearbeitung vom Absender tatsächlich als wichtig erachtet werden. Zudem führt es dazu, dass der Sender sich vorher darüber Gedanken macht, ob er sein Problem nicht auch besser und schneller selbst lösen kann. Die Behauptung ist daher zulässig, dass zeitliche Entzerrung der asynchronen Kommunikation dazu führt, dass sie gehaltvoller wird. Einfacher gesagt: Langsamer = intensiver bzw. gehaltvoller.

Wo wir schon dabei sind: Manche Menschen geben sich der Illusion hin, es sei sicherer, ihre E-Mail mit einer Lesebestätigung abzusenden. Vom Empfänger kann eine solche Lesebestätigung jedoch als eine Art Überwachung interpretiert werden, wann dieser seine Nachrichten liest, und wie lange er sich nach dem Lesen mit der Antwort Zeit lässt.

Um einen solchen Eindruck gar nicht erst entstehen zu lassen, kann ich Ihnen nur empfehlen, Ihre Nachrichten ohne Lesebestätigung abzusenden. Nebenbei ist die Lesebestätigung technisch eigentlich eine Öffnungsbestätigung. Nicht das Lesen einer Nachricht wird also bestätigt, sondern das Öffnen. Damit ist also gar nichts ausgesagt, denn das Öffnen einer E-Mail kann bereits durch die Vorschaufunktion erfolgen, also zu einem Zeitpunkt, an dem der Empfänger noch gar keine Kenntnis vom Inhalt der Nachricht hat.

P.S.: Was hier für das Medium E-Mail gesagt wurde, gilt in gleichem Maße auch für WhatsApp und Konsorten. Das Übertragungsmedium E-Mail ist per se nicht 100 % zuverlässig in der Übertragung, und die in den E-Mail-Programmen einstellbaren Bestätigungen können daher nur Indizien, jedoch keine Beweise für eine erfolgte Übertragung oder die Kenntnisnahme durch den Empfänger liefern. Trotzdem kann es für Sie hilfreich sein, ein gewisses Feedback über den Erfolg Ihres E-Mail-Versands zu erhalten. In dem Fall fordern Sie statt der Lesebestätigung einfach eine Übertragungsbestätigung an, und schon ist die Sache emotional entschärft, und es ist zumindest halbwegs gewährleistet, dass die E-Mail beim Empfänger angekommen ist. (Wie oft hat man eine E-Mail, z. B. mit einer wichtigen Antwort drin, schon aus Versehen ins digitale Nirwana geschickt und sich gewundert, dass der Gegenüber sich gar nicht meldet – oder wütend meldet.)

Gibt's denn nur noch Probleme?

Wenn sich erst einmal eine negative Grundstimmung im Unternehmen verbreitet hat, weil das eine oder andere Projekt zum Fiasko wurde, weil die Auftragslage gerade schlecht ist oder weil die Kunden nicht zufrieden sind, dann tritt spätestens dann eine sehr beliebte Massensportart zutage: das Meckern. In Tateinheit mit hemmungsloser Schwarzmalerei ergötzt sich nach und nach der ganze Mitarbeiterstamm in wohlfeilen Weltuntergangsszenarien. Nicht ohne den Hinweis, dass man das ja immer schon gewusst habe, und Projekt X nie hätte durchgeführt werden dürfen, und früher unter dem alten Chef wäre so etwas nie passiert. Die Stimmung ist unter null, der Blick nicht mehr auf die dringend notwendigen Lösungen gerichtet, sondern nur noch auf das Problem.

Wichtig: Gerade in solchen Situationen rächt es sich früher oder früher, wenn statt Wahrheiten nur Sprachregelungen herausgegeben werden. Meiner Erfahrung nach durchblicken Mitarbeiter jedes windige Manöver seitens der (Geschäfts-)

Führungsebene sofort. Solange alles läuft, halten diese Mitarbeiter mit ihrer Meinung hinter dem Berg, man will ja nicht derjenige sein, der sich als Spökenkieker* betätigt. Wenn aber die Zeit gekommen scheint, um das eigene Wissen pointiert zu verlautbaren, dann brechen alle Dämme.

In solchen Fällen hilft aus meiner Sicht nur eine umgehende Intervention seitens der Führungsebene (im Zweifel also von Ihnen). Die Probleme müssen in den tatsächlichen Kontext und auf das tatsächliche Maß gebracht und Lösungsvorschläge entweder vorgebracht oder eingefordert werden. Wenn Sie den Dingen tatenlos ihren Lauf lassen, wird es nur noch schwerer, die Stimmung wieder zeitnah in Richtung Taupunkt zu bringen.

Machen Sie außerdem deutlich, dass Klatsch und Tratsch nicht geduldet werden, und Sie sich auf keinen Fall an Gerüchten irgendwelcher Art beteiligen. Frust ist ansteckend, und wenn Mitarbeiter sich trotz Ihrer offenen Aufklärung und der ausgegebenen Regeln nicht davon abbringen lassen, den Miesepeter (siehe auch in einem der folgende Kapitel den Punkt: Das Arschloch) zu geben, dann kann etwas helfen, dessen Wirksamkeit ich bei einem befreundeten Unternehmer beobachten durfte: Ein renitenter Mitarbeiter wurde für drei Tage freigestellt (unter Fortzahlung des Entgelts), mit der Aufgabe, sich zu überlegen, welchen Beitrag er zum Unternehmenserfolg leistet, und wie er sich vorstellt, sich zukünftig an seinem Arbeitsplatz zu verhalten. Die Maßnahme wurde offen kommuniziert, mit dem Betriebsrat abgestimmt und hatte durchschlagenden Erfolg: Dieser Mitarbeiter hat den Schuss gehört und sich wieder auf seine alten Stärken besonnen.

Ein wie ich finde schöner plattdeutscher Begriff für jemanden, der tatsächlich oder vermeintlich in die Zukunft sehen kann.

Korinthenkacker oder
Jede Minute zu fakturieren ist keine Lösung

Ein Tipp für den Umgang bei (kleinen) Mitarbeiter-Problemen. Es gibt Dinge, die einen brennenden Hamster im wahrsten Sinne des Wortes zur Weißglut bringen können. Nicht selten sind das Kleinigkeiten, die aber auf unsere Psyche eine extreme Auswirkung haben (können).

Ein möglicherweise exemplarisches Beispiel aus der Praxis: Als ordentlicher Hamster hassen Sie Unpünktlichkeit. Sie ahnen, was kommt? Ein junger Mitarbeiter, ein kreativer Geist, kommt regelmäßig vier Minuten zu spät zur Arbeit. Jeden Tag. Manchmal sind es zwei, mal fünf oder auch schon mal sieben. Im Mittel kommen wir aber auf vier 60-Sekünder. Sie haben ermahnt, diskutiert, sich geärgert.

Der „normale" Weg: Abmahnung 1, 2, 3 – raus! Blöd nur, wenn man ansonsten eigentlich zufrieden mit dem Mitarbeiter ist und/oder, und das verschärft die Situation zusätzlich noch, auf ihn angewiesen ist. Auftragslage, Fachkräftemangel – es gibt Gründe.

Das Resultat: Die Lunte glüht, der Hamster kokelt jeden Tag munter vor sich hin. Gefühle von Missachtung, sich-nicht-ernstgenommen-fühlen, Respektlosigkeit, Hilflosigkeit und Wut mischen sich – und lassen einen schon beim Aufstehen an den nervigen Arbeitsbeginn denken. Ein kleiner Beitrag, der stete Funken, der das Fass irgendwann zum Ausbrennen bringen kann. Ein teuflisches Hamsterrad ...

Eine befreundete Kollegin schaffte Abhilfe*. Die Empfehlung der Therapeutin: Schenken Sie dem Mitarbeiter doch ge-

*Liebe Ruth, dafür nochmal ein großes Dankeschön!

danklich die vier Minuten – für sich und Ihren Seelenfrieden. Machen Sie einen Strich drunter. Buchen Sie das aus – wenn Sie können. Generell oder auf Zeit. Je nachdem, was Ihrer betrieblichen Planung dienlich ist. (Auftragslage, Zeit gewinnen, um einen neuen Mitarbeiter zu finden, oder, oder, oder). In diesem Fall (für mich) eine praktikable Lösung. Meiner Seele tat es besser. Purer Eigennutz.

Tipp: Prüfen Sie, welches „Geschenk" Sie sich und jedem Ihrer Mitarbeiter machen können. Es gibt mit Sicherheit immer etwas zu finden. Die eine lässt immer ihre Kaffeetasse am Arbeitsplatz stehen, der andere vergisst, den Papierkorb zu leeren, die andere füllt nie das Papier im Kopierer nach ... es gibt möglicherweise unzählige Beispiele.

Wägen Sie ab, ob es nicht manchmal dienlicher ist, über kleine Unzulänglichkeiten hinwegzusehen, anstatt sich zu ärgern!*

Sollte das (für Sie) nicht funktionieren, dann sollten, ja müssen Sie handeln und das Problem abschließend lösen. Dann ist es besser, wenn sich hier die Wege trennen. Niemand ist unersetzbar. Sie entscheiden, wie Sie damit umgehen wollen – es ist Ihre Gesundheit!

An der Spitze ist es einsam – und: Entschuldigen Sie sich!
Viele Hamster stellen irgendwann fest, dass sie nur noch leere Siege erringen. Sie erreichen Erfolge auf Kosten von Dingen, von denen sie plötzlich merken, dass sie ihnen wichtig waren.

Menschen aus allen Lebensbereichen bemühen sich häufig um ein höheres Einkommen, mehr Anerkennung oder einen

*Dazu Interessantes aus dem Sprücheuniversum: Sich ärgern heißt nichts anderes, als sich für die Fehler von anderen selber zu bestrafen. Nicht unbedingt zu 100 % treffend, aber ein kleiner wahrer Kern steckt schon drin, oder?

bestimmten Grad von professioneller Kompetenz, nur um festzustellen, dass ihr Drang, das Ziel zu erreichen, sie für die Dinge blind gemacht hat, auf die es wirklich ankam und die nun verschwunden sind. Auf dem Weg „nach oben" werden Opfer gebracht, Opfer sind zu beklagen, und auf einmal stellt man fest, dass man ganz allein oben angekommen ist und wertvolle Menschen auf dem Weg dorthin verloren hat.

An der Spitze ist es einsam, es herrscht ein eisiger Wind, und die Umgebung ist unwirtlich.

Zeit für etwas Herzenswärme. Niemand ist mehr da zum Anlehnen, und die angehäuften Besitztümer haben auch nur einen begrenzten Heizwert. Doch Herzerfüllendes ist von den Claqueuren um einen herum nicht zu erwarten. Da täte es gut, einen Menschen aus der Vergangenheit anzurufen. Doch halt, der wird doch nicht etwa enttäuscht von mir sein?

Hier kann etwas helfen, das ein wenig aus der Mode gekommen zu sein scheint: Reue, Demut und die Bitte um Entschuldigung. Wenn man seine Fehler einsieht und Menschen, die man auf seinem Weg verletzt hat, aufrichtig um Entschuldigung bittet, dann funktioniert das in den meisten Fällen auch. Schließlich sind Sie ein wertvoller Mensch, den man gern in seiner Nähe hat. Wer kann schon jemanden zurückweisen, der seine Fehler einsieht und aufrichtig bereut? Zwei Dinge sind jedoch hierfür wichtig, daher noch mal eine Wiederholung: Reue und die BITTE um Entschuldigung.

Hier lohnt es sich noch einmal, spitzfindig zu sein: ENTschuldigen bedeutet, dass man aus seiner Schuld, aus seinen Schulden entlassen wird. Das kann aber nur derjenige entscheiden, bei dem wir die Schulden gemacht haben. „Ich entschuldige mich" oder noch kürzer „'Tschuldigung" ist also der durchsichtige Versuch, sich auf einfache Weise und ohne Aufwand selbst reinzuwaschen. Da muss man sich dann nicht wundern, wenn es nicht funktioniert.

Da ist es gleichgültig, ob sich (immer mehr) Menschen des öffentlichen Lebens, die einen grandiosen Bock geschossen haben, in einer geradezu unerträglichen Arroganz vor die Kameras stellen und näseln: „Ich entschuldige mich." Es wird dadurch nicht besser oder richtiger.

„Ich bitte um Entschuldigung." Das ist der Gang nach Canossa, und ja, eine Entschuldigung kann auch verweigert werden. Dann ist Demut angesagt und an der Beziehung zu arbeiten. Später kann ein erneuter Versuch gemacht werden, um Entschuldigung zu bitten. Nur so kitten sich Wunden nachhaltig. Sprache ist manchmal doch ganz eindeutig, oder?

Von Arschlöchern und Zuwiderhandlern

Prüfen Sie sich selbst: Haben Sie sich vielleicht über die Jahre, heimlich still und leise, völlig unbemerkt von sich selbst, zu der Drecksau entwickelt, über die die Kollegen, Mitbewerber und Kunden immer sprechen?

Vielleicht haben Sie von sich noch immer den Eindruck eines netten Menschen und haben gar nicht gemerkt, dass Sie sich „zum Wohle der Firma" zu einem Vollarschloch entwickelt haben. Handeln Sie, wie es Ihnen Ihr Bauchgefühl bzw. Ihr Gewissen eigentlich vorgibt, oder haben Sie immer öfter Bauchschmerzen bei dem, was Sie tun? Wie gehen Sie mit Ihren Mitarbeitern um? Entsorgen Sie Müll auf „unanständige"

Weise? Ziehen Sie Kunden über den Tisch, oder übervorteilen Sie Lieferanten? Hat sich da vielleicht etwas eingeschlichen, was Sie umtreibt? Verkaufen Sie Schrottprodukte als qualitativ hochwertige Ware? Steht immer das drauf, was drin ist? Warum das wichtig ist? Ganz einfach. **Wer immer wieder gegen sein Innerstes handelt, brennt früher oder später sehr wahrscheinlich aus, denn Moral spielt sehr wohl eine Rolle – nur nicht rechtlich betrachtet.**

Nach oben buckeln, nach unten treten? Oder einfach immer mehr den Druck erhöhen? Schuld sind immer die anderen? Wie sieht es mit der Moral aus? Bedenken Sie, nicht alles was erlaubt, machbar oder nicht ausdrücklich verboten ist, ist auch moralisch „legal".

Zurück zu Ihnen. Ich kann Sie weitestgehend beruhigen. Es ist noch nicht alles verloren.

Wenn Sie von Haus aus ein Arschloch wären, hätten Sie dieses Buch sehr wahrscheinlich jetzt nicht in der Hand. Vollarschlöcher haben nämlich selten(er) Burnout-Probleme. Die werden eher angesteckt, als dass sie von selbst ausbrennen. Aber möglicherweise haben Sie sich ja zu einem temporären Arschloch entwickelt?

Wenn ja – handeln Sie! Nett ist nicht unbedingt die kleine Schwester von Scheiße. Nett sein erzeugt nette Reaktionen. Und richtiges Handeln, im Einklang mit seinem Innersten und seinen Gefühlen, lässt einen endlich wieder ruhig schlafen.

Und was ist mit Ihren Mitarbeitern? Ein Arschloch infiziert, versaut ca. 6 Personen in seinem Umfeld, sagt man. Kennen

Sie das? Die Stimmung im Büro ist gut. Eine weitere Person betritt das Zimmer, und augenblicklich kippt die Stimmung, ohne dass eigentlich etwas passiert ist. Eine schwarze Wolke legt sich über die Gruppe. Ein Alarmsignal! Jetzt gilt es, die Augen offen zu halten und ggf. zu handeln. Sie hören immer wieder von unkollegialem oder unfairem Verhalten eines Ihrer Mitarbeiter? Aus „Gründen" lassen Sie es ihm aber immer wieder durchgehen, obwohl Sie schon kotzen könnten, wenn Sie ihn morgens in der Kantine nur Kaffee trinken sehen?

Tipp: Identifizieren Sie solche Personen in Ihrem Unternehmen – und schmeißen Sie sie raus.

Das geht doch nicht? Ihr bester Verkäufer ist ein Arschloch? Trotzdem! Niemand ist unersetzlich. Vielleicht müssen Sie einen Moment mit Umsatzeinbußen leben. Na und? Sehr wahrscheinlich werden die anderen Verkäufer vor Erleichterung aufblühen und sich dankbar zeigen. Außerdem wird es Ihnen das Leben einfacher und gesünder machen! Bedenken Sie: Niemand ist gerne erpressbar oder abhängig von jemandem. Warum also sollten Sie sich von einem Mitarbeiter auf der Nase herumtanzen lassen, der Ihnen die Stimmung und das Betriebsklima versaut?

Machen Sie Ihr Unternehmen zur arschlochfreien Zone.
Dazu zählen übrigens auch Arschloch-Kunden. Entscheiden Sie sich dafür, nur noch mit und für nette Menschen zu arbeiten.

Das hat nämlich einen entscheidenden Vorteil: Der Stress wird weniger, da Sie keine Angst mehr vor Terminen oder Meetings haben werden, nette Kunden empfehlen in der Regel auch nur nette Menschen weiter. Etwas Positives wird in Gang gesetzt*. Doch Vorsicht, es schleichen sich immer wieder ein paar Arschlöcher ein. Achtsamkeit, Selbstkontrolle und regelmäßiges Ausmisten sind daher unablässig!

Albernes Gerede? Nicht umsetzbar? Quatsch! Der Beweis: Unsere Firma Mangoblau hat die arschlochfreie Zone (u. a.) als Leitbild** – und es funktioniert (meistens). Temporäre Hochs und Tiefs sind auch bei uns im Preis mit drin. Doch zu geschätzten 95 % funktioniert das. Probieren Sie es aus, zeigen Sie Haltung, setzen Sie ein Signal.

*Wie aus einem Teufelskreis eigentlich ein Engelskreis, wenn sich etwas Gutes verselbstständigt bzw. ins Laufen kommt? Gute Frage!

**Siehe: www.mangoblau.de. Arschlochfreie Zone. Das kann man doch nicht auf eine Internetseite schreiben. Das schreckt doch Kunden ab. Genau, nämlich die richtigen oder besser gesagt: die falschen. Wer diese „Botschaft" nicht versteht, soll auch gar nicht unser Kunde werden. Von den „Netten" gibt es mehr als genug.

Schritt 3: Einen Hamsterplan erstellen

Aus Umdenken muss Umhandeln werden. Die alte Weisheit „Wissen ist Macht" ist überholt und nur unter ganz bestimmten Bedingungen richtig. Ein einziges, kleines Wort gibt dem Ganzen wieder einen Sinn. Richtig muss es heißen: Angewandtes Wissen ist Macht. So wird ein Schuh daraus. Instinktiv und wissenschaftlich belegbar, wissen wir Menschen, Hamster, Interessenvertreter, Unternehmer und Politiker (eigentlich), was zu tun ist. Der Bauch sagt uns, was richtig, falsch oder in dieser oder jener Situation sinnvoll, also voller Sinn ist, um besser und im Einklang mit uns und der Umwelt zu leben. Nur etwas zu wissen, beispielsweise dass wir mit unserer Art zu leben die Umwelt und Natur zerstören und uns selber so unserer Existenzgrundlage berauben, nützt nichts.

Wir wissen schon seit langem, dass unsere Finanz-, Renten- oder Wirtschaftssysteme auf Dauer so nicht mehr funktionieren werden. Wir wissen, dass Kriege keine Lösung sind und sie niemandem etwas Gutes bringen. Im Krieg gibt es nur Verlierer. Doch solange wir nicht oder nur so zögerlich handeln, wird sich nichts verändern – ein (globaler) Kollaps (auch eine Form von Globalisierung) ist unausweichlich. Auch das wissen wir! Die Lunte ist von allen Seiten angezündet, und – so bitter es klingen mag –, so ist die Wahrscheinlichkeit, dass es trotzdem darauf hinauslaufen wird, sehr, sehr hoch. Verschiedene wissenschaftliche Rechenmodelle aber auch literarische Fiktionen belegen das.

> **Wie im Großen, so auch im Kleinen. Wie im Oben so im Unten. Nicht zu handeln ist keine (akzeptierbare) Alternative, sonst ...**

Doch was mache ich nun als Einzelner, als kleiner burnoutge-
fährdeter oder -betroffener Hamster, als Teil dieses globalen
Hamsterrades damit? Ganz einfach: Handeln Sie – jetzt!

Überprüfen Sie Ihr Leben, Ihr Geschäftsmodell und Ihren Umgang mit sich selbst und der Welt. Handeln Sie. Was tut Ihnen
gut? Ist es wirklich die 80-Stundenwoche, die gesellschaftliche
Stellung, der eh nur geleaste Mercedes vor der Tür oder die
dritte Eigentumswohnung auf Mallorca? Der Volksmund sagt
zu Recht: Eigentum verpflichtet, strengt an, macht abhängig
und unfrei. Besitz besitzt.

**Fragen Sie sich: Was brauche ich (und meine Familie) ei-
gentlich wirklich zum Glücklichsein?** Warum verzichte ich
in meinem Geschäft nicht einfach gänzlich auf Plastiktüten?
Oder das Thema Öffnungszeiten. Reichen nicht auch 5 Tage
in der Woche, oder mache ich z. B. am Dienstag in Zukunft
immer erst um 12 Uhr auf, weil davor ohnehin nie oder selten
jemand mein Geschäft betritt?

Unser Tipp, auch auf die Gefahr hin, dass wir uns wiederholen:
Misten Sie aus, trennen Sie sich von Dingen, die Sie belasten.
Treffen Sie Entscheidungen*. Erfreuen Sie sich an den kleinen
Dingen im Leben. Letztendlich sind es auf Dauer nämlich im-
mer die kleinen Dinge, die einen wirklich glücklich machen.

Studien haben belegt, dass es aus Glücksgesichtspunkten keinen messbaren Unterschied gibt, ob jemand z. B. 100.000 €**
oder 800.000 € auf dem Konto hat oder 3.200 € bzw. 3.600 €
pro Monat verdient. Die glücklichsten Länder machen es uns
vor: 2016 eroberte Dänemark den ersten Platz im Weltglücks-
bericht (zurück). Dänemark – ein sozialdemokratisches Land

*Wir sagen nicht, dass diese Entscheidungen immer leicht sind oder ohne Konsequenzen
bleiben (können), nicht selten führen diese Veränderungen nach einer kurzen Phase der
Angst, Widerstände und Zweifel zu einer deutlichen Verbesserung ihrer Situation – und
finden bald durch Ihren Mut inspirierte Nachahmer. Und vielleicht wird dadurch nach
für nach die Welt ein kleines bisschen besser. Wer weiß? Auch eine „Revolution" beginnt
immer im Kleinen oder mit dem ersten Schritt!

mit viel Meer, hohen Steuern, hohem Lebensstandard, einer breiten Mittelschicht, kurzen Arbeitszeiten, einem vorbildlichen Gesundheits- und Familiensystem und relativ hohem Arbeitslosengeld! Interessant, oder?

Wie sagte schon der große deutsche Philosoph und Leadsänger der besten Band der Welt, Die Ärzte, Farin Urlaub:

> *Wir wollen alle mehr*
> *oder weniger dasselbe,*
> *seit es Menschen gibt:*
> *Nen Platz an der Sonne,*
> *genug zu essen, ein Bett -*
> *und jemanden, der uns liebt!*

Ein Plan muss her ...

Warum ein Plan? Weil unserer Meinung nach nur die schriftliche Planung eine Verzettelung zuverlässig verhindert. Für den Hamsterplan benötigen Sie im Wesentlichen nur drei Blätter, einen Stift und natürlich etwas Zeit für das Wesentliche und Wichtige. Ein solch ausgearbeiteter Plan dient der Ausgeglichenheit und hilft Ihnen, frei zu leben. Ohne Stress und Frust – einfach so, wie Sie es sich wünschen. Als gelöschter Hamster.

Wie Sie sich denken können, halten wir es für sinnvoll, den Hamsterplan in die drei Bereiche persönlich – privat – beruflich – zu gliedern.

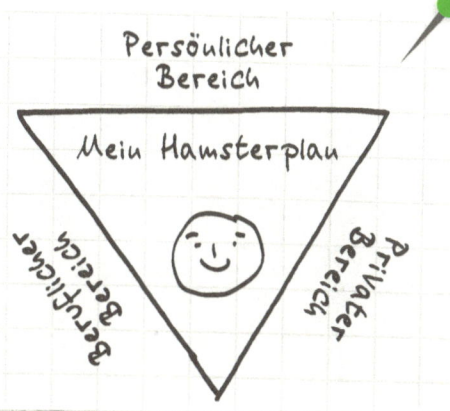

Persöulicher Bereich

Mein Hamsterplan

Beruflicher Bereich

Privater Bereich

**Die hier genannten Zahlen, können Sie fast beliebig auf Ihre persönliche Situation anpassen. Sobald die Grundbedürfnisse nach Essen, Trinken, einem Dach über dem Kopf und medizinischer Versorgung befriedigt sind, wirkt sich das Einkommen bzw. der Kontostand fast gar nicht mehr auf das individuelle Glücksgefühl aus. Klingt komisch, ist aber so, würde Peter Lustig, Gott hab ihn selig, jetzt wahrscheinlich sagen.

Sie werden bemerkt haben, dass wir für diese Skizze auf den Anfang des Buches zurückgegriffen haben, die sich mit dem Thema der Ausgeglichenheit beschäftigt. Hier schließt sich also gerade der Kreis ... äh ... das Dreieck.

Ihren individuellen Hamsterplan können Sie entweder auf drei leeren Blättern schmieden, oder Sie benutzen einfach die Vorlage (oder das Hamstertagebuch ab Seite 267), die wir Ihnen im Buch bereitgestellt haben.

Als besonderen Service können Sie sich auch eine Druckvorlage auf der Webseite www.brennende-hamster.de herunterladen.

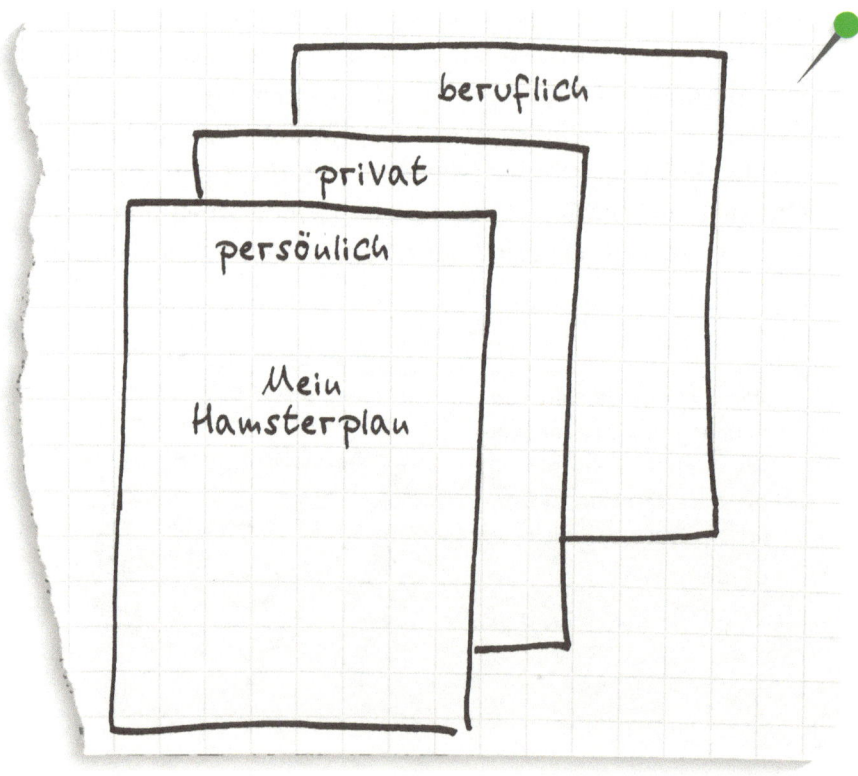

Los geht´s! Schreiben Sie nun bitte das auf, was Sie in den drei Bereichen für wesentlich halten, und was Sie jeweils verwirklichen wollen. Dabei sollten Sie eine positive Formulierung wählen, und wenn Sie mögen, können Sie Ihre Punkte im Präsens aufschreiben, so als hätten Sie sie bereits erreicht (kleiner Trick fürs Unterbewusstsein).

Es handelt sich bei diesem Hamsterplan um Ihr ganz persönliches Dokument, und Sie brauchen diesen Plan mit niemandem zu diskutieren oder abzustimmen – außer natürlich, Sie möchten das. Unsere Erfahrung zeigt jedoch, dass bei der Diskussion mit Freunden oder dem Partner wichtige persönliche Erkenntnisse oftmals wieder infrage gestellt werden, weil sie nicht zur Erlebniswelt des anderen passen.

Wichtig: Es ist Ihr Plan! Ihr Hamsterplan ist Ihre Richtschnur, an der Sie sich zum Ziel hangeln können. Immer, wenn Sie nicht mehr sicher sind, was Sie eigentlich erreichen wollten, können Ihnen diese Notizen wieder „Richtung geben".

Wenn Sie sich im Moment nicht sicher sind, welche Inhalte Sie in Ihren Hamsterplan aufnehmen wollen, so können Sie z.B. mit Ihren Notizen zu den Übungen beginnen, die wir hier im Buch für Sie aufgeführt haben.

Persöulicher Bereich Mein Hamsterplan	persönlich
Erkenntnisse aus dem Hamster-Check in persönlicher Hinsicht:	
Das will ich für meine Erholung tun:	
Das will ich für meine Gesundheit und Fitness tun:	
Das will ich für mein persönliches Wachstum tun:	
So will ich meine Freizeit gestalten:	

Mein Hamsterplan Privater Bereich	**privat**
Erkenntnisse aus dem Hamster-Check in privater Hinsicht:	
Das will ich in meiner Partnerschaft umsetzen:	
Das will ich in meiner Familie umsetzen:	
So möchte ich meine Beziehungen und Freundschaften gestalten:	
So möchte ich meine Finanzen gestalten:	
Das gönne ich mir an materiellem Besitz:	

Mein Hamsterplan / Beruflicher Bereich	beruflich
Erkenntnisse aus dem Hamster-Check in beruflicher Hinsicht:	
So will ich meinen Beruf gestalten:	
Das will ich im Beruf tun:	
Das will ich im Beruf immer weniger tun:	

Ein Plan ist ein Plan – und dann?

Wenn Sie Ihren Hamsterplan auf diese Weise erstellt haben, ist dieser zunächst einmal nichts weiter als ein beschriebenes Stück Papier.

Wenn aber beim Erstellen oder Lesen des Plans zusätzlich ein gutes Bauchgefühl entsteht, dann kann davon ausgegangen werden, dass das Unterbewusstsein als unser Mitstreiter auf unserer Seite ist. Jetzt gilt es, den Plan Schritt für Schritt umzusetzen und dabei die Ziele nicht zu klein und nicht zu groß zu wählen.

Aus meiner Praxis hat sich bewährt, eine ganz einfache Formel für das Formulieren von (Zwischen-)Zielen zu wählen:

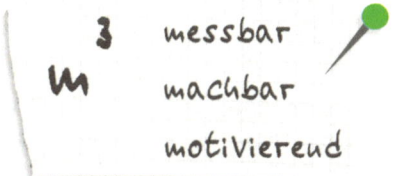

m^3 messbar
machbar
motivierend

Die solchermaßen formulierten Ziele sind nun Stück für Stück umzusetzen. Aus dem Denken ins Handeln zu kommen, ist dabei die Devise. Ein Beispiel für eine solche Zielformulierung kann sein:

Nehmen wir an, Sie hätten in Ihrem Hamsterplan in der Abteilung „persönlich" stehen, dass Sie sich mit Sport fithalten wollen. Eine daraus abgeleitete Zielformulierung nach m^3 könnte dann folgendermaßen lauten:

Ich fahre jede Woche mindestens dreimal eine Stunde mit dem Rad, um meine Fitness zu verbessern.

Diese Formulierung ist messbar (dreimal eine Stunde pro Woche), sie ist machbar (Sie brauchen nur das Fahrrad aus dem Schuppen zu holen) und ist motivierend (Sie begünstigen damit Ihren Wunsch nach Fitness aus dem Hamsterplan).

Dabei macht es Sinn, sich selbst permanent zu reflektieren: „Ist es das, was ich mir wirklich vorstelle?" Wenn die Kopf- und die Bauchantwort „Ja" lautet, dann heißt es, beherzt weiterzugehen. Wenn nicht, dann geht's wieder ans „Denken".

Die Formulierung der Ziele bleibt natürlich Ihnen selbst überlassen. Sie sollten sich keinesfalls so viele oder so hohe Ziele setzen, dass die Umsetzung in Stress ausartet! Probieren Sie dieses Vorgehen vielleicht erst einmal an den wichtigsten Punkten aus, die Ihnen das größte positive Ergebnis versprechen, frei nach Pareto.

Tipp für die Praxis: Wichtig ist, dass Sie die Zielvereinbarungen auch in Ihren Terminkalender einfließen lassen. Denn sehr wahrscheinlich sind nahezu alle Ziele, die Sie herausarbeiten, sehr wohl wichtig, aber nicht dringend.

Damit deren Umsetzung also nicht auf den Sankt-Nimmerleins-Tag verschoben wird, sollten Sie sie umgehend mit einem Termin versehen.

 Denn nichts anderes sind Ziele: Träume mit Termin.

Nachwort

Geschafft. Buch fertig. Einige hundert Seiten liegen hinter Ihnen und uns. Wir hoffen, wir konnten Sie etwas schlauer, Ihr Leben etwas besser und uns und unseren Verlag (vielleicht) etwas reicher machen ...

Was bleibt nach so vielen Seiten noch zu sagen? Nicht viel. Wir sind durch, aber was werden Sie damit anfangen, was daraus machen?

Uns bleibt nur, uns für Ihre Aufmerksamkeit zu bedanken. Wir würden uns über ein Feedback freuen. Schreiben Sie uns per Post, per E-Mail oder auf Facebook, was Sie von „dem Ganzen" hier halten – und was es mit Ihnen gemacht hat! Ihre Meinung ist uns wichtig. Wir würden uns natürlich über ein überwiegend positives Feedback freuen, es ist uns aber klar, dass es auch Kritik hageln wird – wir freuen uns drauf! Kritik gibt einem die Chance auf Veränderung, Verbesserung – und das ist auch gut so!

Vielleicht konnten wir auch eine Lanze für uns unternehmerische Hamster brechen und etwas aufklären. Die Akzeptanz bzw. das Verständnis für die Krankheit Burnout hat sich in der Gesellschaft, dem Berufsleben mittlerweile stark erhöht, wenn nicht gar ein Stück weit etabliert. Betroffene müssen nicht mehr befürchten, als Simulanten oder Faulpelze gebrandmarkt zu werden. Man(n)/frau darf mittlerweile offen darüber reden. Auch wenn die Weltgesundheitsorganisation Burnout noch nicht als Krankheit in ihr Verzeichnis aufgenommen hat, ist sie in der Bevölkerung mittlerweile weitestgehend akzeptiert*. Ein guter Anfang und zugleich ein alarmierendes Signal. Denn die schlechte Nachricht lautet: Nur sehr, sehr langsam wird etwas gegen die wirklichen Ursachen unternommen. Die Firmen, also wir als Betroffene, Unternehmer, Manager oder Vorstandsvorsitzende, sind leider bisher erst sehr zögerlich bereit, unser aktuelles System zu überdenken. Das ist aber aus vielerlei Hinsicht dringend notwendig.

Fest steht, so wie es ist, kann es nicht mehr lange gutgehen. Geld verdienen, immer mehr Gewinne erwirtschaften zu müssen und ein immer größeres Wachstum zu erzielen, dürfen/können auf Dauer nicht mehr der einzige (Selbst-)Zweck unseres Wirtschaftssystems sein. Diese Art von Unternehmertum macht die Menschen und unseren Planeten kaputt. Immer schneller, noch effizienter, besser, reicher – irgendwann ist Schluss.

 Es ist Zeit zu erkennen, dass es genug ist. Zeit für neue Arbeits- und Lebensentwürfe.

Life-Life-Balance ist das Konzept der Zukunft, denn die meisten Burnout-Patienten, aber auch Menschen, die eine andere schlimme Krankheit überstanden haben, setzen „danach" ihre Prioritäten anders, stellen fest, was im Leben wirklich wichtig ist. Erkenntnis durch Schmerzen!

Warum erst dann? Auf dem Totenbett bereuen Sterbenden immer die gleichen Dinge, und das ist, wie sie sich wahrscheinlich denken können, nicht „Oh, hätte ich doch bloß noch mehr Geld verdient". Das letzte Hemd hat bekanntlich keine Taschen. Es geht meistens um Zeit, Zeit mit Freunden,

*Obwohl ein gebrochenes Bein immer noch der „schönere", weil offen „nachweisbarer", Beleg für eine krankheitsbedingte Einschränkung wäre. Das würde es Betroffenen manchmal einfacher machen, sich besser zu fühlen, da man die Krankheit Burnout und die damit verbundenen Leiden und Einschränkungen nicht „sehen" und dadurch als Außenstehender nicht so leicht nachvollziehen kann.

der Familie oder Dinge, die man gerne gemacht hat/hätte.

Ein letzter (Zwischen-)Stopp: Halten Sie jetzt noch mal einen Moment inne, und lehnen Sie sich zurück, wir kommen kurz vor Schluss noch mal mit der Statistikkeule: Ein Mann wird in unserem Land statistisch gesehen mittlerweile im Durchschnitt 77 und eine Frau 82 Jahre alt. **Wie alt sind Sie jetzt?**

Wenn wir davon ausgehen, dass unsere letzten Jahre möglicherweise nicht mehr von komplett freier Mobilität bzw. gesundheitlichen Einschränkungen geprägt sein werden, dann beantworten Sie sich jetzt bitte die folgende Frage:
Wenn alles gut läuft, also nach der Statistik, wie viele gute Sommer haben Sie dann überhaupt noch?

Tragen Sie die Zahl hier ein:

Möglicherweise, wenn Sie bereits über 50 sind, werden Sie nun feststellen, dass zwei Drittel des Brötchens bereits gefrühstückt sind. (Während diese Zeilen geschrieben werden erreichte mich die Nachricht vom Tod des Musikers Roger Cicero. Er wurde nur 45. Das sind gute 30 Sommer zu früh. Zumindest der Statistik nach.)

Brennende Hamster sterben – früher – oder später. Wir werden das nicht ändern. Aber wir können uns für ein Leben entscheiden, das es wert ist. Live a life you will remember! Sie erinnern sich? Oder wie wäre es damit:

„Nur du allein entscheidest, was du mit der Zeit anfangen willst die dir auf Erden gegeben ist", sagte Gandalf der Weise in dem Film „Der Herr der Ringe" zu Frodo Beutlin, dem Hobbit aus dem Auenland, dem das Schicksal eine unmenschliche

Bürde auferlegt hatte. Allein dieser Satz lässt mir jedes Mal wieder die Tränen in die Augen schießen, demütig und nachdenklich werden. Er hilft mir, mich regelmäßig (mittlerweile läuft auf irgendeinem Kanal immer irgendeine Wiederholung) zu hinterfragen: Bin ich eigentlich noch auf Kurs? Wieso ist schon wieder ein halbes Jahr (ein Sommer) ohne Urlaub vergangen? Warum war ich noch niemals in New York? Bin ich wirklich der Schöpfer meines eigenen Lebens? Lebe ich glücklich, oder verschwende ich meine Zeit mit unwichtigen Dingen oder Personen, die mir nicht guttun oder Sachen, die mein Leben und das meines Umfelds nicht bereichern?

Wie lauten Ihre Antworten auf diese oder ähnliche Fragen?

Fest steht, wenn Sie nicht glücklich sind und so weitermachen wie bisher, werden Sie das gleiche Ergebnis bekommen wie bisher – und unter Umständen ausbrennen. Deswegen: sollten Sie sich (noch immer) im Hamsterrad befinden – steigen Sie aus.

 Wir können Ihnen nicht versprechen, dass es besser wird, anders wird es auf jeden Fall, und das ist doch den Versuch wert, oder?

Es ist Ihr Leben, und Sie entscheiden, was Sie mit noch verbleibenden, guten Sommern anfangen wollen, die Ihnen auf der Erde gegeben sind. Wir wünschen Ihnen viel Erfolg dabei!

Ihr Thorsten Theus
Ihr Axel Berger

 ## Making Of und Outtakes oder Was ich noch zu sagen hätte

Zunächst hatten wir die folgenden Sätze „aussortiert". Doch irgendwie wollten wir dann nicht ganz drauf verzichten, denn auch in diesem Kapitel gibt es noch etwas zu lernen. Vielleicht. Außerdem war es uns wichtig, Sie an dem ganzen Prozess der Entstehung dieses Buches noch etwas mehr teilhaben zu lassen – eine Verbindung herzustellen.

Deshalb wünschen wir Ihnen nun „viel Spaß" mit unseren geistigen Ergüssen, die es eigentlich nicht in das Buch geschafft hätten – hätten wir nicht einfach Spaß dran gehabt, sie doch mit reinzunehmen ...

2 Autoren in der Falle!

An einem Sonntag im Büro von Herrn Thews, genaugenommen in seiner Praxis – im Zimmer mit den zwei Stühlen, dem kleinen runden Tisch und der obligatorischen Liege in der Ecke: Dreieinhalb Stunden brüten und strukturieren an der ersten Rohfassung dieses Buchs.

Beide Autoren „wundern sich", dass sie „plötzlich" völlig im Ar... sind und nicht mehr können. Müdigkeit, Konzentrationsschwächen und leichter Schwindel (bei Autor B.) zeigen sich. Die Autoren sind leicht verwundert. Liegt es an der Wärme oder am Sonntag? Mitnichten. Sie sollten es besser wissen. In die eigene Falle getappt.

Nur (?) dreieinhalb Stunden konzentrierte Arbeit – mit Wasser, Kaffee, und einem Bonbon* für Herrn Thews (Herr Berger

*Nächstes Mal soll es wieder Kuchen geben. ;-)

verzichtet gerade vorbildlich auf Zucker) und sonst nichts. Nur Papier, Buchstaben und ein überbordendes Inhaltsverzeichnis.

Gefangen im Arbeitszeitraumkontinuum.

Tipp: Machen Sie sich Ihre Zeiten bewusst. Machen Sie Pausen! Wenn alles nichts hilft, stellen Sie sich einen Wecker. Dreieinhalb Stunden (wie in unserem Beispiel) sind fast ein ganzer halber Arbeitstag. Machen Sie sich das bewusst!

Ein „vorbildliches" Beispiel für einen brennenden Hamster:
Ein Inhaber von zwei Geschäften, Herr über einige Mitarbeiter und Vater von Kindern, verspürte plötzlich extreme Schmerzen in der Brust. Das Wort Herzinfarkt schoss ihm durch den Kopf.

Was tat dieser Hamster? Nachdem er sich in der Firma abgemeldet, seine Kinder eins nach dem anderen und den Hund ordentlich untergebracht hatte, fuhr er schließlich selber in die Notaufnahme ... Gott sei Dank war es kein Herzinfarkt.

Echte Führernatur

So bitter das auch klingen mag, der Fisch stinkt immer vom Kopfe her – das Dumme, es ist Ihr Kopf. Anderer Spruch von Herrn Thews: Man muss die Treppe immer von oben kehren. Wie Sie die Dinge sehen, vorleben, titulieren und anweisen, genau so sind sie/werden sie sein. Sie müssen klar sagen, wo es langgeht. Aus eigener Erfahrung und weil Cäsar Milan, der weltberühmte Hamster ... `tschuldigung ... Hunde- & Menschentrainer das sagt, hier mein Aufruf: „Be a packleader, be the leader of the pack!" Seien Sie ein Rudelführer!

Der brennende Kurt Cobain

„It's better to burn out than fade away." – „Es ist besser auszubrennen, als zu verblassen."

Ein Spruch aus einem Songtext bzw. aus dem Film „Highlander", dem folgend noch immer viele Prominente oder in der Öffentlichkeit stehende Persönlichkeiten nachzueifern versuchen. Lieber mit einem großen Knall abtreten, als langsam in der Bedeutungslosigkeit der Masse zu verblassen, scheint die Maxime von Berühmtheiten wie Amy Winehouse, Kurt Cobain*, Jürgen Möllemann oder Rex Gildo gewesen zu sein …

Prominente wie Mariah Carey, Renée Zellweger, Peter Plate (Rosenstolz), Tim Mälzer, Miriam Meckel oder Sven Hannawald leiden, litten ebenfalls unter der Krankheit.**

Früher, bevor mein Körper mir nach vielen Jahren Vollgas im Hamsterrad eindeutig klargemacht hatte, dass es Zeit für eine „Pause" ist, fand ich dieses Spruch immer irgendwie geil, archaisch, cool, männermäßig – und, das weiß ich heute: nicht-wahrhabenwollend.

Heute bin ich schlauer.

„It´s better to be a little bit more chilled than to burn out!"

---

*Klugschiss: Ein Song, der dem „ausgebrannten" Sänger der Band Nirwana Kurt Cobain zugedacht wird, der aber in Wirklichkeit einem Songtexte von Neil Young „My My, Hey Hey (Out Of The Blue)" entstammt.

**Quelle: http://www.tagesspiegel.de/mediacenter/fotostrecken/wissen/bildergalerie-promis-mit-burnout/6857232.html?p6857232=9#image

Kontaktangaben zu den Autoren

Wie bereits geschrieben, freuen wir uns über bzw. wünschen wir uns Ihr Feedback. Schreiben Sie uns eine E-Mail, kontaktieren Sie uns über Facebook, oder schreiben Sie uns einen Brief.

Axel Berger
Wiefelsteder Straße 19
26127 Oldenburg

Telefon: 0441 – 304 102 10
E-Mail: info@axel-berger.com
Internet: www.axel-berger.com
Facebook: www.facebook.com/axelberger911

Thorsten Thews
Am Sandplacken 1a
26215 Wiefelstede
(Ortsteil Ofenerfeld, am Stadtrand von Oldenburg)

Telefon: 0441 – 361 660 – 0
Telefax: 0441 – 361 660 – 33
E-Mail: info@thorsten-thews.de
Internet: www.thorsten-thews.de

P.S.: Sie können uns auch „mieten". Zum Beispiel für Vorträge, Workshops oder Lesungen.

P.P.S.: Wenn Sie auf gute Krimis stehen (z.B. als schöne Lektüre in Ihrer (neuen) Freizeit oder im Urlaub), empfehlen wir www.oldenburgkrimis.de

Literaturempfehlungen

- Eric Berne, Die Transaktionsanalyse in der Psychotherapie, Junfermann Verlag, Paderborn 2001.

- Ronda Byrne, The Secret, Arkana Verlag, München 2007.

- Mihali Csikszentmihalyi, FLOW: The Psychology of Optimal Experience, Klett-Cotta Verlag, Stuttgart 1999.

- Herbert Freudenberger: Staff Burn-Out. In: Journal of Social Issues. Jg. 30, Nr. 1, 1974, S. 159–165.

- Ferdinand Jaggi, Burnout-praxisnah, Thieme Verlag, Stuttgart 2008.

- Sven Max Litzcke; Horst Schuh, Stress, Mobbing und Burn-out am Arbeitsplatz, Springer Medizin Verlag, Heidelberg 2007.

- Cyril Northcote Parkinson, Parkinsons Gesetz und andere Studien über die Verwaltung, Verlagsanstalt Handwerk, Düsseldorf 2005.

- Robert I. Sutton, Der Arschloch-Faktor, Heyne Verlag, München 2008.

- Neale Donald Walsh, Gespräche mit Gott: Vollständige Ausgabe, Arkana Verlag, München 2009.

- https://www.aok-bgf.de/bayern/fuer-ihre-mitarbeiter-bayern/burnout0/zahl-der-burnout-faelle-steigt-deutlich.html

DAS KLEINE HAMSTER-
TAGEBUCH

PLATZ FÜR IHRE NOTIZEN UND GEDANKEN!